새벽에 말방울 울리며 길 떠나는데 나그네 신세 마냥 그리운 고향.
닭 울음소리 객주 집 지붕위에 달이 걸렸고 서리 내린 널빤지 다리 위에 발자국이 남는다.
산길에 숲 고갱이 잎 떨어지고 역참 담장에 탱자 꽃이 환하게 피었구나.
간밤 꿈에 본 내고향 두릉 연못 가득 물오리 기러기 떼 떠있는 것을.

중국 漢詩의 이해

… 歸의 문학

김인호 지음

신아사

머리말

이 책은 5언시 7언시로 대표되는 중국 漢詩의 성격을 규명하는 내용이다. 근 2,000년 동안 중국인들에 의해 끊임없이 지어지고 읊어져 온 대표적인 중국 고전문학 장르인 한시의 성격을 새롭게 규명하는 내용인 것이다. 옛 중국인들과 우리 조상들이 그렇게 많이 즐겨온 한시를 바로 이해하기 위해서는 이 책을 반드시 한번쯤은 읽어볼 필요가 있다 라고 필자는 생각한다. 필자는 이 책을 집필하면서 가능하면 책 내용과 관련된 사진을 많이 찾아 넣어 독자들의 이해를 돕기로 했다. 이는 읽기보다 보기를 좋아하는 인터넷세대를 생각하여 그들의 흥미를 유발시키기 위해서이다.

이 책을 쓴 목적은 너무나 명료하다. 그것은 중국의 가장 대표적인 고전문학 장르인 한시가 기본적으로 〈歸〉의 특징을 가지고 있는 〈歸〉의 문학이라는 것을 밝히는 것이다. 이 저서에는 어떤 면에서 보면 읽기 피곤할 정도로 '〈歸〉', 혹은 '돌아가다(歸)', '돌아오다(歸)'라는 용어가 많이 보일 것인데, 중국 한시가 〈歸〉의 문학이라는 점을 밝히려는 단 한 가지 목적만을 위해 이 저서가 저술되었음을 참작한다면, 독자들의 약간의 이해와 넓은 아량도 얻을 수 있지 않을까 생각한다.

필자는 독자들이 이 저서를 미시적 관점에서 읽지 말기를 바란다.

미시적인 관점에서 보면 논리의 비철저성과 여러 가지 지적해야 할 점이 적지 않을 것이라고 여겨지지만, 대담하게 〈歸〉의 관점에 철저히 초점을 맞추어 이 저서를 처음 적는다는 점을 독자들이 참작하여 軟叱해 주기를 바랄 뿐이며, 또한 그런 비판은 이후 두고 두고 수정 보완할 작정이다. 이런 점에서 거시적인 관점에서 읽어주기를 간곡히 부탁드린다.

필자가 대학 다닐 때만 하더라도 중국문학은 고전문학 연구가 주류를 이루었다. 그러나 요즘에는 고전문학 연구자가 많이 줄어들고, 그 외 어학, 현대문법, 현대문학 더 나아가 중국 정치 경제 문화 등의 다방면을 연구하는 학자들이 많이 늘었다. 이는 지금의 사회적 분위기에 기인하는 면도 없지 않아 있지만, 모두 한자로 적혀진 중국 고전문학이 해독하고 연구하기가 너무 어렵고, 또한 지금의 현실적 감각과 동떨어지며 현대인의 삶에 별로 도움을 주지 않는, 학문을 위한 학문을 하는 느낌을 주었기 때문이라 생각한다. 현실 삶에 별로 도움을 주지 않으며 자신만이 읽는 그리고 공부하기도 힘든 것이 현대 소장학자들로 하여금 중국 고전문학 연구를 기피하도록 만든 것이 아닌가 한다. 그런 면에서 중국 고전문학 연구도 일반인이 쉽게 접근할 수 있도록 난해하지 않게 적어야 하며 그리고 또 가능하면 현실 삶에 도움이 되도록 적어야 한다는 것이 필자의 학문적 소신이다. 그래서 필자는 일반인도 접근하기 쉽게 적으려고 노력하였다.

중국문학이나 한문학을 전공하는 학자들 중에 그의 전공이 비록 한시가 아니라 하더라도 한시를 읽어봤을 것이며 또한 한시에 대해 어느 정도 기본적인 이해를 가지고 있다. 그래서 모두가 다 아는 이 한시의 성격을 규명하는 이런 작업에 약간의 두려움이 앞서기도 한다. 5언시와 7언시로 대표되는 중국의 정통 한시의 성격을 알기 위해서 서구시와 비교 설명해 보는 것도 그 특징을 더 명료하게 할 수 있다고 여겨 약간의 서구시를 들어 비교해 보는 작업을 함께 진행시켰으며, 또한 중국철학을 서구의 철학 사상과도 대비하여 이해하는 작업도 함께 진행시켰다.

필자는 이 책을 통하여 중국 한시를 이해하는데 조금이라도 도움이 되었으면 좋겠고, 또한 이런 학문적 연구방법을 이용하여 다른 중국문학 장르나 중국문화 그리고 중국철학, 사상, 예술 등을 연구하는데 약간의 도움이 되었으면 하는 마음 또한 간절하다. 인간이 만들어 낸 그 어떤 문화나 사상 그리고 문학과 예술도 그 지역의 지리 경제적 환경을 절대 벗어나지 못한다는 엄연한 사실을 직시한다면, 중국인들이 그렇게 즐겨 지어온 한시를 중국의 농경문화와 관련시켜 연구한 이 저서는 한번 일독해 볼 만한 가치가 충분히 있을 것이라고 필자는 생각한다. 끝으로 이렇게 아름답게 책으로 꾸며주신 출판사 편집진에게도 감사를 드린다.

부산 大元齋에서

저자가

중국 漢詩의 이해
〈歸〉의 문학

목차

제4장 〈歸〉의 문학 그 소재 • 253

중국 漢詩의 이해

—〈歸〉의 문학—

"천지간에 떠났다가 다시 돌아오지(歸) 않는 것은 하나도 없다."

북송 철학자 소옹(邵雍: 1011 ~ 1077)

제 1장
서 언

어떤 문학 형태이든지 간에 그 안에는 그 문학을 향유하는 사람들의 심성과 풍격이 반드시 내포되어 있기 마련이다. 한시는 중국인들이 지어온 것이기 때문에, 분명 그 한시 안에는 중국인들의 기본적인 심성과 풍격이 내포되어 있을 것이다. 고로 한시의 성격을 자세히 분석해보면, 그 안에서 중국인의 기본적인 심성과 풍격을 알 수 있을 것이다. 한시의 성격을 분석하는 것은 이 점에 있어서 아주 중요하다 여겨진다.

우리가 중국의 한시를 읽어보면, 분명 그것이 서구시와는 다른 그 나름대로의 독특한 내용과 풍격을 지니고 있다는 것을 알 수 있다. 한시를 읽어보면 서구시와 달리 약간은 슬프고 또한 소극적인 느낌을 느낄 수 있다. 왜 한시는 이렇게 약간은 슬프고 소극적일까? 또한 한시에는 고향을 그리워하고 그 고향으로 돌아가고 싶다고 읊은 작품이 굉장히 많은데, 그 이유는 무엇일까? 한시에는 나그네의 슬픔을 읊은 작품이 왜 이렇게 많을까? 그리고 왜 한시에는 개척시 · 여행시 · 항해시가 존재하지 않을까? 한시에는 달이 소재로 많이 등장하고 술이 소재로 많이 등장하는데, 도대체 그 이유는 무엇일까? 한시에는 그리움(思)과 기다림(待)을 주제로 한 시가 왜 이렇게 많을까? 왜 한시에는 젊음을 찬양하고 희망을 노래하며 순진무구하고 청순발랄한 시가 없는 것일까? 왜 한시에는 '무지개를 보니 내 마음은 뛰노라.'와 '그대는 사랑의 불꽃 나를 잡아주오.'와 같은 서구시에서 흔히 보이는 시구가 없는 것일까? 이와 같이 서구시와는 분명 다른 중국 한시만의 독특한 내용과 풍격은 도대체 어디에서 오는 것이며, 한시의 성격을 어떻게 규정지을 수 있을까? 이런 의문이 본 저서를 쓰게 된 기본적인 계기가 되었다.

제2장
〈歸〉의 문학 그 철학적 배경

중국인들의 사유체계와 의식구조 형성에 절대적인 영향을 미친 사상으로 우리는 유 · 불 · 도의 이른바 3대사상과 함께 음양오행사상을 들 수 있다. 그러므로 이들 사상들의 구조를 분석해 봄으로써, 우리들은 중국인들의 사유체계와 의식구조의 기본 골격을 알 수 있을 것이다.

1. 유가 복고(歸)주의

유가사상은 예교주의와 복고주의를 그 근간으로 하여 이루어진 사상이라 할 수 있다. 이 중 복고주의만 설명하면 복고주의란 Utopia는 항상 과거에 있었다고 내세우며 그 과거로 돌아가려는(歸) 사상이다. 유가인 그들은 이상정치가 행해졌다고 여겨온 夏 · 殷 · 周의 3대로 돌아가고(歸) 싶어 하고, 또한 요순의 황금시대로 돌아가고(歸) 싶어 한다. 과거는 항상 좋았다고 여기고, 시간의 흐름에 따라 미래로 흘러가는(去) 것은 chaos(불완전한) 상태로 가는 것이라고 여긴다. 황금시대는 언제나 한 문화의 과거에 존재했으며, 뒤따르는 역사는 쇠퇴하는 것이라고 보고 있는 것이다. 유가에서 말하는 황금시대란 -3,000년경의 黃帝 · 堯 · 舜 · 禹 같은 전설적인 제왕들에 의해 나라가 다스려진 시대를 가리킨다. 그래서 유가인들이 생각하는 역사의 진보란, 그들의 위대한 선조들이 이룩했다고 믿었던 이 낙원 황금시대로 되돌아가(歸), 그 시대에 가까워지는 것이다. 유가인 그들은 항상 先人을 본받고 先親의 말씀을 쫒으며 先王이 이룬 업적을 따르고자 했다.

이런 과거지향적인 성격 때문에, 유가인들처럼 제사를 중시하고 역사를 중시하며 또한 어른과 조상을 숭배하는 사람들도 이 세상에 별로 없다. 그들은 부모가 돌아가시면 무덤 옆에서 갈근으로 된 옷을 입고 거친 음식을 먹으며 3년 동안이나 呼哭을 하며 무덤 곁을 떠나지 않았다. 이름을 짓는데도 부모님이나 군주의 이름을 범하지 않으려고 諱했는데, 이 역시도 조상과 과거를 중시하는 복고주의(歸) 때문이다.

그들은 어떠한 일을 할 때에도 항상 과거의 사건을 典範으로 삼아 행했다. 예를 들어 가의(賈誼)가 漢 文帝에게 제후들의 세력을 견제하여 천자의 권력을 절대화시켜야 한다고 건의하는 상소문인 〈논시정소(論時政疏)〉를 보면, 자신의 주장을 과거의 역사적 史實에 근거하여 펼치고 있다. 예전의 일을 살펴 보건데 대저 强者가 먼저 반란을 일으킨다고 하면서, 그 예로 회남왕초(淮南王楚), 한신(韓信), 관고(貫高), 진송(陳頌), 팽월(膨越), 경포(鯨布), 려관(盧綰) 등등의 인물들의 사적을 들어 자신의 주장을 설명하고 있는 것이다.[1] 여러 사적을 뒤져보면, 이처럼 항상 과거의 역사적인 일들을 들어 신하가 임금에게 자신의 주장을 펴

1) "臣竊跡前事, 大抵强者先反: 淮南王楚最强, 則最先反: 韓信倚胡, 則不反: 貫高田趙資, 則不反: 陳頌兵精, 則不反: 膨越用梁, 則不反: 鯨布用淮南, 則不反: 盧綰最弱, 最後反, 長沙乃在二萬五千戶耳. 功少而最完, 勢疏而最忠, 非獨性異人也, 亦形勢然也. 最分樊酈 絡 灌 據數十城而王, 今以殘亡可也. 令信越之倫, 列爲徹侯而居, 雖至今存可也."

는 예는 이루 다 들 수 없을 정도로 많다. "과거의 누구누구 임금은 이러이러해서 정치를 잘 하였으니 폐하께서는 그것을 본받으십시오."라느니, "과거의 누구누구 임금은 이러이러하여 정치를 망쳤으니 폐하께서는 그러하지 마십시오."라는 등, 모두 과거의 역사적 사실에 비추어 현실 정치를 조정하고, 또한 그것에 의존하여 현실 삶을 수정 보완하여 살려고 했던 것이다.

유가문화가 상층문화로 군림한 漢 이후부터 淸까지, 《사기(史記)》에서 《청사(淸史)》까지 25史가 史家들에 의해 끊임없이 기록되어져 왔다. 사가들의 최대 의무는 전 조대나 전 제왕의 역사적 사실을 그대로 기록에 남겨두는 것이다. 중국처럼 이렇게 면면히 史書가 기록된 나라도 이 세상에 별로 없다. 서구인들이 중국을 '역사의 나라'라고 칭하는 것처럼, 역사의 기록은 끊임없이 기술되어져 온 것이다. 이렇게 중국인들이 역사 기록을 중시한 것은 과거를 중시하여, 과거를 典範으로 삼아 현실 삶을 수정 보완해 살려고 하는 유가 특유의 복고주의(歸) 경향 때문이라 할 수 있다.

여러 전적에 나오는 다음과 같은 공자의 언급은 그의 복고적(歸)인 사상을 그대로 잘 나타내고 있다.

> "나는 태어나면서 그것을 아는 사람은 아니니, 다만 옛 것을 좋아하여 민첩하게 그것을 구했을 따름이다."(吾非生而知之者, 好古敏而求之也. (《논어》 7장 20절))

> "周는 (하나라와 은나라) 2代를 거울삼았으니 그 문화가 찬란하도다! 나는 주를 따르겠다."(周監於二代, 郁郁乎文哉! 吾從周. (《논어》 3장 14절))

"오래되었도다. 내가 다시 꿈에 周公을 뵙지 못한 것이, 공자님께서 말씀하시기를, '심하도다. 나의 衰함이여!'라고 하셨다."(久矣吾不復夢見周公 子曰"甚矣吾衰也!"(《논어》 7장 5절))

"하나라 예를 나는 능히 말할 수 있지만 (그 후손인) 杞나라에 충분한 증거가 남아 있지 않고, 은나라 예를 나는 능히 말할 수 있지만 (그 후손인) 宋나라에 충분한 증거가 남아 있지 않다. 문헌이 부족한 까닭인데, 충분하다면 나는 능히 입증할 수 있다."(夏禮吾能言之, 杞不足徵也; 殷禮吾能言之, 宋不足徵也. 文獻不足故也, 足則吾能徵之矣(《논어》 3장 9절))

"文王께서 이미 돌아가셨으나, (주나라의) 그 문물제도가 바로 여기에 있지 않느냐? 하늘이 이 문물제도를 없애려했다면 나와 같은 후세들은 이 문물제도를 접할 수 없었을 것이다. 하늘이 이 문물제도를 없애려 하지 않았을진데, 匡 땅 사람들이 나를 어찌하겠느냐!"(夏禮吾能言之, 杞不足徵也; 殷禮吾能言之, 宋不足徵也. 文獻不足故也, 足則吾能徵之矣(《논어》 3장 9절))

"만약 나를 쓰는 자가 있다면, 나는 東周를 건설할 것이다." (如有用我者, 吾其爲東周乎. (《논어》 17장 5절))

공자 그는 항상 과거 전통 제도를 따르고 선왕의 법도를 쫓으며 周禮를 따르고 周公을 본받고자 한 것이다.

"옛 것을 祖述하고 (내 멋대로) 창작하지 않았으며, 신념을 가지고 옛 것을 좋아했다.(述而不作, 信而好古)"[2]라고 했다. 전대의 것을 祖述하지 자기의 멋대로 창작하지는 않는다는 '述而不作' 정신을 지켜, 전대부터 전해 내려오는 여러 전적들 즉,《시(詩)》,《서(書)》,《역(易)》,《예기(禮記)》,《춘추(春秋)》 등을 모아서 조술하여 편찬했을 따름이지 스스로 짓지는(作) 않았었다. 공자 외에도 맹자나 순자 같은 유가 추종자들의 언

2) 《논어》 7장 1절.

급에도 복고적인(歸) 경향이 강하게 나타난다.

"시에 이르기를 '어기거나 저버리지 않고 옛 전통을 따르네.' 했는데, 선왕의 법을 따르다 잘못을 저지른 경우는 있지 않다."(詩云 '不愆不忘, 率由舊章.' 遵先王之法而過者, 未之有也. (《맹자》 7장 1절))

"공자는 어질고 슬기로우며 가려 막히지 않았다. 고로 천하통일에 대한 그의 학술은 先王의 것에 비해 손색이 없었다. 一家의 언설로 周道의 핵심을 파악하고 나아가 그것을 들어 쓸 수 있는 것은 그가 기성의 잡설에 가려 막히지 않았기 때문이다. 고로 공자의 덕은 주공과 나란히 하며, 공자의 명성은 3王(하나라 禹王, 은나라 湯王, 주나라 武王)과 나란히 하니, 이것이 가려 막히지 않는 복이라는 것이다."(孔子仁智且不蔽, 故學亂術足以爲先王者也. 一家得周道, 擧而用之, 不蔽於成積也. 故德與周公齊, 名與三王幷, 此不蔽之福也. (《순자》 15장))

"공자는 成王과 康王의 도를 닦았고, 周公의 가르침을 이었다."(孔子修成康之道, 述周公之訓. (《회남자》 要略))

"왕된 자의 제도에서 道는 3代(하·은·주)를 넘지 않고, 法은 後王[3]의 것과 다르지 않다. 道가 3代를 넘으면 황당하고 법이 후왕과 다르면 雅하지 않게 된다. 의복에는 제도가 있고, 宮室에는 법도가 있으며, 아전들도 차등이 있고, 상례와 제례용 기물에 모두 등급과 마땅함이 있다. 소리는 즉 무릇 雅聲이 아닌 것은 들어 폐기하고, 색은 무릇 옛 무늬가 아니면 들어 없애며, 기물의 씀은 무릇 옛 기물이 아니면 들어 폐기한다. 무릇 그것을 復古라고 하나니, 이가 왕된 자의 제도이다."(王者之制, 道不過三代, 法不貳後王. 道過三代爲之

중국 유가사상의 창시자 공자.
그는 요순시대를 그리워하며 문왕과 주공의 시대로 돌아가고자(歸) 했다.

3) 여기서 후왕의 법은 周道와 周禮를 가리킨다.

> 蕩; 法貳後王謂之不雅. 衣服有制; 宮室有度; 人徒有數; 喪祭械用, 皆有等宜. 聲則凡非雅聲者擧廢; 色則凡非舊文者擧息; 械用則凡非舊器者擧毁. 夫是之謂復古, 是王者之制也. (《순자》 5장))

이 외에 옛 문헌에 보이는 유가인들의 복고적인(歸) 언급은 이루 헤아릴 수 없을 정도로 많다.

2. 불교 윤회(歸)사상

불교사상은 윤회사상을 그 중심으로 하고 있다. 전세와 현생 그리고 내세가 하나의 수레바퀴처럼 윤회하여 돌고 돈다는 것이다. 그들에 의하면 현생은 과거의 업보에 의해 결정되고 내세 또한 현생의 업보에 의해 결정된다고 한다. 모든 것이 윤회함으로 그들은 "모든 행위에는 변하지 않는 것이 없고, 모든 법에는 나(我)라는 것이 없으며, 열반의 세계는 고요하고 깨끗하다."(諸行無常, 諸法無我, 涅槃寂淨)라고 하고 있다.

불교에서의 인생관, 우주관, 역사관 그리고 세계관이 굉장히 순환회귀적으로 설명되어 있다. 예를 들어 그들은 역사를 파괴의 기간, 파괴의 연속 기간, 쇄신 기간, 쇄신의 연속 기간, 또 그 다음에 파괴의 기간, 파괴의 연속 기간으로 전체의 繼起는 끊임없이 반복 순환한다고 보고 있다.[4] 5세기에 살았던 불교 교리의 최고 권위자인 Visuddi-Magga는 거시적인 역사의 전체 순환에 대해 다음과 같이 약술하고 있다.

---

4) 《동양과 서양의 만남》 제 4장 불교 편 참조.

"이제 순환적인 파괴의 큰 구름으로부터 대화재(劫火)가 마치게 될 때까지 한 번의 無量劫이 이루어지며, 이를 파괴의 시기라고 부른다. 그리고 순환적인 파괴의 대화재로부터 수백억의 세계를 채우는 유익한 큰 비가 오기까지가 두 번의 무량겁이며, 이를 파괴의 연속 기간이라 한다. 큰 비로부터 태양과 달이 출현하기까지가 제3의 무량겁이며, 이를 쇄신의 시기라고 한다. 태양과 달의 출현으로부터 순환적인 파괴의 큰 구름이 되기까지가 제4의 무량겁이며, 이를 쇄신의 연속 기간이라 한다. 이들 넷의 무량겁이 한 번의 대세계 순환을 이루는 것이다.[5]"

"브라마를 수행하는 諸神들의 수명은 세계 순환의 1/3이며, 브라마의 사제들의 수명은 세계 순환의 1/2이다. 大브라마신은 1회의 세계 순환을, 제한된 壯麗한 諸神들은 2회의 세계 순환을, 무한히 장려한 제신들은 4회의 세계 순환을, 빛나는 제신들은 8회의 세계 순환을, 제한된 光輝의 제신들은 16회의 세계 순환을, 무한한 光輝의 제신들은 32회의 세계 순환을, 완전한 光明의 제신들은 64회의 세계 순환을 한다. 부유하게 보상받은 제신들과 知覺을 갖지 않은 제신들은 500회의 세계 순환을, Aviha의 신들은 1,000회의 세계 순환을, 고통이 없는 제신들은 2,000회의 세계 순환을, 쉽사리 나툰 제신들은 4,000회의 세계 순환을, 쉽사리 보고 있는 제신들은 8,000회의 세계 순환을, 숭고한 제신들은 16,000회의 세계 순환을 한다. … 무한한 공간의 영역에 자기의 처소를 지은 제신들의 수명은 20,000회의 세계 순환을, 無의 영역에 자기 처소를 마련한 제신들은 60,000회의 세계 순환을, 知覺도 아니며 그렇다고 非知覺도 아닌 영역에 처소를 마련한 제신들은 84,000회의 세계 순환을 갖는다.[6]"

불교의 여러 신들도 거시적인 대세계 순환의 역사에 따라 끊임없이 그 수명이 순환하고 있음을 나타내고 있다.

또한 그들은 사람의 삶도 전생 현생 내세가 죄의 업보를 지고 끊임없이 고해의 바다에서 윤회(歸)한다고 보고 있다. 죄의 업보를 지

5) 《동양과 서양의 만남》 제 4장 불교 편 78-79쪽 참조.

6) 《동양과 서양의 만남》 제 4장 불교 편 80-81쪽 참조.

고 고해의 바다에서 끊임없이 윤회하는 인생이란 자고로 허무한 것이니, 이 사바세계에 집착할 것이라고는 하나도 없다는 것을 깨달으면 그 순간 마음이 평온해지면서 또한 이런 윤회의 사슬에서 벗어나 Nirvana(열반)의 세계로 잠입해 들어간다는 것이 불교사상의 골자라고 할 수 있다. 사바세계를 죄의 업보 속에서 끊임없이 순환 회귀(歸)하는 것으로 보는 불교의 윤회사상에는 우주와 인생 그리고 역사를 끊임없이 순환하고 회귀하는(歸) 것으로 보는 사고의 패턴이 깊게 들어 있다. 고승 혜원(慧遠)의 다음과 같은 언급은 끊임없이 순환 회귀하는 현세에 아무 것에도 집착하지 않으면 업보의 윤회 사슬에서 벗어날 수 있음을 말하고 있다.

> "無明은 미혹의 근본이요, 貪愛는 모든 고뇌의 근원이니, 이 두 원리에 함께 노닐면 정신의 작용이 흐려진다. 吉凶과 재앙은 오직 무명과 탐애에서 발동한다. 無明은 자신의 통찰력을 가리기 때문에 고로 정욕은 외물에 집착한다. 貪愛는 자기의 본성을 타락시키기 때문에 고로 四大가 응결하여 육체를 형성한다. 육체가 응결되면 나와 나 아닌 것이 구별이 되고, 정욕에 미혹되면 선악 분별에 자신의 주관이 생긴다. 나와 나 아닌 것이 구별이 되면 저마다 자기 몸을 사사롭게 여기며 자신의 육신만을 도모한다. 선악의 분별에 자신의 주관을 두게 되면 자신의 생명에 연연하여 삶이 윤회하여 끝없이 끊어지지 않는다."(無明爲惑網之淵, 貪愛爲衆累之府, 二理俱遊, 冥爲神明. 吉凶悔吝, 惟此之動, 無明掩其照, 故情想凝滯於外物. 貪愛流其性, 故四大結而成形, 形結則彼我有封, 情滯則善惡有主. 有封於彼我, 則私其身而身不忘. 有主於善惡, 則戀其生而生不絶. 《홍명집》 33쪽)

이처럼 불교의 인생관 우주관 역사관 세계관은 끊임없는 순환(歸)에 그 바탕을 두고 설명하고 있다.

〈보리수 아래에서 깨우친 부처. 그는 이 세상의 모든 것은 수레바퀴처럼 끊임없이 돌고 돌아 윤회(歸)한다고 생각했다.〉

3. 도가 · 도교 無爲自然 회귀(歸)사상

도가사상의 추종자들은 현실의 인위적인 삶을 버리고 그 본래의 무위자연 상태(原型 상태)로 돌아가라고(歸) 외치고 있다. 또한 도가의 추종자들은 어린이를 찬양하고 있으며, 聖人은 천하를 어린이같이 만들며, 백성들을 어린이같이 만들어야 한다고 하면서,[7] 嬰兒로 복귀(歸)하라고 외치고 있다. "常德을 떨어지지 않게 하고, 영아로 복귀(歸)하라.[8]" 고 외치고 있고, "聖人은 천하에서 천하 백성들의 마음을 담박한 상태로 복귀(歸)시키는데 있어, 성인은 모두 (백성들을) 어린아이 대하듯 해

---

7) "我獨泊兮其未兆, 如嬰兒之未孩." (《노자》 20장)
"專氣致柔, 能嬰兒乎." (《노자》 10장)
"聖人在天下, 歙歙爲天下渾其心, 聖人皆孩之." (《노자》 49장)
"含德之厚, 比於赤子." (《노자》 55장)

8) "常德不離, 復歸嬰兒." (《노자》 28장)

야 한다.[9]"고 주장하고 있다. "나 홀로 담박하여 동요도 없는 것이 영아가 아직 웃을 줄 모르는 것과 같다.[10]"와 "오로지 氣가 유순한 경지에 이르러 능히 영아 같을 수 있을까?[11]"와 "덕의 두터움을 품은 것이 갓난아이에 비할 수 있다.[12]"에서 영아를 칭송하며 그 영아 상태로 돌아가고(歸) 싶어 한다.

현세의 인위적인 세계란 진리의 세계가 아닌 chaos(불완전)의 세계이다. 그래서 이 상태를 벗어나 인간의 영아 상태에 해당하는 무위자연의 小國寡民[13]한 원시 농경사회로 되돌아가려고(歸) 한다. 도가사상은 문명과 인위적인 것을 비난하며 소박한 소국과민의 원시 농경사회를 가장 이상적인 사회로 묘사하고 있는데, 《노자》 제 80장에 다음과 같은 언급은 이를 잘 나타내주고 있다.

> "나라를 작게 하고, 백성들을 적게 하자. 설사 아주 우수한 효율의 기물이 있어도 쓰지 않고, 사람으로 하여금 죽음을 중시하고 멀리 이사 가지 않게 한다. 비록 배와 수레가 있어도 그것을 타는 바가 없고, 갑옷과 병장기가 있어도 그것을 쓰는 바가 없다. 백성들로 하여금 다시 노끈을 매어 문자로 사용하게 하자. 그 음식을 달게 먹고, 그 옷을 곱게 입고, 그 집에 편히 살며, 그 일과를 즐기게 하면, 비록 이웃나라가 바로 보이고, 닭과 개짖는 소리 들려오더라도 백성들은 늙어 죽을 때까지 서로 왕래하지 않을 것이다."(小國寡民. 使有什伯之器而不用, 使民重死而不遠徒.

---

9) "聖人在天下, 歙歙爲天下渾其心, 聖人皆孩之." (《노자》 49장)

10) "我獨泊兮其未兆, 如嬰兒之未孩." (《노자》 20장)

11) "專氣致柔, 能嬰兒乎?" (《노자》 10장)

12) "含德之厚, 比於赤子." (《노자》 55장)

13) "小國寡民, 使有代伯器而不用, 使民重死而不遠徒. 雖有舟輿, 無所乘之, 雖有甲兵, 無所陳之. 使人復結繩而用之, 甘其食, 美其服, 安其居, 樂 其俗." (《노자》 8장)

雖有舟輿, 無所乘之; 雖有甲兵, 無所陳之. 使民復結繩而用之. 美其服, 安其居, 樂其俗. 隣國相望, 鷄犬之聲相聞, 民至老死不相往來.)

이동하지 않고 정착하여 사는 소박한 농경사회를 가장 이상적인 사회로 묘사하고 있는 것이다.

이는 모태로 복귀(歸)하려고 하는 것이라고 할 수 있다. 모태(자궁)에서 태어난 우리 인간들은 본질적으로 그 모태로 복귀(歸)하려는 무한한 잠재적 욕망을 가지고 있다. 인간은 모태로 완전히 복귀(歸)하기를 바라고, 또한 그것이 불가능하다면 모태에서 얼마 벗어나지 않은 상태인 영아 상태까지라도 복귀(歸)하고 싶어 했다.[14]

도가의 추종자들은 그 무위자연을 道라고 표현하고 있으며, 그 도의 상태 즉 무위자연의 세계로 복귀(歸)하고 싶어 한다. "사람은 땅을 본받고, 땅은 하늘을 본받고, 하늘은 도를 본받고, 도는 자연을 본받는다.[15]"라고 《도덕경》에서 말하고 있는데, 결국 도가사상의 추종자들의 목적은 존재 본래의 근원인 자연으로 되돌아가고자(歸) 하는 것이

---

14) 에덴신화에 보면 최초의 인간 아담과 이브가 뱀의 유혹에 빠져 선악과를 따먹고 벌거벗은 부끄러움을 알았다고 하고 있다. 그렇다면 선악과를 따먹기 이전의 아담과 이브는 벌거벗어도 부끄러운 줄 몰랐고 또한 선과 악을 구별할 줄도 몰랐다는 뜻이 된다. 벌거벗어도 부끄러운 줄 모르고 선과 악을 구별할 줄도 모르는 사람이란 바로 어린아이(영아)이다. 에덴동산이라는 Utopia란 바로 이런 어린아이(영아)의 심성을 가진 자들만이 가질 수 있는 것이다. 노자가 '무위자연의 소국과민으로 복귀(歸)하라.' '영아로 복귀(歸)하라.'고 외친 것은 실은 예수가 어린아이 같아야 천국을 볼 수 있다고 한 것이나 에덴동산이 벌거벗어도 부끄러운 줄 모르고 선과 악을 구별할 줄도 모르는 어린아이의 것이라는 것과 같은 의미라고 할 수 있다.

15) "人法地, 地法天, 天法道, 道法自然." (《노자》 25장)

다. 도가사상은 무위자연으로의 복귀를 골간으로 하는 〈歸〉의 사상이라 할 수 있다. 《노자》와 《장자》 등의 여러 도가서에서 무위자연으로 돌아가고자(歸) 하는 것과 우주 자연이 순환 회귀(歸)한다는 것을 나타내는 구절은 수도 없이 많다.

"되돌아가는 것(反)이 도의 운동이다."(反者道之動 《노자》 40장)

"광대하면 운행하고, 운행하면 멀어지며, 멀어지면 되돌아온다(反)."(大曰逝, 逝曰遠, 遠曰反 《노자》 25장)

"만물이 어울러 지어지는데 나는 돌아오는(復) 것을 관찰했다."(萬物幷作, 吾以觀復 《노자》 16장)

"인생과 자연이란 항상 돌고 돌아가는 것으로 고로 화는 복이 깃들이는 바이고 복은 화가 숨어있는 바이니, … 바름이 돌아가(復) 기이함이 되고, 선함이 돌아가(復) 요사함이 된다."(禍兮福之所倚, 福兮禍之所伏 … 正復爲奇, 善復爲妖. 《노자》 58장)

"고로 구부러진 즉 온전해지고 굽은 즉 곧아지며 비면 채워지고 낡으면 새로워지며 적은 즉 얻게 되고 많은 즉 미혹하게 된다."(曲則全, 枉則直, 窪則盈, 敝則新, 少則得, 多則惑 《노자》 22장)

"그렇기 때문에 회오리바람은 아침 내내 불지 않고, 폭우는 온종일 쏟아지지 않는다."(飄風不終早, 驟雨不終日 《노자》 23장)

"외물은 혹 그것을 덜면 반드시 더해지고, 혹 그것을 더하면 반드시 덜어진다."(物或損之而益, 或益之而損 《노자》 42장)

"바야흐로 생기면 죽고, 바야흐로 죽으면 생긴다."(方生方死, 方死方生 《장자 · 제물편》)

"태양은 남중하면 기울고, 사물은 바야흐로 생기면 죽는다."(日方中方睨, 物方生方死. 惠施의 《新編》)

"지극한 곧음(大直)은 마치 굽은 것 같고, 지극한 기교(大巧)는 마치 서투른 것 같으며, 지극한 웅변(大辯)은 마치 어눌한 것 같다."(大直若屈, 大巧若拙, 大辯若訥. 《노자》 45장)

"만물의 생성은 마치 (말이) 내달리는 것과 같다. 움직여 변하지 않는 것이 없고, 잠시도 움직이지 않는 것이 없다."(物之生也, 若驟若馳. 無動而不變, 無時而不移. 《장자》)

"그것(자연)은 기계와 같아 부득이 한 것이고, …그 (자연의) 돌고 도는 것은 스스로 멈출 수 없는 것이다."(其有機械而不得已, … 其運轉而不能自止. 《장자》 10장)

이들 구절에서는 입춘부터 대한까지 24절기를 주기로 1년의 자연현상이 끊임없이 변화 순환 회귀(歸)하듯이, 우주 자연의 모든 법칙과 우리네 인생과 역사도 이처럼 끊임없이 변화 순환 회귀(歸)한다고 보고 있는 것이다. 더위가 있으면 추위가 있고 추위가 있으면 더위가 있듯이, 우리네 인생과 역사도 좋을 때가 있으면 나쁠 때가 있고 나쁠 때가 있으면 좋을 때가 있다. 추위와 더위가 있는 계절의 변화처럼, 덜면 더해지고 더하면 반드시 덜어지며, 생겨나면 죽고 죽으면 반드시 생기며, 구부러진 것은 언젠가 온전해지고, 비면 언젠가 채워지며, 낡으면 언젠가 새로워지고, 잃은 것은 언젠가 얻게 되고 많은 것은 언젠가 덜어지는 것, 그것이 인생사란 것이다. 고로 한 때의 희노애락에 일희일비할 필요가 없다고

〈도교에서 太上老君으로 신격화된 노자. 그는 무위자연으로 돌아가라(歸)고 주장했다.〉

도가사상가들은 주장한다. 도가사상은 자연과 우주 세계 그리고 인생도 끊임없이 순환 회귀한다고 보는 〈歸〉의 특징을 가진 사상이라 할 수 있다.

4. 陰陽五行 순환 회귀(歸) 사상

유·불·도의 3대사상 외에 중국인들의 의식 구조를 너무나도 중요하게 지배하여온 사상으로, 우리는 한대 동중서(董仲舒)의《춘추번로(春秋繁露)》에서 완성된 음양오행 사상을 들 수 있다. 이 사상 역시 순환 회귀적(歸)인 구조로 이루어져 있다. 한대가 되면 공자와 전혀 상관이 없는 음양오행 사상이 유가 이론에 도입되었는데, 한이 오행 중 황색을 숭상하는 것은 土德으로 왕이 되었기 때문이라고 생각해서, 오행의 숫자, 정삭개정, 改制論 등 모두 음양오행설로 설명하였다. 이러한 사상은 전국시대 齊나라의 방사들에게서 시작하여 추연(鄒衍)을 거쳐 한대에 들어와 장창(張蒼), 동중서(董仲舒) 등에 의해 이론적으로 세련화되어 한대 사상의 근간을 이루었다.[16] 그 이후 지금까지 이 음양오행 사상은 중국인의 철학관, 우주관, 인생관, 역사관, 그리고 자연관 등에

16)《史記 · 秦始皇本紀》: "始皇推終始五德之傳, 以爲周得火德, 秦代周德, 從所不勝, 方今水德之始, 改年始, 朝賀皆自十月朔, 衣服旄旌節旗皆上黑, 數以六爲紀, 符法冠皆六寸, 而輿六尺, 六尺爲步, 乘六馬, 更名河曰德水, 以爲水德之始."
《史記 · 張丞相列傳》: "張蒼爲計相時, 緖正律曆, 以高祖十月至覇上, 固故秦時, 本以十月爲歲首, 弗革, 推五德之軍, 以爲漢當水德之時, 尙黑如故."
《史記 · 儒林列傳》: "董仲舒 … 今上卽位, 爲江都相, 以春秋之變, 推陰陽所以錯行, 故求雨, 閉諸陽, 徒諸陰, 其止兩反是."

깊은 영향을 주었으며 지속적인 힘을 키워왔다. 그러면 여기에서 음양오행 사상에 나타난 관념들이 그 얼마나 순환 회귀적(歸)인가를 살펴보자.

전국시대 추연(鄒衍)을 중심으로 한 오행학파가 존재했었는데, 그들의 사상이 《여씨춘추(呂氏春秋) · 여시람명류(有始覽名類)》에 다음과 같이 기록되어 있다.

> "무릇 제왕이 장차 일어나려고 하면, 하늘은 반드시 먼저 백성들에게 그 상서로움을 보인다. 黃帝 때 하늘은 먼저 큰 지렁이와 큰 땅강아지를 보였다. 黃帝가 말하기를, "土의 기운이 뛰어나다." 했다. 土의 기운이 뛰어난 고로 그 색은 황색을 숭상하니, 그 일은 土 때문이다. 禹王 때에 이르러 하늘은 먼저 초목을 보여 가을과 겨울에도 죽이지 않으셨다. 禹王이 말하기를, "木의 기운이 뛰어나다." 했다. 木의 기운이 뛰어난 고로 그 색은 청색을 숭상하니, 그 일은 木 때문이다. 湯王 때에 이르러 하늘은 먼저 金을 보였는데, 칼날이 물에서 생겨났다. 湯王이 말하기를, "金의 기운이 뛰어나다." 했다. 金의 기운이 뛰어난 고로 그 색은 흰색을 숭상하는데, 그 일은 金 때문이다. 文王 때에 이르러 하늘은 먼저 火를 보였는데, 붉은 새가 丹書를 물고 周나라의 사당에 모였다. 文王이 말하기를, "火의 기운이 뛰어나다." 했다. 火의 기운이 뛰어난 고로 그 색은 적색을 숭상하니, 그 일은 火 때문이다. 火를 대신한 것은 반드시 水인데, 하늘은 게다가 먼저 水의 기운이 뛰어남을 보인다. 水의 기운이 뛰어난 고로 그 색은 흑색을 숭상하니, 그 일은 水 때문이다. 水의 기운이 다하면 알지 못하는 사이에 數가 갖추어지니, 장차 土로 옮기게 된다."(凡帝王之將興也, 天必先見祥乎下民. 黃帝之時, 天先見大螾大螻. 黃帝曰: '土氣勝.'. 土氣勝, 故其色尙黃, 其事則土. 及禹之時, 天先見草木, 秋冬不殺. 禹曰: '木氣勝.' 木氣勝, 故其色常靑, 其事則木. 及湯之時, 天先見金, 刃生於水. 湯曰: '金氣勝.' 金氣勝, 故其色常白, 其事則金. 及文王之時, 天先見火, 赤鳥銜丹書集於周社. 文王曰: '火氣勝.' 火氣勝, 故其色尙赤, 其事則火. 代火者必將水, 天且先見水氣勝. 水氣勝, 故其色尙黑, 其事則水. 水氣至而不知, 數備, 將徙於土.)

이 글에서 보면, 黃帝(土) - 夏 禹王(木) - 殷 湯王(金) - 周 文王(火) - 秦(水) - 漢(土)으로 역사는 오행을 따라 끊임없이 순환 회귀(歸)한다고 보고 있다.

또한 이것을 四季와 德과도 연결시켜 설명하고 있다. 봄에는 陽이 우세함에 있는데, 방위는 동이고 요소는 木이며 容恕가 그 덕이다. 여름에는 陽이 그 절정에 이르는데, 방위는 남이고 요소는 火이며 자선과 쾌락이 그 덕이다. 가을에는 陰이 우세함에 있는데, 방위는 서이고 요소는 金이며 평온 성실 정직이 그 덕이다. 겨울에는 陰이 그 절정에 이르는데, 방위는 북이고 요소는 水이며 조화와 평등이 그 덕이다. 결론적으로 추연은 계절이 춘 - 하 - 추 - 동으로 끊임없이 순환 회귀하듯이, 우주와 역사도 유기적으로 끊임없이 순환 회귀(歸)한다고 보고 있는 것이다. 동중서의《춘추번로(春秋繁露)·음양위편(陰陽位篇)》을 보면;

> "陽氣가 처음 동북쪽에서 나와 남쪽으로 움직여 자기 위치로 나아가, 서쪽을 돌아 북쪽으로 들어가 자기 휴식처에 숨는다. 陰氣는 처음 서남쪽에서 나와 북쪽으로 움직여 역시 자기 위치로 나아가, 동쪽을 돌아 남쪽으로 들어가 자신의 잠복처에 숨는다. 이런 까닭으로 양기는 남방을 위치로 삼고 북방에서 쉬고, 음기는 북방을 위치로 삼고 남방에 숨는다. 양기는 그 자신의 위치에 이르면 크게 더워지고, 음기는 그 자신의 위치에 이르면 크게 추워진다."(陽氣始出東北而南行, 就其位也, 西轉而北入, 藏其休也. 陰氣始出西南而北行, 亦就其位也. 東轉而南入, 屏其伏也. 是故陽以南方爲位, 以北方爲休. 陰以北方爲位, 以南方爲伏. 陽至其位而大暑熱. 陰至其位而大寒凍.)

계절적 변화에 따라 陰氣와 陽氣에 대해서 동지 후에는 陰이 서로 숨어들어 가고 대신 陽이 동에서 떠올라, 陽이 동지로부터 차츰 차츰 강해지다가 하지에 와서 절정에 이르며, 그 하지부터 다시 陰이 증가하기 시작하여 동지에 이르러 가장 강해져 陰과 陽이 1년을 주기로 끊임없이 순환 회귀(歸)한다고 보고 있는 것이다. 또 《춘추번로(春秋繁露)·음양출입편(陰陽出入篇)》에 보면;

> "하늘의 道(자연의 법칙)는 막 초겨울이 되면 陰陽이 각기 한쪽으로부터 와서 뒤로 이동한다. 陰은 동쪽에서 서쪽으로 이동하고, 陽은 서쪽에서 동쪽으로 이동한다. 仲冬의 달에 북방에서 서로 만나 합하여 하나가 되는데, 그것을 불러 冬至라고 한다. 헤어져 서로 떠나 陰은 우측으로 가고 陽은 좌측으로 간다. … 겨울이 다하면 陰陽 모두가 남쪽으로 돈다. 陽은 남쪽으로 돌아 寅에서 나오고, 陰은 남쪽으로 돌아 戌로 들어간다. … 仲春의 달이 되면 陽은 正東에 있고 陰은 正西에 있어 그것을 春分이라고 부르는데, 춘분은 陰陽이 서로 반이다. 고로 주야의 길이가 같고 추위와 더위가 서로 같다. 陰은 날로 줄어들어 陽을 좇고, 陽은 날로 증가해 커지니 고로 따뜻해진다. 처음 한여름 달에 남방에서 서로 만나 합하여 하나가 되니, 그것을 夏至라고 한다. 헤어져 서로 떠나 陽은 우측으로 가고 陰은 좌측으로 간다. … 여름이 다하면 陰陽이 모두 북쪽으로 돈다. 陽은 북쪽으로 돌아 申으로 들어가고, 陰은 북쪽으로 돌아 辰에서 나온다. … 中秋의 달에 이르면 陽은 正西에 있고, 陰은 正東에 있어 그것을 秋分이라 부른다. 추분은 陰陽이 서로 반이다. 고로 주야의 길이가 같으며 추위와 더위가 서로 같다. 陽은 날로 줄어들어 陰을 좇고, 陰은 날로 증가해 커지니 고로 추워진다."(天之道, 初薄大冬, 陰陽各從一方來, 而移於後. 陰由東方來西, 陽由西方來東. 至於中冬之月, 相遇北方, 合而爲一, 謂之曰至. 別而相去, 陰適右, 陽適左. …冬月盡而陰陽俱南還. 陽南還出於寅, 陰南還入於戌.…. 至於仲春之月, 陽在正東, 陰在正西, 謂之春分, 春分者, 陰陽相半也. 故晝夜均而寒暑平. 陰日損而隨陽, 陽日益而鴻, 故爲暖熱. 初得大夏之月, 相遇南方, 合而爲一, 謂之曰至. 別而相去, 陽適右, 陰適左 … 夏月盡而陰陽俱北還. 陽北還而入於申, 陰北還而出於辰. … 至於中秋之月, 陽在正西, 陰在正東, 謂之秋分. 秋分者, 陰陽相半也. 故晝夜均而寒暑平. 陽日損而隨陰; 陰日益而鴻, 故爲寒凍.)

라고 되어 있으며, 또한 동중서의 《춘추번로(春秋繁露) · 오행지의(五行之義)》에 다음과 같은 설명이 있다.

> "하늘에는 오행이 있다: 하나는 木이라고 하고, 둘은 火라고 하며, 셋은 土라고 하고, 넷은 金이라고 하며, 다섯은 水라고 말한다. 木은 오행의 시작이요, 水는 오행의 끝이다. 土는 오행의 중간이니, 이것이 그 하늘의 순서이다. 木이 火를 낳고 火가 土를 낳으며 土는 金을 낳고 金은 水를 낳으며 水는 木을 낳으니, 이것이 그 아비와 아들이다. 木은 좌측에 거하고, 金은 우측에 거하며 火는 앞에 거하고 水는 뒤에 거하며 土는 중앙에 거하니, 이는 아비와 아들의 순서로 서로 받아 펼치는 것이다. 이런 까닭으로 木은 水에서 받고, 火는 木에서 받으며, 土는 火에서 받고, 金은 土에서 받으며, 水는 金에서 받는데, 여러 주는 것은 아비이고, 그것을 받는 것은 모두 아들이다. … 오행의 운행은 각기 그 순서와 같고, 오행의 관직은 각기 그 역량과 같다. 이런 까닭으로 木은 동쪽에 거하며 春氣를 주관하고, 火는 남방에 거하며 夏氣를 주관하며, 金은 서방에 거하며 秋氣를 주관하고, 水는 북방에 거하며 冬氣를 주관한다. 이런 까닭으로 木은 삶을 金은 죽음을 火는 더위를 水는 추위를 주관한다."(天有五行: 一曰木, 二曰火, 三曰土, 四曰金, 五曰水. 木, 五行之始也, 水, 五行之終也, 土, 五行之中也, 此其天次之序也. 木生火, 火生土, 土生金, 金生水, 水生木, 此其父子也. 木居左, 金居右, 火居前, 水居後, 土居中央, 此其父子之序, 相受而布. 是故木受水而火受木, 土受火, 金受土, 水受金也. 諸授之者, 皆其父也; 受之者, 皆其子也. … 五行之隨, 各如其序; 五行之官, 各致其能. 是故木居東方而主春氣; 火居南方而主夏氣; 金居西方而主秋氣; 水居北方而主冬氣. 是故木主生而金主殺; 火主暑而水主寒.)

동중서는 천지만물이 木 - 火 - 土 - 金 - 水 - 木 - 火 - … 의 순서로 끊임없이 순환 회귀(歸)해야 만물이 질서에 맞아 풍년이 들고 삶에도 변고가 없다고 했다.

이와 반대로 "金은 木을 이기고, 木은 土를 이기며, 土는 水를 이기고, 水는 火를 이기며, 火는 金을 이긴다.(金勝木, 木勝土, 土勝水, 水勝火, 火勝金)"[17]라고 하여, 서로 相剋되는 것을 피해야 한다고 했다. 또《춘추번로(春秋繁露)·음양종시(陰陽終始)》에 보면:

> "하늘의 도는 끝나면 다시 시작하는 것으로 고로 북방이라는 것은 하늘의 마치고 시작하는 곳이고, 陰과 陽이 합치고 나누어지는 곳이다. 동지 후에 陰이 고개 숙여 서로 들어가고 陽은 고개 들어 동쪽에서 나오니, 출입하는 곳이 항상 반대되어, 많고 적으며 조화로운 자취는 항상 서로 쫓아가, 많아도 넘치지 않고 적어도 끊어지지 않으니, 봄과 여름은 陽이 많고 陰이 적으며, 가을과 겨울은 陽이 적고 陰이 많으니, 많고 적음에는 일정한 것이 없어, 일찍이 나누어져 서로 흩어지지 않은 것은 아니나, 출입하여 서로 빼고 더함으로써 많고 적음이 서로 물을 대주어 많은 것이 적은 것을 이기는 자는 배로 들어가나 들어가는 것은 하나를 손해를 보나 나오는 자는 둘을 덧보탠다."(天之道, 終而復始, 故北方者, 天之所終始也, 陰陽之所合別也. 冬至之後, 陰俛而西入, 陽仰而東出, 出入之處, 常相反也, 多少調和之適, 常相順也, 有多而無溢, 有少而無絶, 春夏, 陽多而陰少, 秋冬, 陽少而陰多, 多少無常, 未嘗不分而相散也, 以出入相損益, 以多少相溉濟也, 多勝少者倍入, 入者損一, 而出者益二.)

라고 되어 있다. 풍우란(馮友蘭)의《중국철학사》501쪽에는 음양오행가들의 우주관과 세계관이 아래 그림으로 설명되어 있다.

17)《春秋繁露·五行相勝篇》참조.

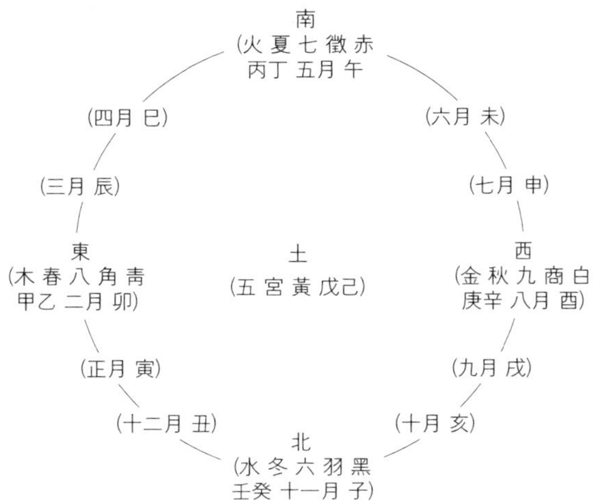

위의 표에서 보듯이 음양오행가들은 계절이 1년을 주기로 끊임없이 순환 회귀(歸)하듯이, 그 순환을 따라 우주와 자연의 모든 현상, 즉 오행(木 - 火 - 土 - 金 - 水의 순으로), 숭상하는 숫자(8 - 7 - 5 - 9 - 6의 순으로), 음률(角 - 雉 - 宮 - 商 - 羽의 순으로), 숭상하는 색깔(靑 - 赤 - 黃 - 白 - 黑의 순으로), 十干(甲乙 - 丙丁 - 戊己 - 庚申 - 壬癸의 순으로) 등, 모든 현상이 그 계절에 맞게 순환 회귀(歸)한다고 보고 있다.

음양가는 五行, 四方, 四季, 五音, 十二月, 十二律, 天干, 地支와 數를 서로 배합하여 우주와 자연의 구조 그리고 인생사와 역사 등을 유기적 순환 회귀관으로 설명하고 있다. 자연의 계절이 立春부터 大寒까지 24절기를 주기로 끊임없이 순환 회귀하듯이, 우주와 자연 그리고 인생과 역사도 음과 양의 순환에 따라 그리고 오행의 순환에 따라 끊임없이 주기적으로 순환 회귀(歸)한다고 보고 있는 것이다.

동중서는 음양과 오행을 가지고 우주와 자연 역사 그리고 인생 등을 유기적 순환론으로 설명할 뿐 아니라, 또한 黑·白·赤이라는 三繼起의 끊임없는 순환 회귀(歸)로 왕조 창설의 정당성을 설명하고 있다. 夏는 黑을 계기로 삼았기 때문에 왕조를 설립할 수 있었고, 그 다음 왕조인 殷은 白을 계기로 삼았기 때문에 왕조를 설립할 수 있었으며, 周는 赤을 계기로 삼았기 때문에 왕조를 설립할 수 있었고, 또한 秦은 다시 순환하여 黑을 계기로 삼았기 때문에 왕조를 설립할 수 있다 하였다. 천명이 떠나 가버린 黑의 秦에서 천명을 이어받은 漢은 당연히 白의 계기를 준수하였기 때문에 왕조를 설립할 수 있다고 주장하여, 유기적 순환론(歸)에 기초한 역사철학을 완성시켰다.

음양의 이론을 가지고 그것을 철학화시킨 《주역(周易)》에도 우주와 자연 역사와 인생을 모두 순환 회귀적(歸)으로 설명하고 있다.

"가서 돌아오지(復) 않는 것은 없는데, 이것이 천지의 법이다."(無往不復, 天地際也. (《易·泰象》))

"끝난 즉 시작이 있는데 이것이 하늘의 운행이다."(終則有始, 天行也. (《易·蠱象》))

"그 도를 반복하는데, 칠 단계를 거쳐 돌아온다(復). 이 復에서 천지의 마음을 볼 수 있다."(反復其道, 七日來復 … 復, 其見天地之心乎! (《易·復象》))

"태양이 남중하면 기울고, 달도 차면 먹어 들어가는 것이 있다; 천지간의 차고 기우는 것은 때와 더불어 쇠하고 성한다."(日中則昃, 月盈則食; 天地盈虛, 與時消息. (《易·豊象》))

"해가 지면 달이 뜨고 달이 지면 해가 뜬다. 해와 달이 서로 추동하여 밝음이 생긴다. 추위가 가면 더위가 오고 더위가 가면 추위가 온다. 추위와 더위가 서로 추동하여 한 해가 이루어진다. 감(往)은 움추림이요 옴(來)은 펼침이다. 움추림과 펼침이 서로 감응하여 결과가 생긴다."(日往則月來, 月往則日來. 日月相推, 而明生焉. 寒往則暑來, 暑往則寒來, 寒暑相推, 而歲成焉. 往者, 屈也; 來者, 伸也; 屈伸相感而利生焉. (《易·繫辭下》))

"하늘과 땅은 (자연의 법칙에) 순응하여 움직인다. 고로 해와 달은 착오가 없고 4계절은 어김이 없다."(天地之順動, 故日月不過, 而四時不忒. (《易·豫象》))

"吉凶이란 것은 끊임없이 반전하고, 天地의 道는 끊임없이 나타나며, 日月의 道는 끊임없이 밝히는데, 天下의 움직임은 오로지 한결같다."(吉凶者, 貞勝者也. 天地之道, 貞觀者也. 日月之道, 貞明者也, 天下之動, 貞于一者也. (《易 · 繫辭下》))

송대 성리학자 정이천은 "사물이 절정에 이르면 반드시 반전한다.(物極必反)"고 했다. 송대 성리학자 소옹(邵雍: 1,011-1,077)의 《황극경세서(皇極經世書)》에 그의 순환론적인 우주관이 잘 나타나 있다.

"變易들에 대한 數가 (자기들 회전의) 끝에 이르면 하늘과 땅은 한 번의 순환을 마친다. '그러면 하늘과 땅도 역시 한 번의 순환을 거치는 것인가?' 라고 물을 수 있을 것이다. 나는 다음과 같이 말할 수 있을 것이다. '(만물에) 성장과 소멸이 존재하고 있는데 그들이라고 그러한 순환을 갖지 않겠는가? 하늘과 땅은 크기는 하지만 그들 역시 형상과 질료로 이루어져 있으며, … 이런 까닭으로 해서 두 가지 대상을 구성하는 요소가 된다.[18]'"

그의 《황극경세서》에서는 음양의 운동을 상징하는 64괘의 견지에서 64괘의 순환 회귀로 전 우주의 世界年의 진화기능을 기술하고 있

18) 풍우란의 《중국철학사》 469쪽에서 재인용.

다. "세계의 발단으로부터 전체의 파멸에 이르기까지 기간을 한 번의 순환이라고 한다. 한 번의 순환은 129,000년이다. 각각의 순환은 마치 1년이 12달인 것과 마찬가지로 12의 시대를 가진다. 각각의 시대는 마치 한 달이 30일을 갖는 것처럼 30회의 회전을 한다. 한 번씩 회전할 마다 12세대가 지나간다. 각각의 세대는 30년으로 이루어진다. 매년은 12달을 가지며, 1개월은 30일을, 그리고 하루는 24시간을 가진다."[19] 라고 하여, 1년 12달 시간과 계절이 끊임없이 순환 회귀하는 것처럼 64괘도 순환 회귀하며 그에 맞추어 세계년도 발단에서 파멸에 이르기 까지 끊임없이 순환 회귀(歸)하는 것으로 보고 있다.

이들 시간의 흐름은 易의 六爻와 밀접한 관계가 있는데, 세계의 시간은 冬至로 상징되는 大成卦에서 시작하여 마지막에 陰의 遠地點에 나타나는 것에서 끝난다. 제1의 시기(10,800년)에서 陽이 자라기 시작하며 이 때 하늘이 생긴다. 제2의 시기(10,801년 - 21,600년)에서 땅이 생긴다. 제3의 시기(21,601년 - 32,400년)에는 사람이 태어나며, 제6의 시기까지 陽이 계속 증가하여 遠地點에 도달한다. 제6의 시기의 마지막(64,800년)이 바로 陽이 극한 달한 시기이며, 순환의 伯仲이고 인간의 德이 완전히 만개한 정점이다. 이 시기가 기원전 3,000여 년의 위대한 전설적 현군 요임금의 치세 하에 있었던 황금시기이다. 이때부터 차츰 차츰 기울기 시작하며, 陰이 점차 증가하여 제7시기(64,801년 - 75,600년)가 시작된다. 이 제7시기가 바로 요임금 이후 하 은 주로 부터 邵雍이 살았던 宋까지이다. 절대 황금시기(요임금시기)로부터 역사는 점차 퇴보하고 있는 것으로 邵雍은 보고 있다. 이러한 시간 척도에 따르면 제12의 시기(118,880년 - 129,600년)에 이르기까지 陰이 강해지며 역사는 계속 쇠퇴

19) 풍우란의 《중국철학사》 469쪽에서 재인용.

할 것이다. 제12의 시기의 마지막(129,600년)에 陰이 遠地點에 도달하며 이에 전 지구의 모든 생물체들은 죽어서, 아무 것도 없는 암흑의 세계가 된다. 이것이 세계 순환이다. 그러면 또 다른 새로운 세계가 일어나 129,600년을 주기로 음양의 순환을 반복하며 이러한 세계 순환은 끝없이 반복된다고 소옹은 陰陽과 《易》의 六爻와 64卦를 바탕으로 그의 순환 회귀적인 세계관을 펼치고 있다. 우주와 역사 그리고 자연이 음양의 순환에 따라 끝없이 순환 회귀(歸)하는 거시적 순환 관점을 그는 가지고 있는 것이다.

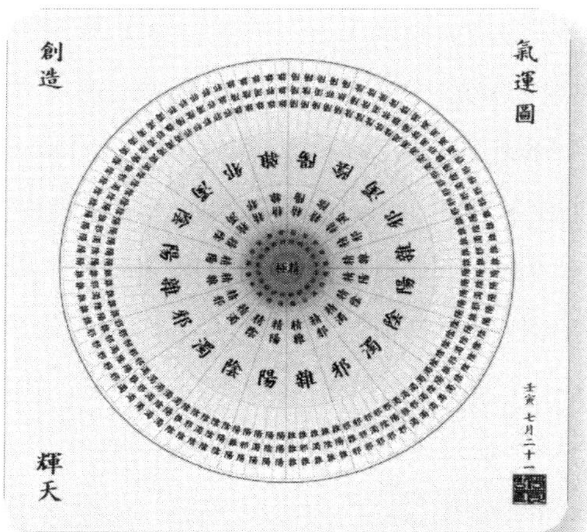

〈음양오행의 氣運圖. 이 세상의 모든 것은 음과 양의 순환으로 그리고 오행의 순환 회귀(歸)로 설명하고 있다.〉

풍우란의 《중국철학사》에 보면 8개 정도의 도표가 나오는데, 모두 이렇게 원을 그려 중국철학을 설명하는 것은, 중국 철학이 그 얼마나 유기적 순환론에 기초하고 있는가를 알 수 있게 한다. 풍우란의 《중국철학사》 뿐만 아니라 중국의 철학을 설명하는 책에는 대부분 이와 같은 원을 그려 중국 철학을 해석하고 있다. 원을 그려 음양사상과 오행사상의 순환 회귀(歸)를 설명하고, 원을 그려 주역 64괘의 순환 회귀(歸)를 설명하며, 원을 그려 태극도설을 설명하고, 또한 원을 그려 불교의 우주관 인생관 역사관과 자연관의 순환 회귀(歸)를 설명하고 있다.

5. 〈歸〉의 철학과 농경문화

필자는 본고에서 유가 복고주의(歸), 불교 윤회사상(歸), 도가 도교 무위자연 회귀사상(歸), 음양오행사상(歸)을 통하여 중국철학이 기본적으로 〈歸〉의 철학임을 설명하려고 노력하였다. 그러면 무엇이 중국철학을 이토록 〈歸〉적으로 만든 것일까? 중국철학이 이토록 순환 회귀적(歸)인 근본 이유는 도대체 무엇일까?

필자는 그것이 중국인들이 옛부터 立春부터 大寒까지 24절기를 주기로 끊임없이 순환 회귀적인 삶을 살아온 정통 농경문화 민족이었기 때문이라고 생각한다. 농경문화란 계절의 올바른 순환을 굉장히 중시하는 문화 체계인데, 이는 계절의 올바른 순환이 농작물의 풍요에 막대한 영향을 주기 때문이다. 立春부터 大寒까지 1년을 24절기로 나누어 그 절기에 맞는 농경일지적인 삶을 수천 년 동안 살아온 농경문화 민족인 중국인들, 그들은 그런 삶을 그 할아버지의 할아버지 또 그 할아버지의 할아버지 때부터 수천 년 동안 끊임없이 살아왔다. 24절기를 주기로 사는 순환 회귀적인 삶이란 농경인의 삶 그 자체였다. 이러한 순환 회귀적인 삶을 수천 년 동안 살아온 농경민족인 중국인, 그들의 사고방식 역시 순환 회귀적(歸)이 되었을 것이다. 24절기는 아래와 같은데, 각 절기마다 그들은 그 절기에 맞는 농경일지적 삶을 산 것이다.

봄 : 立春, 雨水, 驚蟄, 春分, 淸明, 穀雨,
여름 : 立夏, 小滿, 芒種, 夏至, 小暑, 大暑,
가을 : 立秋, 處暑, 白露, 秋分, 寒露, 霜降,
겨울 : 立冬, 小雪, 大雪, 冬至, 小寒, 大寒

立春 때는 立春 절기에 '맞는' 농경일지적 삶을 살았고, 또한 雨水에는 또 雨水 절기에 '맞는' 농경일지적 삶을 살아 온 것이다. 또한 驚蟄에는 驚蟄 절기에 '맞게', 春分에는 春分 절기에 '맞게' 농경일지적 삶을 산 것이다. 이처럼 그 절기에 '맞게' 立春부터 大寒까지 1년을 주기로 끊임없이 농경일지에 맞추어 순환 회귀적(歸) 삶을 살아왔기 때문에 그들의 철학과 그들의 사고방식이 이렇게 순환 회귀적(歸)이 되었을 것이라 생각한다.

농사꾼들은 이 24절기 그 계절적 변화에 철저하게 '적응하여' 살고자 했는데, 이에 따라 농경민족 중국인들의 지배자인 천자 역시 매달

〈모내기하는 모습. 중국 농경민족 그들은 24절기의 농경일지에 맞추어 그들의 삶을 살아왔다.〉

그 절기에 '맞는' 거처로 옮겨 거주했고, 옷 색깔도 그 절기에 '맞는' 옷을 입어야 했으며, 음식도 그 절기에 '맞는' 것만 먹어야 했고, 시행할 정사도 그 절기에 '맞는' 것만 행했다. 《예기(禮記)·월령(月令)》은 각 달마다 천자를 중심으로 한 사람들이 어떻게 살고 행동할 것인가를 적어놓은 책인데, 천자는 달마다 그 절기에 '맞게' 明堂의 거주지를 옮겼다. 孟春에는 青陽 左个[20]에, 仲春에는 青陽 太廟[21]에, 季春에는 青陽 右个[22]로 거주를 옮기며 정치를 행하였다. 孟夏에는 明堂 左个[23]에, 仲夏에는 明堂 太廟[24]에, 季夏에는 明堂 右个[25]로 거주를 옮기며 정치를 행하였다. 孟秋에는 總章 左个[26]에, 仲秋에는 總章 太廟[27]에, 季秋에는 總章 右个[28]로 거주를 옮기며 정치를 행하였다. 그리고 孟冬에는 玄堂 左个[29]에, 仲冬에는 玄堂 太廟[30]에, 季冬에는 玄堂 右个[31]로 거주를 옮기며 정치를 행하였다. 천자는 계절이 변하는 법칙을 그대로 '모방'하여, 자신의 거주지를 옮기며 정치를 행한 것이다.

또한 천자는 해당되는 달의 성격에 '맞게' 행동하고 명령을 내리며 정

20) 明堂 동쪽 방에 딸린 北室을 가리킴.
21) 明堂의 동쪽 방임.
22) 明堂 동쪽 방에 딸린 南室을 가리킴.
23) 明堂 남쪽 방에 딸린 東室을 가리킴.
24) 明堂의 남쪽 방임.
25) 明堂 남쪽 방에 딸린 西室을 가리킴.
26) 明堂 서쪽 방에 딸린 南室을 가리킴.
27) 明堂의 서쪽 방임.
28) 明堂 서쪽 방에 딸린 北室을 가리킴.
29) 明堂 북쪽 방에 딸린 西室을 가리킴.
30) 明堂의 북쪽 방임.
31) 明堂 북쪽 방에 딸린 東室을 가리킴.

치를 행하였다.《예기(禮記) · 월령(月令)》 전편은 천자를 중심으로 한 사람들이 어떻게 그 달에 '맞게' 행동할 것인가를 기록하고 있다. 천자를 중심으로 한 사람들은 계절의 순환에 따른 자연의 법칙을 그대로 '모방'하여 살고자한 것이다. 그럼 여기에서 孟春의 예 한 가지만 들어 살피고자 한다.

"孟春의 달에는 辰이 營室星에 있다. 저녁에는 參星이 남방의 중앙에 있고, 아침에는 尾星이 남방의 중앙에 있다. 그 날은 甲과 乙에 '해당'하고, 그 帝는 太皞, 그 신은 句芒, 그 동물은 鱗族, 그 음은 角調, 그 律은 太蔟, 그 수는 八, 그 맛은 酸, 그 냄새는 羶에 '해당'한다. 그 제사는 戶神이며, 제사를 지낼 때는 먼저 脾를 바친다. 천자는 靑陽 左个에 거주한다. 鸞路를 타고, 倉龍을 몰며, 靑旂를 세우고, 靑衣를 입고, 倉玉을 차고, 보리와 양고기를 먹는다. 그 사용하는 그릇은 조각이 성기고 나무결이 곧다. 이 달에 입춘이 있으므로, 입춘 삼일 전에 太史가 천자를 뵙고 고한다. "모일이 입춘입니다. 성대한 덕이 木에 있습니다." 천자는 곧 재계한다. 입춘 날 천자는 三公 九卿 諸侯 大夫를 거느리고 東郊로 가 봄을 맞이한다. 조정으로 돌아와 공경대부에게 시상을 한다. 또 재상에게 명하여 德教를 선포하고 禁令을 조정하며, 상을 주고 은혜를 베풀어서 아래로 만백성에게 미치게 한다. 상주는 일을 널리 백성에게 이르게 하여, 부당한 일이 없게 한다. .... 희생은 암컷을 쓰지 못하게 하고, 벌목을 금지하고 둥우리를 뒤집어서 새를 잡지 못하게 하고, 애벌레, 새끼를 밴 조수, 갓 태어난 짐승, 처음 나는 새를 죽이지 못하게 한다. 짐승의 새끼를 잡지 못하게 하고, 알을 꺼내지 못하게 한다. 공사를 일으켜서 사람을 모으지 못하게 하고, 성곽을 쌓아서 백성을 노역부리는 일 없게 하고, 사람의 시체가 노출되었을 때 그것을 묻어주어야 한다. 이 달에는 군대를 일으켜서는 안 된다. 군대를 일으키면 반드시 하늘의 재앙이 있을 것이다. 전쟁이 일어난다면 할 수 없이 그것을 막아야겠지만, 전쟁이 일어나지 않는 이상 스스로 전쟁을 시작해서는 안 된다. 天地人의 도는 생육을 위주로 한다. 전쟁은 만물의 생육을 방해하고 이것을 죽인다. 이것은 天地人의 大道에 어긋나는 것이다. 하늘의 재앙을 받을 것이다. 그렇기 때문에 군사를 일으켜서 하늘의 도리를 변경시키지 말아야 하고, 땅의 도리를 끊지 말아야 하며, 사람의 기강을 어지럽히지 말아야 한다."(孟春之月, 日在營室, 昏參中, 旦尾中. 其日甲乙, 其帝太皞, 其神句芒. 其蟲鱗, 其音角, 律中太蔟, 其數八, 其味酸, 其臭羶. 其祀戶. 祭先脾. 天子居青陽左个. 乘鸞路, 駕倉龍, 載青旂, 衣青衣, 服倉玉. 食麥與羊, 其器疏以達. 是月也, 以立春, 先入春三日. 太史謁之天子曰 某日入春, 盛德在木. 天子乃齊, 入春之日, 天子親帥三公九卿諸候大夫, 以迎春於東郊, 還反賞公卿大夫於朝, 命相布德和令, 行慶施惠, 下及兆民, 慶賜遂行毋有不當. … 犧牲毋用牝, 禁止伐木, 毋覆巢, 毋殺孩蟲胎夭飛鳥, 毋麛毋卵, 毋聚大衆, 毋置城郭, 掩骼埋胔. 是月也, 不可以稱兵. 稱兵必天殃. 兵戎不起. 不可從我始, 毋變天之道, 毋絶地之理, 毋亂人之紀.)

위 내용을 보면 맹춘에는 그 절기에 '맞는' 帝(太皞)와 신(句芒)을 모셔야 하며, 덕도 그 절기에 '맞는' 木德[32]을 쓰며, 十干도 甲乙[33]을, 五蟲에서는 鱗[34]을, 五音에서는 角[35]을, 五味에서는 酸[36]을, 五臭에서는 羶[37]을, 五祀에서는 戶神[38]을, 五臟에서는 脾[39]를 사용해야 한다고 했는데, 이는 모두 맹춘 성질과 '맞기' 때문에, 그 자연의 법칙을 그대로 '모방'하여 人事에 '적용'시켰다. 천자는 그 계절에 '맞게' 明堂의 동쪽 방인 青陽의 北室에 거주하며, 그 계절에 '맞게' 鸞路, 倉龍, 青旂, 青衣, 倉玉을 타거나 입는다. 봄의 빛깔인 푸른색[40]에 '맞게' 치장하거나 입고,

---

32) 봄은 木, 여름은 火, 중앙은 土, 가을은 金, 겨울은 水에 '해당'된다.

33) 봄은 甲乙, 여름은 丙丁, 중앙은 戊己, 가을은 庚辛, 겨울은 壬癸에 '해당'된다.

34) 봄에는 鱗, 여름에는 羽, 중앙에는 臝, 가을에는 毛, 겨울에는 介가 '해당'된다.

35) 봄에는 角, 여름에는 徵, 중앙에는 宮, 가을에는 商, 겨울에는 羽가 '해당'된다.

36) 봄에는 酸, 여름에는 苦, 중앙에는 甘, 가을에는 辛, 겨울에는 鹹이 '해당'된다.

37) 봄에는 羶, 여름에는 焦, 중앙에는 香, 가을에는 腥, 겨울에는 朽가 '해당'된다.

38) 봄에는 戶, 여름에는 竈, 중앙에는 中霤, 가을에는 門, 겨울에는 行神이 '해당'된다.

39) 봄에는 脾, 여름에는 肺, 중앙에는 心, 가을에는 肝, 겨울에는 腎이 '해당'된다.

40) 봄은 青(蒼), 여름은 赤(朱), 중앙은 黃, 가을은 白, 겨울은 黑(玄)이 그 계절에

또 봄의 계절에 '맞는' 보리[41]와 양[42]을 먹는다. 그리고 천자는 모든 만물을 생육시키는 봄의 성격에 '따라', 공경대부로부터 만 백성에 이르기까지 상을 주고 은혜를 베풀어야 한다. 이 달에는 만물이 새싹이 돋는 계절이므로, 그 계절의 성격을 그대로 人事에도 '모방'하여, 갓 태어난 짐승의 새끼와 알 등을 잡거나 꺼내어서는 안 된다. 이를 위반하는 것은 자연의 법칙을 어기는 것이다. 모든 만물을 키워주는 이 계절에, 사람을 죽이는 전쟁 같은 것을 일으켜서는 안 된다. 봄의 성질을 '모방'하지 않고 전쟁을 일으킨다면, 天地人의 大道를 어긴 것으로 하늘이 벌을 내린다. 봄에는 자연이 모든 만물을 생육시키듯이, 인간도 모든 것을 생육시키는 방향으로 人事를 행하여야 하는 것이다. 이런 자연의 법칙을 '모방'하지 않는 행위는, 바로 天道와 地理와 人紀를 어기는 것이다.

필자는 여기에서 孟春의 경우만 예로 설명했지만, 그 외 모든 절기에 대해서도 《예기(禮記)ㆍ월령(月令)》에 이와 같이 설명되어 있다. 중국인들이 그 얼마나 자연의 법칙(계절의 변화)에 그대로 적응하여 24절기를 주기로 순환 회귀적으로 살고자 한 것인가를 잘 알 수 있다. 한마디로 고대 중국인들은 24절기를 주기로 변하는 자연의 법칙(계절의 변화)을 그대로 '모방'하여 농경일지적 삶을 순환 회귀적(歸)으로 살고자 한 것이다.

만약 그 절기에 맞지 않는 행동을 하면 기후에 영향을 끼쳐 기이한 재이현상이 일어나 농사를 망치게 된다. 예를 들어;

"맹춘에 여름 명령을 시행하면 비가 제 때 오지 않고 초목이 시들며 나

'맞는' 색깔이다.

41) 봄은 麥, 여름은 菽, 중앙은 稷, 가을은 麻, 겨울은 黍가 그 계절에 '맞는' 곡식이다.

42) 봄에는 羊, 여름에는 鷄, 중앙에는 牛, 가을에는 犬, 겨울에는 稚가 그 계절에 '맞는' 가축이다.

라에 대대로 두려운 일이 생긴다. (맹춘에) 가을 명령을 시행하면 백성에게 큰 돌림병이 돌고 돌풍과 폭우가 한꺼번에 닥치고 명아주 고들빼기 쑥과 같은 온갖 잡초가 일제히 무성해진다. (맹춘에) 겨울 명령을 시행하면 냇물이 범람하고 눈서리가 마주 쏟아져 기장과 같은 조생곡식을 파종할 수 없게 된다."(孟春行夏令, 則雨水不時, 草木凋落, 國時有恐, 行秋令, 則民大疫, 猋風暴雨總至, 藜秀蓬蒿幷興. 行冬令, 則水潦爲敗, 雪霜大摯, 首種不入. (《예기 · 월령》))

항상 그 절기에 맞게 살아야지, 만약 그 절기에 맞지 않게 산다면 기이한 災異현상이 나타난다는 것이다.

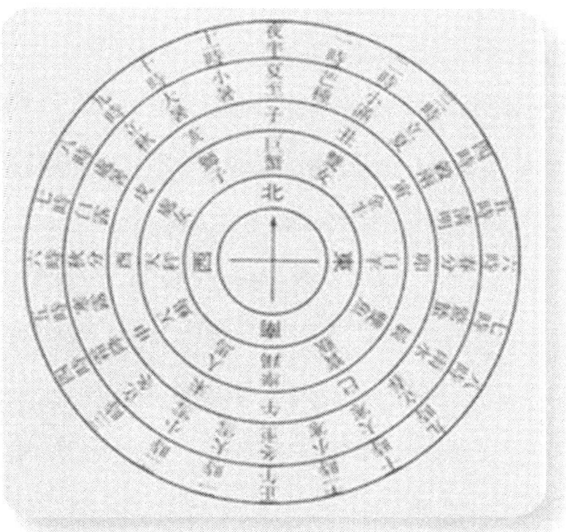

〈24절기도〉

겨울이 지나가면(去) 반드시 봄은 돌아오기(歸) 마련이다. "간(去) 것은 반드시 돌아오는(歸) 것."(去者必返)이요, 봄이 한번 가면 영원히 다시 돌아오지 않는 것이 아니라 아무리 매서운 겨울이 있어도 1년 후면 반드시 돌아오는(歸) 것이다.

〈봄은 한번 가면 다시 돌아오지 않는 것이 아니라, 아무리 매서운 겨울이 있어도 반드시 1년 뒤에는 돌아온다(歸)〉

"천지간에 떠났다가 다시 돌아오지(歸) 않는 것이란 하나도 없다."라고 한 송나라 철학자 소옹(邵雍)의 언급은 중국인의 사고방식이 그 얼마나 순환 회귀적인가를 여실히 나타내주고 있다 하겠다. 수천 년 전부터 자연의 법칙(계절의 변화)에 적응하여 흙과 〈더불어 하나〉 되어 살아온 정통적인 농경문화 민족인 중국인, 그들은 24절기를 주기로 끊임없이 유기적으로 순환하는 자연의 생리에 맞추어 그들의 삶도 24절기를 주기로 주기성을 띠게 됨에, 은연중에 그들의 철학과 사고방식에도 이런 순환 회귀적(歸)인 관념이 뿌리 깊게 도사리게 된 것이다. 유가 복고주의(歸), 불교 윤회사상(歸), 도가 도교 무위자연 회귀사상(歸), 음양오행사상(歸), 주역의 64괘 순환 회귀(歸)사상은 근본적으로 24절기를 주기로 수천 년 동안 순환 회귀적 삶을 살아온 농경민족 중국인들만이 가질 수 있는 사상인 것이다.

또한 24절기를 주기로 수천 년 동안 순환 회귀적 삶을 살아왔기 때문에, 우리네 인생도 끊임없이 순환 회귀한다고 믿는다. 우리네 인생도 계절의 순환처럼 좋을 때가 있으면 나쁠 때가 있고 나쁠 때가 있으면 좋을 때가 있다고 생각한다. 인생이 잘 풀린다고 자랑할 것도 없다. 항상 행복 속에 또한 불행이 숨어 있는 것이다. 따뜻한 봄이 있다고 마냥 따뜻한 봄이 아니고 언젠가는 서늘한 가을이 다가오는 것처럼. 三災가 들었다고 슬픔에 빠질 필요도 없다. 왜냐하면 우리네 인생은 불행 속에도 행복이 숨어 있는 것이다. 아무리 매서운 겨울이 있어도 언젠가는 따뜻한 봄이 오는 것처럼. 우리네 인생은 흥하고 망하며 성하고 쇠하기를 반복한다. 계절이 24절기를 주기로 끊임없이 순환 회귀하는 것처럼. 고로 우리네 인생이란 새옹지마인 것이다. 그래서 잘 났다고 뻐길 필요도 없고 또한 못 된다고 기죽을 필요도 없다. 우리네 인생이란 좋고 나쁘고를 반복하는 것이다. 계절이 끊임없이 순환 반복하는 것처럼. 옛 중국인들의 겸손함은 이런 자연현상을 아는데서 출발한 것이 아닌가 한다.

太極이라고 하든지, 天이라고 하든지, 道라고 하든지, 性이라고 하든지, 自然이라고 하든지, 理라고 하든지 간에, 이는 모두 우주 자연의 근원 즉, 삼라만상의 原型을 뜻하는 것으로, 중국의 철학자들은 이런 근원을 항상 연구해 왔고 심지어 극도의 정신적 수련을 통해 이 우주 자연의 근원으로 되돌아가고자(歸) 노력하였다. 그 근원(原型)을 연구하고 극도의 정신적 수련을 통해 그 근원에 도달하며, 그 근원을 펼쳐 해석(演繹)하여 우주와 자연 그리고 인생과 역사의 본질과 변화를 설명하는 것이 중국의 철학과 형이상학의 대부분이라고 해도 크게 틀린 말은 아니라고 생각한다. 그들은 자연과 우주현상을 과학적으로 관찰하여 그 어떤 법칙을 도출해내는 귀납법적인 철학을 진행을 시킨 것이 아니라, 만고불편의 근원인 道(太極, 天, 性, 理, 自然)를 먼저 설정하고 그

道로부터 펼쳐 해석(演繹)해 나가 우주와 자연 그리고 인생과 역사의 모든 현상을 해석하고 이해한 것이다. 그리고 그들은 극도의 자기 절제와 정신수련을 통해 모든 것의 근원인 道(太極, 天, 性, 理, 自然)와 〈더불어 하나〉 되는 상태로 돌아가고자(歸) 했다. 중국의 정통적인 학자들은 서양의 학자들처럼 道가 낳은 개별 자연현상을 관찰 연구하려고 하지 않고, 모든 삼라만상의 근원이라고 여긴 道만을 연구하여 왔기 때문에, 중국의 철학이 심하게 형이상학적이며, 명료하고 과학적이지 못했다고 할 수 있을 것이다. 이는 농경민족인인 중국인들의 항상 회귀하고자(歸) 하는 사고방식이 이렇게 항상 道(근원)로 되돌아가고자(歸) 하고, 또한 그것만을 연구하는 철학을 만들게 된 것이 아닌가 생각한다.

중국인들의 순환 회귀적 사유체계(유가 복고주의, 불교 윤회사상, 도가 도교의 무위자연 회귀사상, 음양 오행사상 등)가 근본적으로 중국인들이 24절기를 주기로 끊임없이 순환 회귀적(歸)인 삶을 살아온 농경민족이었기 때문일 것이라는 필자의 견해를 더 잘 이해하기 위해서는 서구사상의 근원을 설명하여 이를 비교해볼 필요가 있다고 생각한다. 서구사상은 헤브라이즘과 헬레니즘을 2대 골간으로 하여 이루어졌다고 한다. 이 중 먼저 헤브라이즘을 설명하면, 헤브라이즘이란 Mesia 사상(언젠가 救世主가 나타나 그들을 젖과 꿀이 흐르는 가나안 땅으로 인도해 줄 것이고 믿는 사상)을 그 골간으로 하는데, 유대인들이 이렇게 Mesia 사상을 가지게 된 이유는 그들의 지리적 환경과 밀접한 관련이 있다. 이른바 양떼를 몰고 끊임없이 曠野(황무지)를 유랑하여 떠돌아다니는 유대민족들은 근본적으로 그 땅과 〈더불어 하나〉 되어 살아갈 수 없는 민족이었다. 거친 땅 더운 기후와 같은 불리한 지리적 요건을 가진 그들은, 항상 이런 불리한 지역을 벗어나고 싶다는 욕망을 가지게 되었다. 이런 고대 유

〈양떼를 풀밭으로 인도하는 목자 예수. 광야라는 불리한 지리적 자연조건이 언젠가 누군가가 나타나 젖과 꿀이 흐르는 땅으로 인도할 것이라는 메시아사상을 가져다 주었다.〉

대인들의 욕망이 목자가 양떼를 푸른 풀밭으로 인도하듯이 언젠가 구세주가 선지자가 나타나 그들 자신들을 거친 광야에서 끌어내어 젖과 꿀이 흐르는 풍요의 땅으로 인도해줄 것이라는 미래의 약속을 믿는 Mesia 사상을 가지게 만든 것이다. 즉 광야지대란 불리한 지리적 자연요건이 그들 유대인들에게 Mesia 사상이라는 미래지향적인 사상을 가져다 준 것이다. 지금도 기독교인들은 미래에 언젠가 우리의 구세주 우리의 Mesia인 예수님이 이 지상에 재림하여 지상의 악을 쓸어버리고 지상천국을 이룩할 것이라는 것을 믿고 찬송가를 부르고 기도하며 신앙생활을 하고 있다. 2,000년 전에 나라를 잃어버린 그 유대민족이 온갖 박해와 탄압 속에서도 다시 나라를 세울 수 있는 근본 원인은 언젠가는 그들 민족을 구원해 줄 메시아가 도래할 것이라는 확고한 믿음 때문

〈승리의 여신에게서 관을 받는 젊음과 용기를 상징하는 태양의 신 아폴론〉

이었다. 지금도 이스라엘 사람들은 그들 민족을 구원해 줄 메시아의 도래를 확고하게 믿으며 평생을 종교적 삶을 있다고 한다.

다음으로 헬레니즘을 설명하면, 고대 그리스인들의 정신세계를 가장 잘 대변해주는 신은 젊음과 용기를 상징하는 태양의 신인 Apolo라고 한다[43]. 그들 그리스인들이 젊음과 용기를 상징하는 태양의 신인 Apolo신적인 사유 체계를 가지게 된 근본 이유도 역시 그들의 지리적 환경과 밀접한 관련이 있다. 그리스 지역은 온통 산악으로 둘러싸여 있어 고대에는 교통과 통신이 너무 너무 불편하여 하나의 나라로 통일되기가 참으로 어려웠다고 한다. 그래서 산악으로 둘러싸인 곳곳에 나라를 세우게 되니 이것이 바로 Polis 즉 도시국가란 것이다. 이들 도시국가들은 그 지역에서 맹주 노릇하기 위하여 수많은 경쟁과 투쟁 그리고 전쟁을 서로 벌여왔다. 물론 그 중에 아테네와 스파르타라는 도시국가가 어느 정도 맹주 역할을 하였기는 하지만, 서로 맹주가 되려고 도시국가들 간의 수많은 경쟁과 투쟁 그리고 전쟁이 은연중에 그들 도시국가 사람들로 하여금 젊음과 용기를 상징하는 Apolo신적인 사유체계를 가지게 만든 것이다.

이와 똑같은 이치로, 이와 전혀 다르지 않는 이치로 중국인들이 이렇게 순환 회귀적(歸)인 사유 체계를 가지게 된 것은 그들이 본질적으로 24절기를 주기로 끊임없이 순환 회귀적(歸)인 삶을 살아온 정통 농경민족이었기 때문이라 할 수 있다. 유·불·도의 3대사상과 음양오행사상이 지금까지도 끊임없이 중국인들의 사고체계를 지배할 수 있었던 것은, 그들 사상의 기저를 이루는 유기적인 순환론과 회귀성이 24

43) 《그리스 · 로마 神話》의 張旺綠 해설편 참조.

절기를 주기로 순환 회귀적인 삶을 살아온 농경민족 중국인들의 기본적인 심성과 잘 맞았기 때문일 것이다. 墨家나 法家같은 사상이 전국시대에 나타나 득세를 한 적도 있었지만, 그 후 중국인들에게 끊임없는 영향을 주어오지 못한 것은 그들 사상에 유기적인 순환론과 회귀성이 없어, 순환 회귀적인 삶을 살아온 농경민족인 중국인들의 기본적인 심성과 맞지 않았기 때문일 지도 모른다.

6. 농사꾼의 철학

중국은 전통적인 농경문화 지역이다. 수천 년 전부터 끊임없이 농사를 지어 왔으며 그것을 바탕으로 삶을 영위해 왔다. 중국은 전 세계에서 가장 대표적인 농경문화 지역인 것이다. 옛날에는 인구의 대부분이 농업에 종사했었다. 농업국은 토지가 부의 원천이어서 땅에 대한 애착이 유목문화나 해상무역 문화지역 사람들보다 월등하게 강하다. 중국인들은 옛날부터 '農者天下之大本也.'라 하여 농업을 하나의 성직으로까지 여겼었다. 중국 전통사회에서 신분계급도 크게 士 · 農 · 工 · 商의 4가지로 나뉘었는데, 士는 독서를 통해 관직에 오르는 지배계급으로 대체로 토지의 소유주이고, 農은 士계급으로부터 토지를 빌려 경작하는 소작농이거나 혹은 소규모 자영 토지 소유자였다. 중국에서 士계급과 農계급은 명예로운 직업이고, 工계급과 商계급은 천시 받았다. 중국에서 과학기술과 자본주의가 서구보다 일찍 발달하지 못하여 근대화가 서구에 뒤쳐진 이유에는 工계급과 商계급을 무시하고 천시하며, 士계급와 農계급만을 중시한 민족이었다는 점도 그 하나의 이유라고 보여 진다. 工은 지배계급에서도 中人들이 맡았고 일반에서는 천민들이 담당했으며, 商은 장사치 장사꾼이라고 부르며 항상 천시받아 왔었다.

중국의 위정자들은 무엇보다 농사를 중시하였다. 가뭄이 나거나 홍수가 나서 흉년이 들면 그것을 위정자 자신이 덕이 없기 때문이라고 여겼다. 황하유역을 통치하는 위정자들의 최대 임무는 황하를 다스리는 治水 작업이기도 했다. 또한 위정자들은 모내기나 추수 때가 되면 일반 농민들과 함께 모를 내거나 추수하는 상징적인 의식에 참가하기도 했고, 위정자의 부인들은 일반 아녀자들과 함께 길쌈이나 뽕잎을 따는 상징적인 의식에 참가하기도 했다. 또한 위정자가 직접 농사짓는 조그마한 토지를 소유하여 상징적으로나마 농사를 짓기도 했다. 이 모든 것은 중국인들이 농사를 그 얼마나 중시하였는가를 여실히 알 수 있게 해준다.

〈첫 수확의 기쁨을 누리는 농사꾼. 그들은 수천 년 동안 농경일지에 맞추어 순환 회귀(歸)적인 삶을 살아왔다.〉

수천 년 동안 끊임없이 농사를 지어온 중국인들은 은연중에 농사꾼의 철학과 인생관 그리고 세계관을 가지게 되었을 것이다. 그래서 이런 농사꾼의 철학과 인생관 세계관은 중국 문화 전반 즉 철학, 사상, 문학, 음악, 미술 등 모든 분야에 은연중에 영향을 주어 나타나게 된다. 중국의 철학사상이란 근본적으로 농사꾼의 철학이 형상화된 것이라고 할 수 있다. 고로 농사꾼의 철학을 잘 이해하면 중국인의 철학사상과 의식체계 사고방식을 더욱 깊게 이해할 수가 있을 것이다. 이 농사꾼의 사고방식은 유목문화나 해양 상업문화와는 다르게 그 나름대로의 독특한 특징을 가지고 있다.

1) 자연에의 순응 조화 찬미 그리고 인내심과 기다림

농경민족 중국인들은 자연을 아주 중시하였는데, 중국인들처럼 자연을 찬양하고 많이 읊조린 사람도 전 세계에 별로 없다. 漢詩에서 가장 많은 분량을 차지하는 것이 바로 자연을 즐기며 읊조린 자연시·산수시·전원시 부류인 것이다. 서구시들의 주 주제가 청춘남녀간의 사랑의 감정을 읊은 연애시 부류인 것과 대비가 되는데, 중국의 옛 시인치고 자연을 소재로 시를 읊지 않은 시인은 단 한 명도 없다고 할 수 있다. 자연 속에서 그 자연과 〈더불어 하나〉 되어 그것을 읊조리고 노래하여 그 속에 자신의 감정을 기탁한 자연시·산수시·전원시 부류는 부지기수로 많다. 전문적으로 자연을 읊조린 이런 자연시·전원시·산수시 부류가 아닌 시들도 대부분 起·承에서 자연의 경물을 먼저 읊고 나서, 轉·結에서 그것에 감촉되어 자신의 감정을 읊는다. 님을 그리워하는 시도 먼저 起·承에서는 자연의 경물을 읊고 轉·結에 가서 그 자연의 경물에 기탁하여 님을 그리워하는 자신의 애달픈 감정을 읊고 있는 것이니, 도대체 한시 중에 자연을 소재로 하여 읊조리지 않은 시는 거의 발견하기 어렵다 하겠다.

중국의 동양화들은 초상화를 제외하고는 대부분 자연과 산수를 소재로 하여 그린 산수화이다. 서양의 그림에 인물화나 추상화 등이 있는 것과는 대비가 되는데, 그들은 기암계곡과 전원풍경을 주로 그렸다. 그 속에 그려진 인물들도 자연의 일부로 그려져 있지, 인물이 중심이고 자연이 배경이 된 산수화는 중국에 없다고 할 수 있다. 자연이 중심이지 결코 사람이 중심이 아닌 것이다. 농경민족 중국인들은 자연의 일부가 되어 그 자연과 〈더불어 하나〉 되어 조화롭게 살기를 갈망했던 것이다.

〈중국의 옛 그림은 대부분 이와 같은 산수화이다. 자연을 너무나 사랑하고 즐긴 농경민족이기 때문이다.〉

농사를 짓는데 절대적인 영향을 미치는 것은 비와 햇볕이다. 그런데 이 비와 햇볕은 인간의 힘으로 조절할 수 있는 것이 아니다. 인간이 어떻게 할 방법이 없다. 오직 하늘의 뜻을 기다리며 '인내심'을 가지고 '순응'할 뿐이다.

유목문화지역 사람들은 풀이 많이 나는 곳을 예측하여 자신의 의지대로 양이나 말을 몰고 간다. 혹은 남의 지역을 침입해 약탈해 오기도 한다. 이 문화지역 사람들은 자연의 뜻에 순응하며 살아가지는 않는다. 풀이 많은 지역을 예측하고, 또한 자신의 의지로 약탈할 방법을 찾기도 한다.

그러나 농사를 천직으로 하여 살아온 농경문화 지역 사람들은 농사를 잘 짓기 위해서는 적당한 비와 햇볕이 내리고 쬐어주기를 기다리고 인내할 수밖에 없다. 농경문화 지역 사람들은 다른 지역 사람들 보다 월등히 인내력이 강하고 또한 기다림의 미학을 가지고 있다. 중국인의 인내력은 타의 추종을 불허하는데, 이것은 그들 나라가 대륙국인 것과 함께 그들이 전통적인 농경문화 민족이었던 점과도 관련이 있을 것이다. 또한 농촌사람들이 도시사람들보다 참고 인내하며 기다리는 능력이 월등히 뛰어나다. 농사를 짓는 데는 자신의 의지에 의해 되는 것이 아니라 하늘의 뜻을 기다리며 인내할 수밖에 없었기 때문에, 이런 삶을 수천 년 동안 살아온 농사꾼들은 은연중에 인내하고 기다리는 능력이 강해진 것이다. 비가 와야 할 때 비가 와주기를, 또 햇볕이 쬐어야할 때 쬐어주기를 기다리는 수밖에 없는 삶을 수천 년 동안 살아온 것이다.

또한 중국문학에는 기다림을 주제로 한 작품이 굉장히 많다. 님이 오기를 기다리고, 친구가 오기를 기다리며, 그리고 임금이 자기를 찾아주기를 기다리고, 또한 고향으로 돌아갈 수 있기를 기다리며 그것을 읊은 한시는 부지기수이다. 閨房詩, 行役詩, 思鄕詩, 思友詩 등등으로 불리는 시들이 모두 '그리움(思)' 그리고 '기다림'을 주제로 한 시들이다. 또한 님이 오기를 기다리다 기다리다 기다림에 지쳐 고갯마루에서 돌이 되고 望夫石이 되었다는 전설도 전해온다. 서구시에도 기다림을 읊조린 시가 전혀 없는 것은 아니나, 서구시에는 떠나 가버린 님을 적극적으로 찾아나서는 시들도 굉장히 많다.

비와 햇볕은 인간의 힘으로 조절할 수 있는 것이 아니니, 단지 그것에 대처할 준비를 해놓고 자연을 믿고 순응할 뿐이다. 인간의 힘으로 어쩔 수 없는 이 자연은 투쟁하여 극복할 대상이 아닌 것이다. 인간은 단지 자연에 대한 무한한 '信任'과 '忍耐'로써 자연을 믿고 의지하며 '기다릴' 뿐이다.

그래서 농경민족들은 비와 햇볕의 부적절함으로 홍수나 가뭄이 드는 것을 자신이 하늘에 무언가 잘못한 것이 있기 때문이라고 믿는다. 자신이 덕이 있으면 비가 와야 할 때 비가 오고 햇볕이 쬐어야 할 때 햇볕이 쬐는 올바른 계절적 순환으로 인해 풍년이 들지만, 자신이 하늘에 무언가 잘못한 것이 있으면 부적절한 계절적 순환으로 농사를 망치게 되는 것이라 여기는 것이다. 인간은 자연의 일부로, 그 자연의 법칙에 순응하여야만 올바른 계절적 순환으로 농사를 잘 짓게 된다고 생각하는 것이다.

그런 까닭에 농경문화의 가장 근저가 되는 것은, 인간과 자연이 서로 대립하고 투쟁하는 것이 아니라 서로 영향을 주고받는 유기체로 여겨, 자기 이외의 것에 대해서도 친밀감을 느껴 인간들은 자연의 법칙과 변화에 순응하며 조화롭게 살아가야 한다고 믿는다. '자연을 거스르는 자는 망하고 자연에 순응하는 자는 흥한다.(逆天者亡, 順天者興)'고 생각한다.

하늘(자연)과 인간이 조화롭게 서로 영향을 주고받는 것을 철학적으로 天人相關思想 혹은 天人相與思想이라 한다. 이 사상은 고대 중국 철학의 근저를 이루는 사상인데, 자연의 섭리에 항거하지 않고 순응하여 삶을 영위해 나가며 자연과 〈더불어 하나〉 되어 살아가고자 하는데, 이를 '物我一體', '主客一體'라고 하고 또한 '順'한다고 하며 '和'한다고 한다. 농경문화 지역사람들은 천지 자연 만물의 순환에 순응(順)하고, 또한 그것들과 조화롭게(和) 살아가려고 노력했던 것이다. 자연의 법칙을 거스르거나 혹 자신의 의지로 무엇을 하려고 하지 않는다.

자연과 무난하게 부딪힘 없이 조화롭게 살아가려고 노력하였다.

2) 물아일체 혼연일체 천인합일

흙과 〈더불어 하나〉 되어 평생을 살아온 농경민족 중국인들은 항상 그 자연과 혼연일체가 되어 〈더불어 하나〉 되고자 한다. 인생과 사회, 인생과 자연을 구분하여 보지 않고, 〈더불어 하나〉로 보는 物我一體의 경향이 아주 강하다. 자연과 내가, 우주와 내가 그리고 그 모든 것이 하나 되는 天人合一 사상을 가지고 있다.

자연과 우주는 大我요 인간은 小我로, 大我와 小我가 하나로 합치되어 구분되지 않는 것으로 파악하고 있다. 이 大我인 우주 자연이 축약된 것이 小我인 우리 인간이요, 우리 인간이 더 축약된 것이 바로 손이요, 발이요, 귀라고 본다. 그래서 몸이 병이 나면 그 부분에 해당되는 손, 발, 귀 부위에 침을 놓는데, 우리는 이를 手指針, 足針, 耳針이라고 부른다.

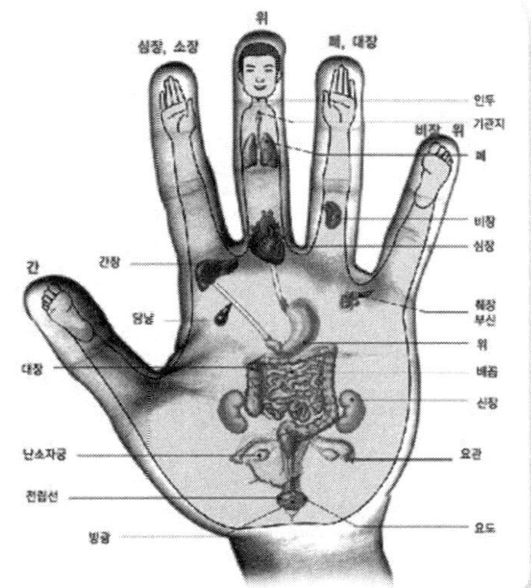

〈손을 인체 각 부위와 연계시켜 이해하고 있다〉

중국인들은 자연의 법칙(계절의 변화)에 그대로 순응하며 살기를 원했는데, 그래서 모든 만물이 소생하는 봄에는 전쟁을 일으키거나 사형을 집행해서도 안 된다고 믿는다. 봄은 모든 만물을 소생시키는 계절로, 그 계절의 법칙을 어기며 전쟁을 하거나 죽이는 것은 자연을 거스르는 것이라 여겼기 때문이다. 전쟁과 사형은 자고로 모든 만물이 시드는 가을과 겨울에 행하였다. 봄의 절기에 맞게 옛날에는 봄에 집단 혼례를 많이 행한 것도 마찬가지이다.

유목민족들은 항상 자연을 극복하고 투쟁하면서 살아왔다. 그래서 그들의 철학에는 세계는 나와 서로 대립되는 존재로 여겨 역사는 我와 被我의 투쟁에 의해서 변해온 것이라고 생각한다. 헤겔의 正·反·合 이론도 마찬가지이다. 대립 투쟁과 그리고 모순 극복이 인류사라는 것이다.

그들은 모든 것을 이분법적으로 본다. 서구 고대 관념에 사람에게는 영혼과 육체의 두 부분이 있고, 영혼부분이 접촉하는 것이 이성적인 정신세계요, 육체부분이 접촉하는 것이 감각적인 물질세계이다. 그러나 자연과 〈더불어 하나〉 되어 조화롭게 살아온 중국인들은 心과 身이 서로 일치한다는 관념에 기울어져 영혼과 육체의 대립을 믿지 않았다.

유목민들은 자연에 순응하여 삶을 사는 것이 아니라, 투쟁하고 개척하여야만 비로소 삶을 유지할 수 있기 때문에, 본능적으로 외부 세계에 대하여 적의를 품고 투쟁하여 없애버리려고 한다. 그리고 자기가 우리가 아닌 모든 존재에 대하여 항상 적대시하며 경계한다. 그래서 외부세계는 단지 자신의 양과 말을 훔쳐가고 자신을 파괴시킬지도 모를 적이라고 생각한다. 그들은 적과 나를 확실하게 구분하여 인식하는 이분법적 사고를 한다. 그들의 세계관과 인생관에는 일종의 강렬한 대립적인 감정이 존재한다. 자연에 대해서는 天(즉 자연)과 人이 대립되고, 인간에 대해서는 敵과 我가 대립된다. 자연과 투쟁하여 이기지 않으면, 적과 투쟁하여 이기지 않으면, 내가 져 소멸되어 버릴 것이라고 생각한다. 그런 까닭에 그들의 철학을 성립시키는 심리상의 필연적 이론에는 內·外와 我와 彼我가 완전 대립된다.

서구인들은 적에 의해서 나 아닌 존재에 의해 속박당한 삶에서 해방되는 것을 중시하여, 자유, 독립, 해방, 개성 등을 중시하는데, 이는 곧 투쟁과 자연극복이라는 그들 삶의 방식이 만들어낸 것이다. 이것이 서구에서 신의 속박으로부터 벗어나 인간 자신이 바로 자신의 주인이라는 민주주의 사상과 인권이 일찍이 고양될 수 있었던 문화적 배경이 된 것이 아닌가 한다. 그러나 흙(자연)과 〈더불어 하나〉 되어 살아온 중국인들은 자연과 어울려 그 자연의 구속으로부터 벗어나고 싶지 않아

〈자연(흙)과 투쟁하며 산 것이 아니라 더불어 하나되어 살아온 농사꾼〉

구속(속박)으로부터의 해방, 그리고 자유와 독립 같은 것에 그리 큰 비중을 두지 않았다고 생각된다.

3) 보수적 사고

농경인들은 한 곳에서 수천 년 동안 움직이지 않고 붙박여서 생활하여 왔다. 유목인들은 풀이 많은 곳으로 이동하고 다른 곳으로 약탈하러 가기도 하는 유랑하는 민족인 것과는 다르다. 고로 농경인들은 유목인들보다 이동과 변화를 싫어하고 지금의 상태가 그대로 영속되기를 바란다. 변화나 진보보다는 보수적인 사고방식을 가지게 되는 것이다. 산 너머 남촌에는 누가 사는 지도 모르고 살았던 사람들이 바로 농경민족이고, 고작 5일에 한 번 읍내 장터 나가는 것이 바로 땅에 붙박여 사는 농경민족인 것이다.

그러나 유목인들은 개척적이고 진취적인 성향을 갖게 된다. 유목과 상업은 생활 내부의 경제적 부족으로 말미암아 나타난 문화유형들이라, 그들은 생활필수품을 외부에서 구해야하므로 자연히 이동이 많아져 그들의 성격이 유동적이고 진취적이게 된 것이다. 그러나 농경생활은 안에서 자급자족할 수 있으므로 밖으로 생활필수품을 구하러 나갈 필요가 없어, 자연히 일정한 생활공간 안에서 지속적으로 생활함으로 그들은 안정적이고 보수적인 성향을 가지게 되는 것이다. 변화가 많은 삶을 사는 도시사람들보다 생활에 거의 변화가 없는 농촌사람들이 보수적이다.

4) 중용

농사를 짓는 데는 적당한 비와 햇볕이 아주 중요하다. 그 절기에 맞게 비와 햇볕이 적당해야 하는데, 그 절기에 맞지 않게 비가 너무 많이 오면 홍수가 나고 그렇다고 비가 너무 적게 오면 곡식이 자라지 않는다. 또한 햇볕이 너무 많이 쬐면 곡식이 타 들어가고 너무 적게 쬐면 곡식이 여물지 않는다. 항상 그 절기에 맞게 적당한 것이 가장 좋다. 이런 농경인의 삶을 수천 년 동안 살아온 중국인들은 은연중에 모자란 것(不及)도 나쁘지만 넘치는 것(過)도 결코 좋은 것이 아니라는 중용적인 사고방식을 가지게 된다. 이런 중용적인 사상은 중국철학의 근간을 이루는 핵심이라고 여겨진다. 농경문화에서 중요한 자연적 조건은 비와 햇볕인데, 농사를 잘 지으려면 이것들이 "적당해야" 한다. 따라서 수천 년 동안 대대로 농사를 지으며 살아온 농경민족들은 모든 것이 적당해야 한다고 생각했다. 중국 철학적 용어로 말하자면, 中庸을 지켜야 한다고 생각하는 것이다. 過하지도 不及하지도 않은 중용을 지키려는 사고방식이 농경민족에게 있는 것이다. 그래서 중국철학에는 어느 한 곳에도 치우치지 않는 '中', '正', '和'라는 용어가 매우 많이 사용되고 있다. 수천 년 동안 이렇게 비와 햇볕의 조절에 의해 농사를 지어온 농경문화 민족인 중국인들은 그들의 농사 경험으로 말미암아, 모든 것에 모자란(不及) 것도 좋지 않지만 그렇다고 넘쳐나는(過) 것도 결코 좋은 것은 아니다 라는 이른바 중용의 도리를 몸소 체득하여 그들의 사고방식이 조화와 절제 그리고 중용을 중시하는 방향으로 나간 것이 아닌가 한다.

중국인들은 햇볕은 陽의 요소로 비를 陰의 요소로 생각했는데, 이들의 조화 즉 음양의 조화야말로 농작물의 풍요를 가져다주는 절대적인 역할을 한다고 믿었다. 陰(비)과 陽(햇볕)이라는 氣에 의하여 이 우주 자연이 조화롭게 구성되었다는 것 역시 이처럼 농경문화와 관련이 깊은 것으로 보인다. 농경문화에서의 자연의 미묘한 균형은 농작물의 풍요를 가져다주는 절대적인 조건이다. 陽의 기운이 필요할 때는 필요한 만큼의 陽의 기운이 있어야 하고, 陰의 기운이 필요로 할 때는 그 만큼의 陰의 기운이 있어야 한다. 만약 陰이나 陽이 한쪽이 많거나 적으면 자연의 조화 균형이 파괴되어 풍요를 기할 수 없고, 인간의 육체도 陰陽의 조화가 깨지면 병이 난다고 믿는다. 비와 햇볕의 조화 즉 음과 양의 조화가 농작물의 풍요를 가져다주고 건강을 가져다준다고 믿은 것이다.

그러나 풀이 많은 곳을 항상 찾아다니는 유목인들은 풀이 많으면 많을수록 좋다고 생각한다. 이른바 多多益善이라고 생각한다. 이런 삶을 수천 년 동안 살아온 유목민족의 후손들은 모든 것을 다다익선이라고 생각하지, 모자란(不及) 것도 좋지 않지만 많은(過) 것도 결코 좋은 것은 아니다는 이른바 중용적인 사유 체계를 가지지 않게 되는 것이다. 양떼와 말떼를 몰고 초지를 찾아 떠돌아다니는(去) 유목민족들의 철학에는 진보주의(去)적인 경향이 강하지만, 농경민족 중국인의 철학에서처럼 조화와 절제 중용을 중시하는 사유 체계는 나타나지 않고 있다.

〈4서 중의 하나인 中庸. 중용 철학은 비와 햇볕의 적절한 조화가 풍요를 가져다주는 농경문화가 만들어낸 사상이라 할 수 있다.〉

5) 순환 회귀적 사고

立春부터 大寒까지의 24절기를 주기로 순환 회귀적 삶을 살아온 농경민족 중국인들의 사고방식에는 회귀적 관념이 들어 있다. 봄이 가면 다시 오지 않는 것이 아니라 아무리 매서운 겨울이 있다고 하더라도 1년 후에는 반드시 되돌아오고(歸), 춘분은 또 반드시 1년 후에는 돌아온다(歸). "추위가 가면 더위가 오고, 더위가 가면 추위가 온다.(寒往則暑來, 暑往則寒來《周易》繫辭 하)", "달이 차면 기운다.(月盈則食《周易》豊卦)", "간 것은 반드시 돌아온다.(去者必反)", "천지간에 떠났다가 다시 돌아오지(歸) 않는 것이란 없다"라고 생각한다. 달도 차고 기우는 것이 있고, 강물이 바다로 흘러가도 언젠가 다시 구름이 비가 되어 되돌아온다(歸)고 믿듯이, 우리네 인생사와 역사도 망할 때가 있으면 흥할 때가 있다고 믿는다. 모든 만물은 주기성을 띄고 순환하며, 모든 만물이 한번 가버리면(去) 영원히 돌아오지 않는 것이 아니라 언젠가 반드시 되돌아온다(歸)고 믿는다.

중국인들의 역사관은 진보적이지 않고 굉장히 순환론적이다. 봄(陽이 생겨남), 여름(陽이 극에 달함), 가을(陽이 쇠퇴하고 陰이 생겨남), 겨울(陰이 극에 달함) 4계절에 따라 자연이 변화 순환하듯이, 중국인들은 역사의 흐름도 盛할 때가 있으면 衰할 때가 있고 衰할 때가 있으면 盛할 때가 있다고 믿으며 그 盛衰는 계절의 순환처럼 끊임없이 순환한다고 믿는다. 중국인들은 서구의 미래지향적이고 진보적인 사관을 가지고 있지 않는 것이다.

중국인의 사유체계에 절대적인 영향을 미친 儒 佛 道의 3대사상과 음양오행사상 역시 순환 회귀적인 구조를 그 기본으로 삼고 있다. 이들 사상은 수천 년 동안 24절기를 주기로 순환 회귀적인 삶을 살아온 정통 농경민족 중국인들의 기본적인 심성에 맞았기 때문에 지금까지 중국인들의 의식을 지배할 수 있었을 것이라 보여 진다.

유가사상은 復古主義와 禮敎主義를 그 골간으로 하는데 이 중 복고주의만을 설명하면, 중국 유가인들은 항상 과거의 堯舜시대 夏 殷 周시대로 되돌아가고자(歸) 한다. 모든 것의 典範을 과거에서 구해 현실 삶에 적용 현실 삶을 수정 보완하여 살고자 한 것이다. 유토피아는 과거에 존재한다고 믿으며 그래서 그 과거를 항상 본받으며 돌아가고자(歸) 한다. 현재에도 유가인들처럼 과거를 중시하고 어른과 조상을 중시하며 역사적 기술을 중시한 사람이 없는데, 이는 모두 유가 복고주의(歸) 사고방식 때문이다.

우리네 인생과 우주 자연 역사가 모두 끊임없는 윤회(歸)의 사슬에 얽매여 있는 것으로 보는 불교를 중국인들이 쉽게 받아들일 수 있는 까닭도, 24절기를 주기로 순환 회귀적 삶을 살아온 농경민족 중국인들의 심성에 잘 맞았기 때문이라 할 수 있다. 인도에서 발생한 불교는 실제로는 지금의 중동지역, 즉 유목문화 지역으로 전파되기가 훨씬 쉬웠다. 인더스강만 넘으면 지리적 장애요인이 거의 없는데, 그러나 역사적으로 살펴볼 때 아프가니스탄 정도를 제외하고는 불교가 서쪽으로 전파된 흔적은 거의 없다. 그러나 불교는 그 높은 히말라야 산맥을 넘어 티벳고원을 지나 고비사막을 거쳐 그런 엄청난 지리적 어려움을 극복하고 중국으로 전파된 것은, 문화적으로 볼 때 윤회사상을 골간으로 하는 이 불교가 24절기를 주기로 수천 년 동안 순환 회귀적인 삶을 끊임없이 살아온 정통 농경민족 중국인의 기본적인 심성과 잘 맞아 그들에 의해 이 불교가 쉽게 받아들여질 수 있었기 때문이 아닌가 한다.

도가인들은 속세를 떠나 항상 '무위자연으로 돌아가라(歸)' 라고 외치는 있고, 영아상태와 小國寡民의 소박한 원시농경사회로 되돌아가고자(歸) 한다.

중국인들의 사고체계에 깊게 영향을 준 음양오행사상 역시 순환 회귀(歸)적인 특징을 그 골간으로 하고 있다. 인생, 우주, 역사, 자연현상 등 그 모든 것을 陰과 陽이 서로 순환(歸)하는 것으로 해석하며, 또한 木象, 火象, 土象, 金象, 水象의 五行의 순환에 의해 그 모든 것을 설명하고 있다. 음과 양 그리고 오행의 올바른 순환은 우주 자연현상의 올바른 변화를 가져다주어 농사에 풍년이 들게 하지만, 음과 양 그리고 오행의 올바르지 못한 순환은 계절에 변고를 가져다주어 농사를 망치게 한다고 믿는다. 그들은 음양오행에 따라 자연과 우주와 역사와 인생이 끊임없이 순환 회귀한다고 믿고 있는 것이다.

6) 원형회귀

흙과 고향을 떠나면 죽음으로 간다고 믿는 농경민족인 중국인들은 항상 원래 상태, 즉 原型으로 돌아가고(歸) 싶어 한다. 고향을 떠나 살더라도 명절에는 고향을 찾는 귀소본능이 강하며, 노년에는 고향에 돌아가 흙과 〈더불어 하나〉 되어 살고 싶어 한다. 중국인이나 한국인들처럼 설 추석 등의 명절에 고향을 찾아가는 귀성인파가 이렇게 많은 민족도 별로 없다. 중국인들은 고향에서 태어나 서당 공부를 하며 자라서 나중에 대처에 나가 벼슬자리하거나 성공하여도 말년에는 항상 다시 고향으로 돌아와(歸) 살며 고향 뒷동산에 묻히는 것을 가장 이상적인 삶으로 여겼다. 밖에 나가 죽는 것을 客死라 하여 불행한 죽음이라 여겨서, 죽을 때에는 항상 집이나 고향으로 돌아와(원형으로 회귀하여) 고향집 안방에서 죽고자 한다.

고향을 떠난다는 것은 포근한 모태를 벗어나는 것이라고 믿는다. 한시에는 고향(원형)을 그리워하며 그 고향으로 돌아가고(歸) 싶은 심정을 읊조린 思鄕詩·回鄕詩가 부지기수이다. 나그네 생활의 즐거움이나 호기심을 읊은 작품은 하나도 없고, 여행의 기쁨을 읊은 시도 없다. 고향을 떠난 나그네 생활(去)이란 항상 고독하고 슬픈 것이라고 읊고 있다. 타향을 떠도는 나그네 생활의 고독과 슬픔을 읊은 遊子詩, 客愁詩 역시 부지기수이다. 한시에 개척시와 유람시 그리고 여행시가 없는 것은 고향(家)을 떠난 나그네 생활(원형에서 떠난 생활)이란 항상 chaos(불완전한) 상태라는 관념을 가지고 있는 농경민족이기 때문이라 할 수 있다.

〈설에 고향으로 가고자하는 엄청난 중국 귀성인파. 농경민족처럼 귀소(歸)본능이 강한 민족도 없다.〉

7) 직관 중시

장사꾼들은 숫자와 계산이 이미 습관화되어 있고 유목인들은 자신 소유의 양과 말을 숫자로 세어 파악하지만, 농사꾼들은 자신의 수확량에 대해 그렇게 치밀하게 숫자로 계산할 수 없고 대략 눈짐작으로 보아 직감적으로 계산한다. 비와 햇볕이 조화로와 풍년이 들면 대체적인 눈짐작으로 10가마가 나겠다고 하고, 비와 햇볕이 조화롭지 못해 흉년이 들면 대체적인 눈짐작으로 8가마 반이 나겠다고 말하는 것이다. 그러므로 이런 삶을 수천 년 동안 살아온 중국인들은 객관적 과학적 분석이나 인식론이 그리 발달하지 못했고, 주관적인 직관 분야가 매우 발달하게 되었다.

인식론 문제는 인식 주체와 인식 대상이 확연히 구분되어야 제기되는 것인데, 인식론이 발달하지 못한 중국인들은 이 두 가지를 구분하지 않고 하나로 보는 경향이 있다. 그래서 주관적인 직관에 근거하다 보니 과학적이지 못하고 경험에 의존해서 판단하는 경우가 많았다. 고대 중국비평계에 印象批評이 주류를 이루고 과학적인 분석비평이 거의 없는 것도 이 때문이라 할 수 있으며, 중국 철학 용어의 개념이 명

〈벼 수확량은 정확히 계산할 수 없고 대략 눈짐작으로 알 수 있다.〉

확하지 못하고 모호한 것도 이 때문이라 할 수 있다. 비평용어에도 자신의 직감에 의해 '雄渾'하다느니 '清新'하다느니 '淡泊'하다느니 하고, 또한 철학용어에도 '理'라느니 '元'이라느니 '太極'이라느니 하여 그 개념이 모호하다. 주관적 · 직관적 사고는 객관적 · 과학적 사고를 막아 과거 중국에서 과학이 서구보다 발달하지 못한 이유 중에 하나라고 생각된다.

8) 내부지향적

농사꾼들은 외부로 향해서 생계를 찾지 않고 자신의 땅에서 자급자족하며 살기 때문에 그 모든 것을 외부에서 구하거나 찾는 경우가 드물다. 농사가 잘되고 못되는 것은 결국 자신에게 달려있다고 여겨, 모든 것을 자기 자신에게서 찾는 경향이 강했다. 농사가 잘못된 것은 자신이 덕이 없어 하늘이 비를 내려주지 않고 햇볕을 쬐어주지 않아 그렇게 된 것이라고 여긴다. 이에 중국인들은 항상 자기 자신을 살피고 성찰하는 그리고 모든 것의 원인을 자신에게서 구하는 경향이 강하다. 그래서 중국철학은 서구철학보다 인격도야·정신수양·도덕함양·인간완성 등 자신의 심신수련을 중시하고 항상 자기 자신을 살피고 성찰하는 것을 중시한다.

참선을 위주로 하는 선불교(선종), 심산유곡에서 수련하는 수련도교, 오로지 침잠하여 몸 안에 丹을 축적하는 단전호흡, 無를 중시하고 무위자연으로 돌아가고자 하는 도가사상, 인격도야·정신수양·도덕함양·인간완성 등등을 중시하는 성리학 등이 그러하다. 중국철학에는 자신의 마음을 깨끗하게 만들려는 〈淨心에의 추구〉가 굉장히 발달한 것이 특징인데, 그들은 극도의 정신적 정결성을 통하여 궁극적으로는

道에 도달하고자 한다. 道家사상, 선불교(禪宗), 修練道教, 丹學 등은 모두 극도의 〈淨心에의 추구〉를 기본 특징으로 하는데, 지금 물질문명에 찌든 서구인들이 동양에서 잃어버린 정신을 찾고자 하며 동양사상에 매력을 느끼는 것은 이렇게 극도로 발달한 동양철학의 〈淨心에의 추구〉 때문인 것으로 여겨진다.

〈선방에서 참선하는 스님들의 모습. 모든 것의 원인을 자기 지신에게서 찾는 농경민족은 그들의 철학에 이처럼 淨心에의 추구가 굉장히 발달하였다.〉

9) 시간적 연장 중시

자급자족하는 농경문화 민족인 중국인들은 떠돌아다니는 유목민족의 공간적인 확장보다는 24절기의 올바른 계절적 순환을 동반한 끊임없는 시간적 영속성을 중시한다. 그들은 자급자족만 할 수 있다면 공간의 확장을 바라는 마음은 별로 없고, 다만 올바른 계절적 순환이 끝없이 연속되기를 바랄 뿐이다.

立春부터 大寒까지 24절기에 맞추어 農耕日誌的 삶을 수천 년 동안 살아온 전통적인 농경민족인 중국인들, 그들이 그들의 조상과 후손 그리고 핏줄과 가계 혈통 등을 아주 중시하는 것도 종적인 시간의 연속성에 대한 무한한 갈망 때문이라 할 수 있다. 가계를 중시하고 족보를 중시하며 혈통을 중시하는 것도 크게 보면 농경인들의 올바른 시간의 영속성 중시에 그 원인이 있다 할 것이다.

10) 安分自足 安貧樂道

자연과 투쟁하며 살아가는 삶이 아니라 순응하며 살아가는 삶이기 때문에, 농경민족들은 자신의 分(분수)을 지키며 安分自足하려는 경향이 강하다. 삶이 힘들고 어렵더라도 혹은 흉년이 들어 농사를 망치더라도 그것을 자신이 덕이 없어서 그리고 자신의 운명인 줄 생각하고 그저 포기하고 그럭저럭 살아가고자 하는 경향이 강한 것이다. 풀을 찾아 떠돌아다니는 유목인들과는 달리 자신의 삶을 자신의 의지대로 개척하고자 하는 경향이 적다. 그래서 올바른 계절적 순환을 중시하며

〈강가에서 낚시하는 모습. 농경민족 중국인들은 자기 분수에 만족하고 자연을 즐기며 산 안빈낙도하는 삶을 즐겼다.〉

자급자족하는 농경인들은 평화로운 환경과 知足을 중시한다. 《논어·술이(述而)편》에서 공자가 "나물 먹고 물을 마시고, 팔을 굽혀 베개 삼고 있어도, 즐거움은 그 가운데 있으니, 의롭지 않으면서도 부귀해지는 것은 나에게는 뜬구름 같은 것.(飯疏食, 飮水, 曲肱而枕之, 樂亦在其中矣, 不義而富且貴,於我如浮雲)"이라고 했듯이 농경민족 중국인 그들은 안분자족 안빈낙도하는 삶을 즐겼다.

11) 대가족제도의 발달, 가족 위계질서 중시, 조상숭배, 인간관계에 있어서의 예 중시

농사짓는 데는 많은 노동력이 필요하다. 특히 논농사 위주인 농경사회는 더욱 그러하기 때문에, 농경사회에서는 多産을 중시하여 대가족사회를 이루게 되는 것이 특징이다. 또한 노동력이 강한 남자를 선호하는 남아선호사상이 강한 것이 일반적인 특징이기도 하다.

이렇게 많은 가족 많은 친척들이 씨족을 이루며 한 마을에 모여 살기 때문에 가족 친척간의 위계질서를 아주 중시하여, 가족 간이나 사람 간의 위계질서를 유지시키는 윤리와 인륜도덕이 발달하게 된다. 군신간의 관계, 부자간의 관계, 부부간의 관계, 붕우간의 관계, 長幼간의 관계 등 이른바 삼강오륜이 발달하게 되는 것이다. 구성원 간의 위계질서를 유지하기 위해 웃어른의 말은 무조건 따르고 순종해야 한다. 웃어른이 틀리더라도 그것에 반항하거나 거스르면 안 된다. 그렇지 않으면 가족 간의 위계질서가 무너져 공동체를 운영해 나갈 수 없다. 가족 간의 친척 간의 위계질서를 유지하기 위한 이런 엄격한 인간관계 중시는 웃어른을 중시하고 조상을 중시하는 문화를 낳게 되는데, 이로 인해 혈통과 가계, 가문, 족보를 중시하는 문화풍조가 나타난다.

또한 농사(모심기, 밭매기, 벼베기 등)는 온 마을 사람들이 함께 협동적으로 짓기 때문에, 집단적인 품앗이, 향약, 두레, 계 등의 협동적인 제도가 발달한 것이 특징이다. 농경문화 지역에서는 집안의 대소사도 온 마을 사람들이 나서서 함께 도와주는 상부상조의 미덕과 扶助제도가 많이 발달되어 있다. 그래서 농경문화 지역에는 동문회, 동창회, 향우회, 문중 등 이른바 '우리'라고 하는 단합하는 모임이 많이 발달했다.

〈협동으로 모내기하는 모습〉

양과 말을 몰며 떠돌아다니는 유목인들에게는 집단적인 일이 별로 없었고, 또한 집단으로 촌락을 이루며 모여 살지도 않았기 때문에 품앗이, 두레, 향약, 계 같은 집단적인 제도나 상부상조하는 미덕 그리고 동문회, 동창회, 향우회 등의 '우리'라는 모임이 별로 없고, 또한 그 개념도 희박하다. 그들은 씨족이 모여 살지 않았기 때문에 문중이나 족보 가계 혈통 등에 대해 그리 중시하지 않았다.

농경인들은 개인의 뛰어난 통솔력과 창의력 리더십보다, 모내기 벼베기 등의 협동적인 일을 많이 했기 때문에 협동심과 단결 단합을 중시하는 경향이 강하다. 그러나 유목인들은 목자에 의해 양떼와 말떼를 몰고 다녔기 때문에 한 명의 완벽한 리더십을 갖춘 지도자를 중시 여기는 문화를 가지게 되었고, 그들은 사람들의 창의력 통솔력 리더십 등을 중시 여겼다.

서구에서 말하는 성격(character)이란 남과 다른 나만이 가지고 있는 독특함을 뜻하지만, 중국에서는 남과 아무 문제없이 잘 어울리며 모나지 않는 것을 '성격 좋다.'라고 표현한다. 독특한 창의력이나 개성 등이 별로 필요 없는, 모두 함께 협동적인 일을 하며 삶을 살아온 농경민족이기 때문에 개인의 뛰어남보다는 남과 두리뭉실하게 어울려 사는 삶을 중시 여겼던 것이다.

〈대가족으로 씨족집단을 이룬 중국 농촌마을 풍경〉

12) 농경문화 사상으로서의 유가와 도가

중국에서 발생한 유가와 도가사상은 모두 농사꾼의 사고방식을 잘 반영하고 있다. 만약 이들 사상이 반농사꾼적이었다면 지금까지 중국에서 지속되어 내려오지 않았을 뿐만 아니라, 언젠가는 역사 속으로 소멸되어 버렸을 것이다. 이들 사상이 중국에서 지금까지 수천 년 동안 그 생명력을 유지할 수 있었던 것은 그 사상들이 농경문화의 특징을 잘 반영하고 있기 때문이라 할 수 있다.

농사꾼들의 생활은 단순하고 그들의 생각은 소박하다. 도가사상은 농사꾼들의 이런 면을 잘 반영하고 있는데, 도가사상은 문명과 인위적인 것을 비난하며 소박한 소국과민의 원시 농경사회를 가장 이상적인 사회로 묘사하고 있다. 또한 영아의 순진성을 찬양하고 지식을 멸시하였다.《노자》제 80장에 다음과 같은 언급은 이를 잘 나타내주고 있다.

> "나라를 작게 하고, 백성들을 적게 하자 … 백성들로 하여금 다시 노끈을 매어 문자로 사용하게 하자. 그 음식을 달게 먹고, 그 옷을 곱게 입고, 그 집에 편히 살며, 그 일과를 즐기게 하면, 비록 이웃나라가 바로 보이고, 닭과 개짓는 소리 들려오더라도 백성들은 늙어 죽을 때까지 서로 왕래하지 않을 것이다."(小國寡民 … 使民復結繩而用之. 美其服, 安其居, 樂其俗. 隣國相望, 鷄犬之聲相聞, 民至老死不相往來.)

이동하지 않고 정착하여 사는 소박한 농경사회를 가장 이상적인 사회로 묘사하고 있는 것이다.

농부는 항상 자연과 더불어 혼연일체가 되어 살아간다. 흙과 인간이 하나가 되는 것이다. 그들은 흙을 어머니로 여기며 살아간다. 그리고 자연을 항상 찬미하고 순종하며 살아간다. 자연에 대한 무한한 찬미와 사랑 그리고 융합은 도가사상에 아주 잘 표현되어 있다. 그들은 無爲自然(인위적인 것을 가하지 않은 스스로 그러한) 상태로 돌아가기(歸)를 원했다. 그들은 스스로 그러한 것(自然)과 인위적인 것을 엄격하게 구분하였다. 자연의 법칙과 우주의 질서에 그대로 따라가며 살고자 한 것이다. 그들은 '하늘에 순응하는 자 흥하고, 하늘을 거스르는 자 망한다(順天者興, 逆天者亡)'라고 생각했다. 여기에서 말하는 하늘이란 단순한 물리적인 하늘을 뜻하는 것이 아니고, 자연의 법칙을 뜻하는 것이다. 그들은 우주와 자연과 합일되어 하나 되기를 원했고, 그것은 농부가 흙과 하나 되기를 원한 것과 마찬가지였다.

농경이 중국사회의 경제적 기반을 이룩하였다면, 유가사상은 농경인들의 윤리를 천명했다고 할 수 있다. 사람들 사이의 위계질서와 단결과 협동이 중시되는 농경사회에서 인륜도덕과 禮를 중시하는 유가사상은 사회적 위계질서와 그 책임을 강조하고 있다.

〈대가족으로 모여 살았던 농경민족은 사람과 사람 사이의 위계질서와 인륜도덕이 중시되었다. 그림은 삼강행실도〉

그 반면에 도가사상은 인간의 자연적인 면과 자발적인 면을 강조하였다. 유가가 사회 위계질서 안에서의 속박된 윤리라면, 도가는 이를 벗어난 초월과 자연에의 逍遙를 중시하였다. 이 양자는 세력 균형을 유지하면서, 중국인들로 하여금 世間과 出世間의 평형감을 유지시켜 주었다고 할 수 있다. 중국인들은 벼슬자리에 나가 사회에 적극 참여할 때는 유가사상에, 벼슬을 떠나 고향과 전원 그리고 유배지에 은거할 때는 도가사상에 기울어졌다. 중국에서는 사회에 적극 참여하고 관리가 되어 사람들과 많은 교분을 나눌 때는 유가적 교양을, 사회를 떠나 자연에 은거할 때는 도가적 교양을 중시하였기 때문에, 이를 모두 갖춘 사람을 진정한 성인으로 보고 '內聖外王'이라고 불렀다.

3-4세기 위진남북조시대 도가를 유가에 접근시키려는 경향을 新道家라 부르고, 11-12세기 송나라 때 유가를 도가에 접근시키려는 경향을 新儒家(성리학)라고 부르는데, 이 양자는 중국 역사 속에서 항상 대립하는 듯하면서도 또한 서로 융합하고 서로 영향을 주고받는, 대립 속의 융합과 조화를 이루었다고 할 수 있다.

제3장 〈歸〉의 문학 그 주제

1. 〈閨房詩〉·〈閨怨詩〉

규방시·규원시란 여인네의 입장에서, 여러 가지 사회적 조건에 의해서 님과 멀리 떨어져 있을 때, 그 님에 대한 그리움이나 님과 같이 있지 못하다는 데서 오는 비애감을 읊조린 작품으로, 그 작품 내용 속에 깊게 깔려있는 정서는 다시 그 그리운 님이 돌아와(歸) 옛날의 그 행복했던 시절(原型)로 돌아가고(歸) 싶은 것이다. 이백(710 - 762)의 〈자야오가(子夜[1]吳家)〉 제 3수를 읽어보자.

장안에 한조각 달이 떴는데,
모든 집에 옷 두드리는 소리로다.
가을바람은 불어 다하지 않으니,
모두 변방인 옥문관(玉門關)의 정이로다.
어느 날 오랑캐들을 평정하여,
님은 먼 곳에서의 정벌을 마칠까?

長安一片月　장안일편월
萬戶擣衣[2]聲　만호도의성
秋風吹不盡　추풍추부진

1) 곡 이름.

2) 다듬이질.

總是玉關[3]情　총시옥관정
何日平胡虜　하일평호로
良人[4]罷遠征　양인파원정

오랑캐들을 정벌하러 먼 변방으로 떠난 님이 돌아오기(歸)를 바라는 여인네의 심정이 잘 묘사되어 있다. 오랑캐를 평정하고 다시 님이 돌아와(歸) 그 옛날처럼 다시 정을 나누며 살던 아름다운 시절(원형)로 돌아가고픈(歸) 것이다. 또 김창서(金昌緖)(? - ?)의 〈춘원(春怨)〉이란 시를 읽어보자.

누런 꾀꼬리를 쫓아서,
가지 위에서 울게 하지 마라.
울어서 첩의 꿈을 깨우게 되면,
(꿈에 남편이 있는) 요서(遼西)에 이르지 못하게 되리라.

打起黃鶯兒[5]　타기황앵아
莫教枝上啼　막교지상제
啼時驚妾夢　제시경첩몽
不得到遼西[6]　부득도요서

멀리 요서지방에 가있는 남편을 그리워해 꿈에서나마 남편과 만나고 싶은 심정을 읊고 있다. 꾀꼬리가 울면 꿈에서 깨어나게 되어 꿈에서나마 만날 수 있는 남편을 만날 수 없게 되니, 꾀꼬리를 쫓지 말라고 하고 있다. 이 작품 속에 짙게 깔려있는 정서는 요서지방에 가있는 남

3) 玉門關.
4) 남편을 말함.
5) 누른 꾀꼬리.
6) 遼河의 서쪽 지방.

편을 돌아오게(歸) 해 만나고 싶은 것이다. 이백의 규원시로 〈춘사(春思)〉를 읽어보자.

燕나라의 풀이 파란 실과 같고
秦나라 뽕나무 푸른 가지 낮게 드리웠네.
그대 돌아갈까 생각하는 날
그 때가 첩이 애끊는 때이지요.
봄바람은 이를 알지도 못하면서
무슨 일로 비단 휘장 안으로 불어오는지.

燕草如碧絲　연초여벽사
秦桑低綠枝[7]　진상저녹지
當君懷歸日　당군회귀일
是妾斷腸時　시첩단장시
春風不相識　춘풍불상식
何事入羅幃　하사입라위

님을 떠나보내기(去) 싫은 여인네의 감정이 잘 묘사되어 있다. 이백은 분명 남성임에도 불구하고 여인네의 입장에서 이런 규원시를 짓고 있다. 왕창령(王昌齡)(692? - 757)의 〈규원(閨怨)〉이란 시를 읽어보자.

규방의 젊은 아낙 근심이 무엇인지 도무지 모르고서
봄날 한껏 단장하고 비취색 누각에 올랐다가
문득 밭둔덕의 버드나무 색 새로워진 걸 보고서
제 낭군 벼슬길 떠나보낸 것 후회하네.

閨中少婦不知愁　규중소부부지수

7) 푸른 가지를 낮게 드리우다. 秦 지방은 따뜻하기 때문에 뽕나무 잎이 빨리 자라서 가지를 푸르게 늘어져 있는 것을 나타낸다.

春日凝裝[8]上翠樓　춘일응장상취루
忽見陌頭柳色新　홀견맥두유색신
悔教夫婿[9]覓封侯[10]　회교부서멱봉후

천지간에 생기가 도는 봄날에 아낙이 함께 할 남편을 벼슬길 떠나보낸(去) 것을 후회하고 있다. 남편과 함께(合) 있고 싶지, 떠나보내고(去) 싶지 않으며 또한 떠나보냈다 하더라도 그를 되돌아오게(歸) 하고 싶은 것이다. 이백의 〈옥계원(玉階怨)[11]〉이란 시를 읽어보자.

옥섬돌에 흰 이슬 내려
밤이 깊어지자 비단 버선 젖어든다.
방에 돌아와 수정 발을 내리고서
영롱한 가을 달을 바라다본다.

玉階生白露　옥계생백로
夜久侵羅襪[12]　야구침나말
却下水晶簾　각하수정렴
玲瓏望秋月　영롱망추월

이 시는 궁원시 또는 규원시로 부르는 것으로, 사랑하는 님이 없는 가운데 혼자 외롭게 지내는 여인을 노래하고 있다. 여인의 표정이나 모습 등을 전혀 묘사하지 않고 젖은 비단버선, 수정 발, 가을 달 등을 써서 여인네의 정서를 표현하고 있다. 홀로 있는 여인의 이런 고즈

8) 세심하게 차려 입은 옷.
9) 남편.
10) 벼슬자리를 찾다.
11) 옥계란 대궐 안이나 부귀한 집의 섬돌을 뜻함. 玉階怨이란 옥계에 서서 님을 기다리는 여인의 슬픈 원망.
12) 비단 버선.

넉한 애수란 님과 함께(合) 있지 못하여 그 님이 자기에게 돌아오지(歸) 못한데서 근원적으로 유래된 것이라 하겠다.

중국인들도 님이나 부부간의 사랑의 정을 나눌 때가 있었을 텐데 그때는 시로 읊지 않고, 항상 이렇게 헤어진(去) 후에 다시 돌아오게(歸) 하고 싶다거나 함께 하고 싶다고 읊었으며, 또한 이렇게 함께 하지 못한데서 오는 비애감(哀)과 그리움(思) 그리고 회상(懷) 등을 읊고 있는 것이다. 이는 중국인들이 순환 회귀적(歸) 사고를 하는 농경민족이었기 때문이라 여겨진다.

〈우지정(禹之鼎)의 《파초사녀도(芭蕉仕女圖)》. 한시에는 멀리 원정 간 남편을 그리워하는 여인네의 애절한 閨怨을 그린 작품이 굉장히 많다.〉

2. 〈行役詩〉

행역시란 규원시·규방시와 반대로 남정네의 입장에서, 여러 가지 사회적 조건에 의하여 님과 멀리 떨어져 있을 때, 그 님에 대한 그리움이나 님과 같이 있지 못하다는데서 오는 비애감을 읊조린 작품으로,

그 작품 속에 깊게 깔려있는 정서는 그리운 님에게로 돌아가(歸), 그 옛날 정을 함께 나누던 시절(原型)로 돌아가고(歸) 싶은 것이다. 이상은(李商隱)(813 - 858)의 〈야우기북(夜雨寄北)〉이란 시를 읽어보자.

그대 돌아갈 날을 물으니 아직 기약은 없고,
파산에서의 밤비에 가을 연못만 붇는구나.
언제 함께 서쪽 창에서 등촉을 자르며,
다시 파산의 밤비 내린 때를 이야기하리오.

君問歸期未有期　군문귀기미유기
巴山[13]夜雨漲秋池　파산야우장추지
何當[14]共翦西窓燭　하당공전서창촉
卻話[15]巴山夜雨時　극하파산야우시

이 시는 서울에서 멀리 떨어진 사천성 파산(巴山) 산꼭대기에서 가을밤 늦게까지 내리는 빗소리에 귀를 기울이며, 이제는 다시 서울로 돌아갈(歸) 수 없다는데서 오는 쓸쓸한 심정을 읊조리고 있는데, 이 시에서는 다시 서울로 돌아가(歸) 님을 만나 옛날같이 정을 나누고 싶다는 심정이 轉과 結에 내포되어져 있다. 나그네 생활(巴山에서의 생활)을 접고 다시 서울로 돌아가(歸) 옛날처럼 아내와의 행복한 시절(原型)로 돌아가고(歸) 싶은 것이다. 두보(712 - 770)의 〈월야(月夜)〉란 행역시를 읽어보자.

오늘 밤 부주(鄜州)의 달을

13) 사천성의 산들. 사천성 南江縣 북쪽에 大巴山 小巴山이 있다.

14) 언제쯤일까?

15) 새삼스레 옛날 일을 회상하며 이야기를 나누다.

규방에서 단지 홀로 보겠구나.
멀리서 어린애들을 가련히 여기나니
장안 그리는 마음 이해하지 못하겠지.
향기로운 안개에 구름머리 젖고
맑은 달빛에 옥 같은 팔이 차가우리.
어느 때나 휘장에 기대어
둘이서 달빛 받아 눈물 말리리.

今夜鄜州[16]月　금야부주월
閨中只獨看　규중지독간
遙憐小兒女　요린소아녀
未解憶長安　미해억장안
香霧雲鬟濕　향무운환습
清輝玉臂寒　청휘옥비한
何時倚虛幌　하시의허황
雙照淚痕乾　쌍조루흔건

안록산 반군에 의해 장안에 억류되었던 시인 두보가 부주(鄜州)에 두고 온 부인을 생각하며 쓴 시로 부인에 대한 간절한 정이 잘 나타나 있다. 그 부인이 있는 부주로 다시 돌아가(歸) 옛날처럼 오손 도손 살던 시절(원형)로 돌아가고픈(歸) 것이다. 심전기(沈佺期)(656 - 713)의 〈잡시(雜詩)〉 3수 중 제3수를 읽어보자.

듣건대 황룡(黃龍)의 요새에
여러 해 싸움이 멎지 않았다는데.
가련하여라 규방에 비추이는 달
오랫동안 당나라 군사 병영 위에 떠 있네.
젊은 아낙 이 봄에 (남편 만나고 싶어서) 품은 시름

16) 지금의 섬서성 鄜縣에 있는 고을 이름.

그 남편 지난 밤 情이로다.
누가 능히 깃발 휘날리고 북을 치며
단숨에 용성을 공략할 것인가?

聞道黃龍戍[17] 문도황룡술
頻年不解兵 빈년불해병
可憐閨裏月 가련규리월
長在漢家營[18] 장재한가영
少婦今春意 소부금춘의
良人昨夜情 양인작야정
誰能將旗鼓 수능장기고
一爲取龍城[19] 일위취용성

여러 해 동안 변경 수비대로 나가있는 병사가 달밤에 고향에 남아 있는 그의 아내를 그리워(思)하며, 하루 속히 용성(龍城)을 공략하고 평화가 찾아 와서 다시 고향으로 돌아가(歸) 아내와 만나 옛날처럼 함께 사랑을 나누던 시절(原型)로 돌아가고픈(歸) 심정이 작품 속에 짙게 깔려있다. 한시에는 可憐, 閨, 閨情, 閨怨, 情이란 시어가 많이 등장한다. 왕창령(王昌齡)의 〈종군행(從軍行)〉 7수 중 그 첫 수를 읽어보자.

烽火城 서쪽의 백 척 수루
황혼녘 홀로 앉아 있노라니 호수 바람은 가을이다.
더욱이 오랑캐 피리 소리가 〈관산월(關山月)〉을 부니
만 리 밖 규방을 향한 근심을 어쩔 수가 없구나.

17) 黃龍 지방의 군사 요새. 황룡은 지금의 요녕성 開源縣에 있는데, 黃花崗이라고도 부른다.

18) 한나라 군사가 머무는 병영. 여기서는 당나라 군사들의 병영을 가리킨다.

19) 흉노 부족의 거점. 적군의 군사 요충지의 뜻으로 통용된다.

烽火城[20]西百尺樓　봉화성서백척루
黃昏獨坐海[21]風秋　황혼독좌해풍추
更吹羌笛關山月[22]　경취강적관산월
無那金閨萬里愁　무나금규만리수

전형적인 행역시이다. 변방에서 황혼녘에 오랑캐 피리로 부는 〈관산월〉을 들으니 고향으로 돌아가고픈(歸) 심정이 간절하다. 이 쓸쓸한 변방을 떠나 고향의 규방에 있는 아내에게로 돌아가(歸) 오손 도손 살던 옛 시절(원형)로 돌아가고픈(歸) 것이다. 또 다른 왕창령(王昌齡)의 〈종군행(從軍行)〉 한 수를 읽어보자.

푸른 바다 긴 구름에 눈 덮인 산 어둑한데,
외로운 성에서 멀리 옥문관(玉門關)을 바라본다.
누런 모래 수많은 싸움에 갑옷이 뚫어져도
누란(樓蘭) 땅을 쳐부수지 못하면 끝내 돌아가지 않으리!

青海長雲暗雪山　청해장운암설산
孤城遙望玉門關[23]　고성요망옥문관
黃沙百戰穿金甲　황사백전천금갑
不破樓蘭[24]終不還　불파누란종부환

변방의 외로운 성에서 중국으로 들어가는 관문인 옥문관(玉門關)을 바라보며, 누란(樓蘭) 땅에 있는 오랑캐들을 쳐부수지 않으면 고향에

20) 봉화대가 설치된 변경의 성. 당나라 때에는 30리 간격으로 설치되었음.
21) 青海湖를 가리킴.
22) 악부 橫吹曲辭의 하나로 대부분 원정 간 병사들의 고독과 이별의 정을 노래함.
23) 중국 甘肅省 安西州에 있는 관문으로, 漢나라 때 이곳을 지나야 서역으로 갈 수 있었다.
24) 서쪽 오랑캐 땅.

돌아가지 않겠다고 결의를 다지는 작품이다. 그러나 그 속을 자세히 들어다보면 반드시 기필코 오랑캐를 물리치고 고향으로 돌아가겠다(歸) 혹은 고향의 님에게로 돌아가겠다(歸)는 의미가 깊게 담겨있다 하겠다.

〈왕창령의 〈종군행〉을 상상하여 그린 후대인의 그림〉

중국인 그들에게도 분명 부부간에 느끼는 사랑의 즐거움이 있었을 텐데, 왜 그 때에는 사랑의 기쁨을 노래한 시를 별로 짓지 않고, 이처럼 부부가 서로 멀리 떨어진 후에야 비로소 과거를 회상하며 서로 정을 나누며 살던 그 행복한 시절(원형)로 돌아가고(歸) 싶다고 읊고 있는 것일까? 이는 농경문화 민족인 중국인들의 모호한 원형 회귀(歸)적 심성 때문이 아닌가 한다.

이 규원시 · 행역시와 대비해 Robert Burns의 〈A rose, red rose 장미, 붉은 장미〉란 시를 읽어보자.

오 나의 님은 6월에 새로이 피어난 새빨간 장미;
오 나의 님은 곡조 맞춰 감미롭게 연주된 멜로디.
이처럼 너는 예뻐, 사랑스런 소녀야. 이처럼 깊이 나는 너를 사랑해:
언제까지나 나는 너를 사랑하리. 내 님이여, 온 바다가 말라버릴 때까지.
온 바다가 말라버릴 때까지, 내 님이여, 그리고 바위가 햇빛에 녹아 없어질 때까지
오 언제까지나 나는 너를 사랑하리, 인생의 모래알이 다 할 때까지
그러니 잘 있어 단 하나의 내 님이여, 잠시 동안 잘 있어!
그럼 나는 다시 돌아오리, 내 님이여, 萬里라 할지라도.

O my luve`s like a red, red rose. That`s newly sprung in June;
O my luve`s like melodie. That`s sweeyly played in tune.
As fair art thou, my bonnie lass, So deep in luve am I;
And I will luve thee still, my Dear, Till a` the seas gang dry.
Till a` the seas gang dry, my Dear, And the rocks melt wi` the sun;
O I will luve thee still, my dear, While the sands o` life shall run.
And fare thee weel, my only Luve! And fare thee weel awhile!
And I will come again, my Luve, Tho` it were ten thousand mile.

중국의 규원시·행역시와는 그 느낌과 풍격을 완전히 달리한다. 사랑하는 님과 헤어지면서 그 님에 대한 사랑의 맹세로 반드시 그녀에게로 돌아오겠다고 읊고 있다. 중국 규원시·행역시에 보이는 특유의 비애감 소극성이나 그리움(思)이 전혀 배어 있지 않다.

3. 〈님 그리는 시〉

한시에는 님을 그리는(思) 시가 많다. 그 님이 임금이든 남편이든 아내이든 기녀이든지 간에 상관없이, 그를 그리워하며 그가 돌아오기(歸)를 그리고 그와 〈더불어 하나〉 되기를 바라며 읊은 시가 굉장히 많은 것이다. 규원시·행역시 역시 크게 보아 님 그리는 시의 일종이라 할 수 있다. 왕창령(王昌齡)의 〈조래곡(朝來曲)〉 한 수를 읽어보자.

해질녘 흰 마노 구슬 소리 울리고
꽃이 연이어 핀 화려한 집은 봄이 한창이구나.
용이 서린 옥 경대를 바라보며
눈썹 그려 주실 님만 기다리고 있다.

日昃鳴珂[25]動　일측명가동
花連繡戶春　화련수호춘
盤龍玉臺鏡　반용옥대경
惟待畫眉人　유대화미인

이 화창한 봄날에 모든 만물이 짝을 짓고 약동하는데, 자신만은 님이 없어 이에 눈썹 그려 주실 님을 기다린다(待)고 했다. 님에 대한 그리움(思)을 읊은 것으로, 님이 돌아와(歸) 옛날처럼 자신을 사랑해주기를 바라는 것이다. 또 노조린(盧照隣)(634 - 695?)의 〈곡지하(曲池[26]河)〉란 작품을 읽어보자.

---

25) 흰 마노. 여기에서는 흰 마노를 장식한 말의 굴레나 구슬장식을 말한다.

26) 장안 동남쪽에 있는 曲江池. 연못 가운데 蓮을 가득 심어 풍광이 아름다운 곳으로 시인 묵객들이 이를 소재로 시를 많이 지었다.

바람을 타고 번져오는 연꽃 향기 연못가에 맴돌고
연잎 그림자 연못을 뒤덮었네.
그러나 어이 하랴 가을바람 선뜩 불면
시들어 바람에 흩날리도 님은 모르실 것을.

浮香[27]繞曲岸　부향요곡안
圓影[28]覆華池　원영복췌지
常恐秋風早　상공추풍조
飄零[29]君不知　표령군부지

이 작품은 노조린이 장안성 동남쪽에 있는 곡강지(曲江池)에서 연꽃을 바라보면서 읊은 시로, 그 내용은 가을이 되어 연꽃이 시들어 버려 님이 알아주지 못할 것을 걱정하고 있다. 님의 마음이 나를 떠나지(去) 않기를, 그리고 님의 마음이 항상 자신에게로 돌아오기(歸)를 바라는 심정이 작품 내용 속에 은은히 들어 있다 하겠다. 두보의 〈월야억사제(月夜憶舍弟)〉란 시는 달밤에 고향 아우를 생각하며(憶) 읊은 작품이다.

수자리 북소리에 사람 발길 끊어지고
변방의 가을에는 한 마리 기러기 소리.
이슬이 오늘 밤부터 희게 변하고
달은 고향에서도 밝으리라.
아우들이 있으나 모두 뿔뿔이 흩어지고
생사를 물어볼 집조차도 없네.
편지를 보내도 오래토록 전해지지 못하는 터
하물며 아직 전쟁이 끝나지 않았음에랴!

---

27) 바람을 타고 번져오는 향기.

28) 연잎이 드리우는 그림자.

29) 시들어 바람에 펄펄 흩날리다.

戍鼓斷人行[30] 수고단인행
邊秋一雁聲 변추일안성
露從今夜白[31] 노종금야백
月是故鄕明[32] 월시고향명
有弟皆分散 유제개분산
無家問死生 무가문사생
寄書長不達 기서장부달
況乃未休兵 황내미휴병

시인은 타향에서 백로절(白露節)을 맞아 향수에 젖고, 또한 전란 중에 뿔뿔이 흩어진 아우들을 걱정하며 생각하고(憶) 있다. 이 작품 속에는 아우들과 함께 살았던 과거시절로 돌아가고(歸) 싶은 심정이 깊게 배어있다. 장구령(張九齡)(678 - 740)의 〈망월회원(望月懷遠)〉란 시를 읽어보자.

바다 위에 떠오른 밝은 달
하늘 저 끝까지 고루 비추리라.
사랑하는 사람들 서로 멀리 있는 이 밤을 원망하며
밤새 님 그리운 생각에 잠 못 이뤄 하리라.
촛불 끄고 방안에 가득한 달빛 아끼다가
저고리 걸치고 뜰에 내려서니 촉촉하게 이슬에 젖는구나.
손으로 가득 떠서 보내드릴 수 없는 터에
다시 잠자리에 들어 님 만나는 꿈이나 꾸어 보리라.

海上生明月 해상생명월
天涯共此時 천애공차시

---

30) '戍鼓'는 戍樓의 북. 변방 수자리하는 곳에서는 야간에 북을 울려 사람의 통행을 금지시켰다.

31) 白露節이 되었음을 뜻함.

32) "달이 고향에서도 밝다"라고도 해석하기도 한다.

情人怨遙夜　정인원요야
竟夕[33]起相思　경석기상사
滅燭憐光滿　멸촉린광만
披衣覺露滋　피의각노자
不堪盈手贈　불감영수증
還寢夢佳期　환침몽가기

이 시는 장구령이 당 현종이 양귀비에 빠져 국사를 소홀히 하는 것을 반대하다가, 개원(開元) 25년(737년) 형주장사(荊州長史)로 좌천되었을 때, 어느 날 달밤에 당 현종(情人)을 그리워하며 읊은 시라고 한다. 좌천당해 자신을 내친 당 현종(情人)을 다시 만나기 어려우니 꿈에서나마 다시 만나 〈더불어 하나〉 되고 싶다고 하고 있다. 정인에 대한 그리움(思, 懷)을 주제로 한 이 시는 당 현종과 함께 국사를 논하던 그 옛날의 좋은 시절로 돌아가고(歸) 싶다는 심정이 작품 내용 속에 짙게 깔려 있다.

〈장구령의 〈망월회원〉을 그린 그림. 그림 속에 그의 시가 적혀 있는데 당 현종을 그리워한 작품이라 한다.〉

33) 밤새.

이 시는 중국의 한시에 많이 보이는 시어인 月, 夜, 情, 怨, 思가 등장해 남정네에 대한 여인네의 애틋한 사모의 정을 그리고 있다. 여인네가 자신을 내친 남정네를 그리워하는 듯이 읊은 이런 주제의 규방시·규원시, 님 그리는 시, 기녀시 등등이 중국의 남성 시인들에 의해 유가문화권 아래에서 이렇게 쉽게 지어질 수 있었던 것은, 이들 시를 신하(자신)가 임금을 그리워하는 시로 왜곡 해석하기도 했고, 또한 실제로 어떤 경우에는 그런 의도에서 이렇게 비유하여 읊었기 때문이라고 할 수 있다.

조하(趙嘏)(? - ?)의 〈강루서감(江樓書感)〉도 예전에 만났던 님을 그리는 시이다.

홀로 강가 누각에 오르니 생각이 아득하고
달빛은 물과 같고 물은 하늘빛 같네.
함께 와서 달구경하던 사람 어디에 있는가?
풍경은 여전히 어렴풋이 지난해와 같은데.

獨上江樓思渺然 독상강루사묘연
月光如水水如天 월광여수수여천
同來望月人何處 동래망월인하처
風景依稀似[34]去年 풍경의희사거년

시인이 절서(浙西) 지방에 있을 때 함께 강가 누각에 올라 즐기며 사랑했던 여인을 지금은 만날 수 없음을 애닯아 하여 읊조린 시라고 한다. 휘영청 밝은 달밤에 홀로 절서지방 강가 누각에 올라 구경하다가 문득 지난해 함께 왔던 사랑하는 여인이 생각이 난 것이다. 풍경은 지

34) 어렴풋한 상태.

난해와 다름이 없는데, 그 여인은 없다고 하며 님에 대한 아쉬움과 그리움에 잠겨 있다. 작년에 만나 함께 사랑했던 그 시절로 돌아가고픈(歸) 심정이 작품 내용 속에 짙게 깔려 있다.

한시에는 이처럼 만나고 합치고 함께 하기를 원하는 작품들이 굉장히 많다. 이는 농경문화의 특징이 그대로 반영된 것으로 보여 지는데, 그들 농경민족들은 항상 고향에서 가족과 일가친척들이 함께 모여 농사를 지으며 살아가는 것을 가장 이상적인 삶으로 여겼기 때문이다. 농사꾼이 고향(鄕)을 떠나(去) 흩어지고 헤어지는(去) 것이란 바로 chaos(불완전한 상태) 상태에 빠지는 것으로 여겼기 때문에, 그들은 그런 변방생활, 나그네 생활에서의 고독과 비애를 읊조리고 또한 항상 그런 삶을 청산하고 다시 고향으로, 님에게로, 남편에게로, 아내에게로, 친구에게로 돌아가(歸) 옛날처럼(원형) 살고 싶다고 읊는 것이다. 그러나 양떼와 말떼를 몰고 정처없이 떠돌아다니는(去) 유목민족들이 지은 시에는 유랑생활에서의 즐거움과 호기심을 그린 작품 그리고 프론티어 정신이 강하게 내보이는 개척시 등이 존재한다.

4. 〈思友詩〉

사우시는 님을 그리는 시와 그 주제가 유사한 것으로, 단지 차이가 있다면 님 대신에 친구를 그리는 것이다. 백거이(772 - 846)의 〈팔월십오일야, 금중독직대월억원구(八月十五日夜, 禁中[35]獨直[36]對月憶元九[37])〉라는

35) 궁중.

시를 읽어보자.

금은으로 된 누대와 궁궐에 저녁은 깊어 가는데,
홀로 한림원에서 잠들며 그리워하는 도다.
보름날 밤에 달빛은 새로운데,
이천 리 밖의 친구의 마음이로다.
저궁(渚宮) 동쪽에는 안개 파도 차갑겠지.
욕전(浴殿) 서쪽 끝의 鐘漏는 깊어만 가는구나.
오히려 淸光을 함께 보지 못함이 두려울 뿐인데,
강릉(江陵)은 습기가 차 이 가을 음산하다는데.

銀臺金闕夕沈沈　은대금궐석침침
獨宿相思在翰林　독숙상사재한림
三五夜中新月色　삼오야중신월색
二千里外故人心　이천리외고인심
渚宮[38]東面煙波冷　저궁동면연파냉
浴殿[39]西頭鐘漏[40]深　욕전서두종루심
猶恐淸光不同見　유공청광부동견
江陵卑濕是秋陰　강릉비습시추음

백거이는 당시 한림학사였었는데, 같은 한림학사인 그의 친구 원진이 강릉(江陵)으로 좌천되었다. 이 시는 홀로 한림원에서 잠들면서 강릉으로 좌천된 원진을 생각하며 읊은 작품이다. 원진이 다시 한림원

---

36) 홀로 숙직함.

37) 元稹. '九'는 항렬임. 이 때 원진은 환관의 미움을 사 호북 땅 江陵으로 좌천되었음.

38) 춘추시대 楚王의 궁전으로 그 터가 江陵에 있었음.

39) 한림원 동쪽에 있는 궁궐 이름.

40) 시각을 알리는 종과 물시계.

으로 돌아와(歸) 옛날처럼 함께 일하며 우정을 나누던 시절(原型)로 돌아갔으면(歸) 하는 심정이 은은히 깔려있다. 또 친구를 그리는 시로 위응물(737 - 791)의 〈추야기구원외(秋夜寄邱員外[41])〉란 시를 읽어보자.

그대 생각하다 가을밤을 만나니,
산보하며 서늘한 하늘에 읊조렸다네.
텅 빈 산에 솔방울 떨어지는데,
그대는 응당 (아직) 잠들지 않았으리라.

懷君屬[42]秋夜　회군촉추야
散步詠凉天　산보영랭천
空山松子落　공산송자락
幽人[43]應未眠　유인응미면

기와 승에서는 친구를 생각하는 작가의 마음이 깨끗하게 묘사되어 있다. 위응물이 임평산(臨平山)에 은거한 친구 구단(邱丹)을 그리워하여 지은 시라고 하는데, 작품 속에 그 친구와 다시 만나 그 옛날 돈독한 우정을 나누었던 아름다운 시절(원형)로 돌아가고픈(歸) 심정이 은은히 깔려있다 하겠다. 두보의 〈춘일억이백(春日憶李白)〉이란 시는 시선 이백을 흠모하고 기리며 읊은 시이다. 친구를 그리워하는 정서로 이 시를 읊고 있다.

이백은 시가 무적
표연하여, 그 생각 무리들과 다르다.

41) 邱員外는 이름이 丹, 蘇州 嘉興人으로 尙書郎을 역임하고 나중에 臨平山에 은거하였다 함.

42) '適'의 의미로 '마침 … 이다.'라는 뜻.

43) 幽閑한 사람으로 邱員外를 가리킴.

청신함은 유신(庾信)이요
俊逸함은 포조(鮑照)로다.
위수(渭水) 북쪽에는 봄 하늘의 나무
강동(江東)에는 해질 무렵의 구름
어느 때나 한 동이의 술로
또 다시 함께 자세히 글을 논할까?

白也詩無敵 백야시무적
飄然[44]思不群 표연사불군
淸新庾開府 청신유개부
俊逸鮑參軍 준일포참군
渭北[45]春天樹 위북춘천수
江東[46]日暮雲 강동일모운
何時一樽酒 하시일준주
重與細論文 중여세논문

시인이 봄날 장안에서 강동(江東)에 있는 이백을 생각하며 지은 시로, 이백을 그리워하고(思) 그의 시를 높이 평가하는 마음이 잘 담겨져 있다. 이백과 만나 한 동이 술을 마시며 서로 詩才를 논하던 시절로 돌아가고픈(歸) 것이다. 또 친구를 그리는 시로 두보의 〈기전초산중도사(寄全椒山中道士)〉를 읽어보자.

오늘 아침에 고을 관사도 썰렁하니,
갑자기 산 속의 친구 생각나네.
개울 아래에서 땔나무 묶다가

44) 凡俗을 초탈하여 飄逸한 모습.

45) 위수 북쪽. 시인이 있던 장안 일대를 가리킴.

46) 장강의 동남쪽인 강소 절강성 일대를 가리키는 것으로, 여기서는 당시 이백이 있었던 곳을 뜻함.

돌아와 흰 돌을 삶았다.
멀리서 한 잔의 술을 들어
멀리 비바람 부는 저녁을 위로한다.
낙엽이 텅 빈 산에 가득 차니
어디에서 (그의) 행적을 찾으리.

今朝郡齋冷　금조군재냉
忽念山中客　홀념산중객
澗底束荊薪　간저속형신
歸來煮白石　귀래자백석
遙持一杯酒　요지일배주
遠慰風雨夕　원위풍우석
落葉滿空山　낙엽만공산
何處尋行迹　하처심행적

〈위응물의 〈기전초산중도사〉를 그린 그림. 이처럼 친구를 그리워하고 기다리는 것을 읊은 작품이 한시에는 많다.〉

이 작품은 두보가 늦가을 저녁 관사도 썰렁하여 갑자기 산 속의 친구와 술 한 잔이 생각나지만 그가 어디에 있는지 몰라 할 수 없이 전초(全椒)에 있는 산중도사에게 부치려고 읊은 시이다. 산 속에 은거해 사는 친구를 그리며(思) 그와 만나 술 한 잔 나누고 싶은 심정을 읊고 있는 작품이다.

친구가 돌아오기(歸)를 기다리며 읊은 시로 맹호연(689 - 740)의 〈숙업사산방대정대부지(宿業師山房待丁大不至)〉란 시를 읽어보자.

저녁 햇살 서쪽 봉우리로 넘어가고
뭇 계곡은 어느덧 어둑어둑해지는데
소나무에 걸린 달빛에서 저녁 서늘함 생겨나고
바람 스치는 샘에는 맑은 소리 가득하다.

나무꾼들은 거의 다 돌아가고
저녁 안개 속의 새들은 둥지 막 틀었다.
이 사람 묵으러 온다고 약속했으니
홀로 거문고 들고 女蘿 우거진 길에서 기다려본다.

夕陽度[47]西嶺 석양도서령
郡壑倏[48]已瞑 군학숙이명
松月生夜涼 송월생야량
風泉滿淸聽 풍천만청청
樵人歸盡欲 초인귀진욕
煙鳥棲初定 연조서초정
之子[49]期宿來 지자기숙래
孤琴候蘿徑[50] 고금후라경

저물어 가는 저녁 풍경을 배경으로 홀로 거문고 들고 여라(女蘿) 우거진 길에서 벗(丁大)이 돌아오기(歸)를 기다리는(待) 시인의 마음을 읊고 있다. 시 속의 잔잔한 서경과 서정은 치우치지 않은 정조와 절제된 아름다움을 중시하는 한시의 정신을 잘 보여주고 있다. 이 시에서는 夕陽, 西, 松, 月, 竹, 菊, 風, 泉, 淸, 寒, 孤 등의 시어를 사용하고 있는데, 이처럼 한시에는 그 전체적인 분위기에서 따뜻하거나 덥거나 혹은 온화하기보다는 서늘하고 차거나 혹은 맑은 분위기의 시어가 많이 등장한다.

한시에 이렇게 마음에 맞는 知己를 그리워하고, 또한 그와 〈더불어 하나〉 되어 술을 마시며 즐기는 것을 좋아하며, 멀리서 친구가 찾아오

47) '渡'와 같은 뜻으로, 넘어가다 지나가다는 의미.

48) 홀연히.

49) 이 사람. 시인이 기다리고 있는 丁大를 가리킴.

50) 女蘿가 자란 오솔길.

면 항상 잘 대접하는 接賓客의 미덕을 읊은 작품이 많은 것은 인간관계를 중시하고 인륜도덕을 중시하는 유가문화와 깊은 관련이 있는 것이 아닌가 한다. 지금도 중국인들이 사업이나 일을 하기에 앞서 무엇보다 먼저 인간적인 關係를 중시하며, 朋友 老朋友라 하여 먼저 친구가 되어야 한다고 하는 것은 옛부터 이렇게 자신의 마음에 맞는 친구를 중시하는 이런 문화 때문인지도 모르겠다. 그 예로 농가에서 손님(客)을 맞이하는 즐거움을 읊은 시로 남송시인 범성대(范成大, 1126-1193))의 〈전가유객행(田家留客行)〉이란 시를 읽어보자.

> 길손은 농가 작다고 웃지 마소.
> 대문 방문 나지막하지만 잘 쓸고 닦고 있다오.
> 큰아이가 손님 나귀 뽕나무 가에 매어놓고,
> 작은 아이가 자리 털어 까니 부드럽기 담요보다 더하네.
> 나무절구에 새로 눈 같은 흰쌀 찧어
> 급히 향기로운 밥 지어놓고 와서 손님 마중하는데,
> 좋은 사람 집안으로 들어오면 모든 일이 잘된다니,
> 올해엔 누에 보리 늦될까 걱정 안 해도 되겠다 하네.

行人莫笑田家小	행인막소전가소
門戶雖低堪洒掃[51]	문호수저감쇄소
大兒繫驢桑樹邊	대아계로상수변
小兒拂席軟勝氈[52]	소아불석연승전
木臼[53]新舂[54]雪花白	목구신용설화백
急炊香飯來看客	급취향반래간객

---

51) 물을 잘 뿌리고 쓸다.

52) 양탄자, 털로 짠 모직물의 깔개.

53) 나무절구.

54) 찧다, 절구질하다.

好人入門百事宜　　호인입문백사의
今年不憂蠶麥遲　　금년불우잠맥지

농가에서 손님을 맞이하는 즐거움을 읊고 있다. "좋은 사람 집안으로 들어오면 모든 일이 잘된다니, 올해엔 누에 보리 늦될까 걱정 안 해도 되겠다 하네."라고 읊고 있는 것이다. 이처럼 接賓客의 즐거움을 읊은 시도 적지 않다. 친구를 초청하는 내용으로 된 왕안석의 〈초양덕봉(招楊德逢[55])〉이란 시를 읽어보자.

산림에서 늙어 가며 번잡한 일에 싫증 나,
홀로 누워 구름 보다가 그대가 생각난다.
구름조차 무심히 바위틈에서 나오거늘,
그대가 구름보다 게으르지는 않으렷다.

山林投老[56]倦紛紛 산림투로권분분
獨臥看雲却憶君　독와간운각억군
雲尙無心能出岫　운상무심능출수
不應君更懶於雲　부응군갱나어운

금릉 성안에 거주하는 친구 양덕봉을 초청하는 내용이다. 구름이 산속에서 피어난 모습으로부터 시상을 전개해 친구가 찾아와 주지 않는 게으름을 꾸짖는 구상이 재미있다. 이처럼 한시에는 친구와 만나기를 원하는 시도 적지 않다. 항상 만나서 술을 같이 마시며 자연을 즐기며 어울리고 싶지, 헤어져 각자가 되고 싶지 않은 것이다. 이는 고향에서 온 일가친척들이 함께 어울려 모여 사는 것을 가장 이상적인 삶으

55) 왕안석이 은거한 후의 친구. 별호는 湖陰先生이다.

56) 늙어가다, 노년이 되다.

로 여겼던 농경민족 중국인들의 심성이 반영되어 나타난 것이 아닌가 한다. 또한 한시에는 친구와 어울려 술 마시며 함께 즐기는 것을 읊은 시도 적지 않고, 친구나 스승의 인품이나 덕을 칭송한 인물시 내지는 칭송시라 부를 만한 시도 적지 않게 있다. 그 중의 하나로 황정견(黃庭堅 1045-1105)이 그의 스승 소동파의 초탈한 인격과 도연명의 대한 심취를 산문같은 형식으로 솔직히 읊은 〈발자첨화도시跋子瞻和陶詩〉를 한번 읽어보자.

> 자첨(소동파)이 해남으로 귀양 가니
> 이때의 재상은 그분을 죽이려하네
> 해주 땅의 밥을 배부르게 자시고,
> 도연명의 시를 가늘게 읊조리신다.
> 도연명이 천년에 한번 날 인물이라면
> 소동파는 백세에 한번 날 선비로다.
> 살아온 방법은 같지 않다지만,
> 기풍은 서로 비슷하네.

> 子瞻[57]謫海南　자첨적해남
> 時宰[58]欲殺之　시재욕살지
> 飽喫[59]惠州飯　포끽혜주반
> 細和[60]淵明詩　세화연명시
> 彭澤[61]千載人　팽택천재인
> 東坡百世士[62]　동파백세사

57) 소식의 자.

58) 그때의 재상, 왕안석과 신파에 속하는 王珪 蔡確 등을 가리킨다.

59) 배부르게 먹다.

60) 가늘게 읊으며 화답하는 것.

61) 팽택령을 지낸 도연명을 가리킨다.

62) 백세 한번 나올 인물이라는 뜻, 1世는 30년을 가리킨다.

出處[63]雖不同 출처수부동
氣味[64]乃相似 기미내상사

황정견은 귀양 간 그의 스승 소동파를 칭송하고 있는 것이다. 한시에는 이처럼 인물 칭송시도 적지 않다. 이는 인륜과 도덕 그리고 인품 등을 중시하는 옛 중국인의 사고방식과도 관련이 있는 것이 아닌가 한다. 또 친구가 찾아와 어울려 함께 술 마시며 즐기는 것을 읊은 시로 두보의 〈객지(客[65]至)〉를 읽어보자.

집의 남 북 모두 봄물인데
날마다 떼지어오는 갈매기만 보일뿐
꽃길을 손님 때문에 쓸어본 적이 없는데
쑥대 사립문 오늘 처음 그대 위해 열어둔다.
시장이 멀어 차린 반찬 변변찮고
집이 가난하여 단지 이전에 익힌 술 뿐이네.
이웃 늙은이와 상대하여 마시고 싶으면
울타리 너머로 불러 남은 잔 다 비우세.

舍[66]南舍北皆春水 사남사북개춘수
但見群鷗日日來 단견군구일일래
花徑不曾緣客掃[67] 화경부증연객소
蓬門今始爲君開 봉문금시위군개

---

63) 벼슬하는 것과 거처하는 것. 여기서는 세상을 살아가는 방법.

64) 기풍, 인물의 風趣.

65) 崔明府를 가리킨다. 唐나라 사람들은 縣令을 明府라고 불렀다 한다. 原詩에 대한 두보의 自注에 "崔明府가 방문하여 기쁘다.(喜崔明府相過)"라고 되어 있다.

66) 두보의 草堂을 가리킨다.

67) 손님 때문에 청소하다.

盤飧[68]市遠無兼味[69] 반손시원무겸미
樽酒家貧只舊醅[70] 준주가빈지구배
肯與隣翁相對飮 긍여린옹상대음
隔籬呼取[71]盡餘杯 격리호취진여배

이 시는 두보가 上元 2년(761) 50세 성도(成都)에서 草堂에 살 때 그의 초당을 찾아온 친구 최명부(崔明府)에게 술 마시기를 권하며 지은 시이다. 이처럼 찾아온 친구와 술을 마시고 어울리는 것을 즐기는 시도 적지 않다. 항상 친구를 그리며 그 친구와 〈더불어 하나〉 되어 즐기고 싶은 것이다. 타지에서 친구 만나는 것을 기뻐한 시도 있다. 두보의 〈강남봉이구년(江南逢李龜年[72])〉이란 시를 읽어보자.

岐王의 저택에서 항상 만났고
崔九의 집 앞에서 몇 번인가 (그의 노래를) 들었던가?
마침 강남의 좋은 풍경
꽃 지는 시절에 또 그대 만났네.

岐王[73]宅裡尋相[74]見 기왕택리심상견

---

68) 널리 안주를 가리킨다.

69) 여러 가지 요리.

70) 오래 전에 담가놓은 술. 醅는 거르지 않은 술, 즉 탁주.

71) 불러 오다.

72) 당나라의 저명한 음악가로 노래를 잘하였다. 開元 川寶 년간에 자못 이름이 나서 玄宗에게 높은 대우를 받았다. 安史의 난 이후 강남을 떠돌아 다녔는데, 좋은 때와 경치를 만날 때마다 그가 노래를 불러주면 좌중에서 눈물을 흘리고 술자리를 벌이곤 했다 한다.

73) 李隆範. 睿宗의 아들이자 玄宗의 아우로 문학을 좋아하고 문인들과의 교류를 즐겼다 한다.

74) 항상 언제나.

崔九[75]堂前幾度聞　최구당전기도문
正是江南好風景　정시강남호풍경
落花時節又逢君　낙화시절우봉군

강남에서 이구년(李龜年)을 만난 기쁨을 노래하고 있다. 이처럼 농경 민족 중국인 그들은 항상 만나고 합치고 싶지 헤어지고 떨어지고 싶지 않은 것이다.

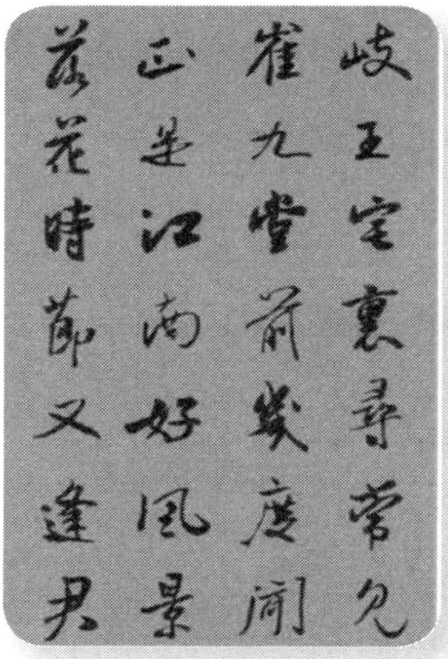

〈행서당시삼백수, 천진인민미술출판사에 실린 두보의 〈강남봉이구년〉 시. 한시에는 친구를 그리워하고 만나고 싶어하는 시가 적지 않은데, 이것이 친구와 관계를 중시하는 지금의 중국문화를 만든 것이 아닌가 한다.〉

서구시에도 친구를 그리는 시가 존재한다. 그러나 그 시들은 한시와는 달리 과거의 친구에 대한 추억에 잠기는 경향을 가져 한시와는 그 성격을 달리한다. Charles Lamb의 〈The old familiar faces 그리운 옛 얼굴〉이란 시를 절록하여 읽어 비교해 보자.

75) 현종의 총애를 받던 崔滌으로 자주 궁궐에 출입하였다.

> 내게는 놀이친구와 마음 맞는 벗이 있었나니. 어릴 때의 친구와 즐거웠던 학창시절의 벗들이다.
> 그러나 이제 그 그리운 옛 얼굴들은 모두 사라졌구나.
> 나는 곧잘 웃었고 술을 마시고 곧잘 떠들었나니, 늦게까지 마시며 사랑하는 친구들과 밤샘을 했다.
> 그러나 이제 그 그리운 옛 얼굴들은 모두 사라졌구나.
>
> I have had playmates, I have had companions, In my days of childhood, in my joyful school days
> All, all are gone, the old familiar faces.
> I have been laughing, I have been carousing, Drinking late, sitting late, with my bosom cronies
> All, all are gone, the old familiar faces.

이 시는 옛날 함께 즐겁게 보냈던 친구를 그리워하며 그 시절의 추억에 젖고 있다. 하지만 옛날 함께 어울렸던 시절(원형)로 돌아가지(歸) 못한다는 데서 오는 비애감은 별로 발견할 수 없으니, 한시와는 그 느낌이 다르다 하겠다.

5. 〈別離詩〉·〈送別詩〉·〈贈別詩〉·〈留別詩〉

별리시란 님이든지 친구이든지 간에 그를 떠나보내기(去) 싫어하는 쓸쓸한 심정을 읊조린 시이다. 이는 현 상태를 그냥 유지하고 싶다는 심정이 짙게 깔려 있는데, 님이나 친구와 〈더불어 하나〉 되고 싶지, 헤어져 서로 각각이 되고 싶지는 않다는 것이다. 서구시에도 이와 같이 이별을 애닯아 하는 시가 없지는 않지만, 한시에는 서구시에 비해 이 같은 이별의 아픔을 주제로 한 시가 훨씬 많다. 떠나가 버린다(去)는 것은 항상 슬픈 것이다. 이백의 〈송우인(送友人)〉 한 수를 읽어보자.

青山에 북쪽 성곽이 가로 놓여있고,
흰 물은 동쪽 성을 돌아 흐른다.
이 땅에서 한번 이별하게 되면,
외로운 쑥 덤불 난 만 리나 떨어진 정벌지로다.
뜬 구름은 나그네의 뜻이요,
지는 해는 옛 사람의 정이로다.
손을 흔들며 이곳을 떠나려하니,
쓸쓸히 말까지도 울부짖는구나.

青山橫北郭　청산횡북곽
白水遶東城　백수요동성
此地一爲別　차지일위별
孤蓬[76]萬里征　고봉만리정
浮雲[77]遊子意　부운유자의
落日[78]故人情　낙일고인정
揮手自兹去　휘수자자거
蕭蕭班馬[79]鳴　숙숙반마명

먼 정벌지로 떠나가는 친구를 배웅하면서 읊은 작품으로, 이 시에는 떠나보낸다(去)는 것은 항상 슬픈 것, 떠나보지 않는 현 상태를 그대로 유지하고픈 심정이 들어 있다. 심지어 그를 떠나보냈다(去) 할지라도 또 다시 돌아오게(歸) 하고 싶은 것이다. 또 온정균(溫庭筠)(812 -

76) 원래는 바람에 날려 이리저리 뒹구는 뿌리 뽑힌 다북쑥을 뜻하나, 여기서는 홀로 먼 길을 떠나갈 친구를 비유하고 있음.

77) 나그네의 마음과 생활이 정처 없음을 비유한 것.

78) 떠나가는 이를 만류할 수 없는 시인의 아쉬운 마음을 비유한 것임.

79) 대열로부터 이탈한 말로 여기서는 홀로 떠나가는 나그네를 비유하고 있음.

870?)의 〈과분수령(過分水嶺)[80]〉이란 헤어짐(去)의 아쉬움을 잘 묘사한 시를 읽어보자.

시냇물 무정한 것 제가 정이 있음인가?
산 중에서 사흘을 나와 동행하였다네.
고개 마루는 우리가 헤어지는 곳
이별을 아쉬워하는가 밤새도록 졸졸 소리를 내네.

淸溪無情似有情　청계무정사유정
入山三日得同行　입산삼일득동행
嶺頭便是分頭處　영두변시분두처
惜別潺湲[81]一夜聲 석별잔계일야성

3일 동안 시냇물과 동행하여 길을 갔는데, 마침내 그 시냇물과 고갯마루에서 헤어지게 되는 아쉬움을 읊은 시이다. 쓸쓸한 나그넷길의 동무가 되었던 그 시냇물과 헤어지기(去) 싫은 감정을 의인화시켜 잘 묘사하고 있다. 누이동생과의 헤어짐을 슬퍼한 시로 왕안석의 〈시장안군(示長安君[82])〉이란 시를 읽어보자.

젊을 적 이별도 마음 아니 가벼웠는데,
나이 들어 상봉하자 가슴 벌써 아리다.
조촐한 술상에 웃음 나누며,
침침한 등불 아래 지난날을 이야기 한다.
강과 호수로 떨어졌던 3년 세월도 서럽거늘,

80) 물줄기가 갈라지는 고개 마루. 여기서는 지명.

81) 물이 졸졸 흐르는 모양.

82) 張奎에게 출가한 왕안석의 큰누이동생인 長安縣君 文叔을 가리킨다. 縣君은 송대에 5품 관원의 부인에게 붙이던 칭호이고, 長安은 장규의 선조가 장안현 출신임을 뜻한다. 장규는 5품에 상당하는 尙書比部郎中을 지냈다.

또 사막 길 만리를 가야 한다.
다시 만날 날이 언제일는지?
기러기 남으로 갈 때 편지 띄우마.

少年離別意非輕　소년이별의비경
老去相逢亦愴情　노거상봉역창정
草草[83]杯盤共笑語 초초배반공소어
昏昏燈火話平生　혼혼등화화평생
自憐湖海三年隔　자련호해삼년격
又作塵沙萬里行　우작진사만리행
欲問後期何日是　욕문후기하일시
寄書應見雁南征　기서응견안남정

왕안석은 사신을 국경까지 배웅하는 送伴使로 떠나기 전날 밤, 3년 만에 만난 누이동생과 다시 헤어지게 된 아쉬움을 읊고 있다. 누이동생과의 오랜 이별 뒤의 짧은 만남과 또 다시 이별하는 아쉬움, 낯설고 내키지 않는 먼 길, 언제 다시 만날지 모르는 두려움 등이 복합적으로 잘 묘사되어 있다. 그는 누이동생과 헤어지기(去) 싫은 것이다. 한시에는 이처럼 헤어짐(去)의 아쉬움을 읊은 작품이 부지기수로 많다. 또 상건(常建)(? - ?)의 〈송우문육(送宇文六[84])〉이란 시를 읽어보자.

꽃은 수양버들을 비추고 한수(漢水)는 맑은데,
미풍이 수풀 속에서 여린 가지 가볍게 흔드는구나.
지금 강북은 여전히 이와 같은데,
강남으로의 이별 정으로 깊은 시름 잠긴다.

83) 조촐하다, 간단하다.

84) '宇文'은 성, '六'은 항렬. 그 이상은 알려져 있지 않음.

花映垂楊漢水[85]清 화영수양한수청
微風林裏一枝輕　미품임리일지경
卽今江北還如此　즉금강북환여차
愁殺[86]江南離別情 수살강남이별정

이 시는 성당시대 상건이란 시인이 화창한 봄날에 우문육(宇文六)을 강남으로 떠나보내는(去) 이별의 아쉬움을 깊은 시름으로 읊은 작품이다. 친구를 떠나보내기(去) 싫은 것이다. 왕발(王勃)(650 - 676)의 〈별인(別人)〉이란 시를 읽어보자.

서리꽃 하늘 끝에 맑고
안개는 강에 자욱하다.
나그네라 항상 사람을 두려워하면서
어찌하여 그리 오래 머물러 있는가?

霜華[87]淨天末　상화정천말
霧色籠江際　무색용강제
客子常畏人　객자상외인
胡爲久留滯　호위구류체

친구를 전송하며 떠나가는 사람에게 다시 빨리 고향으로 돌아오기(歸)를 권하는 시이다. "어찌하여 그리 오래 머물러 있는가?"라고 하여 나그네 생활을 빨리 청산하고 돌아오라(歸)고 하고 있는 것이다. "나그네는 항상 사람을 두려워한다."는 말이 나그네의 불안한 심리를 잘 묘사하고 있다. 즉 항상 chaos(불완전한 상태)로 인식되어온 나그네 생활

85) 호북성을 흘러 장강에 합류하는 큰 강.

86) 깊은 시름에 잠김.

87) 서리꽃.

(去)을 청산하고 고향(원형)으로 돌아가고(歸) 싶은 것이다. 그러나 이와 반대로 한시에서 친구나 님을 전송하면서(去) 친구나 님에게 용기를 주고 격려하는 시, 혹은 떠나는 것 그것 자체를 칭송하는 시는 별로 눈에 띄지 않는다. 왕창령의 송별시로 〈부용루송신점(芙蓉樓[88]送辛漸[89])〉이란 작품 3수 중 제1수를 읽어보자.

> 찬 비 강에 연하여 밤에 吳지방으로 들어가고
> 이른 아침 님 떠나보내는 초산(楚山)의 외로운 (나그네)
> 낙양의 친구 만약 (나에 대해) 묻거든
> 한 조각 깨끗한 마음 옥으로 만든 병에 있다 하게.
>
> 寒雨連江夜入吳　한우연강야입오
> 平明送客楚山孤　평명송객초산고
> 洛陽親友如相問　낙양친우여상문
> 一片氷心在玉壺　일편영심재옥호

왕창령은 개원(開元) 말년에 강녕승(江寧丞)으로 폄적(逼謫)되었는데, 이 시는 비 오는 날 저녁에 낙양으로 떠나는 친구 신점(辛漸)을 전송하며 지은 것이다. 담담히 심경을 토로하는 가운데 살포시 강남땅에 폄적된 시인 자신의 외로움이 담겨 있다. 친구를 낙양으로 떠나보내기(去) 싫고, 또한 그 자신도 이 친구처럼 낙양으로 돌아갔으면(歸) 하는 심정이 작품 내용 속에 짙게 깔려 있다.

또 왕발(王勃)(650 - 676)의 〈송두소부지임촉주(送杜少府[90]之任蜀州[91])〉란

---

88) 지금의 강소성 鎭江市 서쪽에 있는 누각. 이곳은 강 건너 북쪽으로 올라가는 대운하와 연결되어 있어 여기에서 자주 송별연이 열렸다고 함.

89) 사람 이름.

90) 소부는 縣尉의 별칭으로 두소부는 누구인지 알 수 없음.

91) 지금의 사천 崇慶의 岷江 유역으로 장안의 서남지역인 劍南道에 속하였음.

시를 읽어보자.

장안의 성곽 궁궐 삼진(三秦)이 지키는데
바람과 안개 속에 아득한 오진(五津).
그대와 이곳에서 지금 헤어지지만
다 같이 객지에서의 벼슬살이 아닌가!
이 세상에 마음 알아주는 이 있다면
하늘 끝이 정녕 이웃 같을 것.
이제 갈라지는 길목에 섰지만
아녀자처럼 손수건에 눈물 따위 적시지 마시게.

城闕輔三秦[92] 성궐보삼진
風煙望五津[93] 풍연망오진
與君離別意 여군이별리
同是宦游人[94] 동시환유인
海內存知己 해내존지기
天涯若比鄰[95] 천애약비린
無爲在岐路 무위재기로
兒女共沾巾 아녀공점건

이 시는 왕발이 장안에서 조산랑(朝散郎)이란 벼슬을 하고 있을 때, 촉 땅으로 부임하는 친구 두소부(杜少府)를 위해 지은 송별시(去)이다. '이제 갈라지는 길목에 섰지만, 아녀자처럼 손수건에 눈물 따위 적시지 마시게.'라고 읊은 결구에서는 헤어짐(去)에 대해 대범하고 초연한

92) 섬서성 일대 秦나라의 옛 땅을 가리킴. 項羽가 진을 멸망시키고 雍·塞·翟의 3나라로 나누어서 '三秦'이라고 함.

93) 津은 나루터란 뜻으로, 華陽國志에 당나라 때 촉 땅에 속하는 岷江의 다섯 나루터, 즉 白華津, 萬里津, 江首津, 涉頭津과 江南津을 말함.

94) 타향에서 관직을 맡은 사람.

95) 가까운 이웃.

듯하게 읊고 있으나, 실은 그 속에는 헤어지기(去) 아쉬운 감정이 짙게 깔려있다.

〈왕발의 〈송두소부지임촉주〉란 시를 상상해서 그린 그림. 이처럼 한시에는 이별(去)의 슬픔을 노래한 시가 많다.〉

원진(元稹)(779 - 831)의 시 〈문낙천수강주사마(聞樂天授江州司馬)〉는 그의 절친한 친구 백거이가 강주(江州)로 좌천되었다는 소식을 인편에 전해 듣고 그의 좌천을 아쉬워하며 읊은 시이다.

> 가물거리는 등불엔 불꽃 없고 그림자만 흔들거리는데
> 이 밤 그대가 구강(九江)으로 귀양 간다는 소식 들었다.
> 다 죽어가는 병중에도 놀라 자리에서 일어나니
> 어둠 속에서 빗줄기 몰아치며 바람이 싸늘한 창문에 불어든다.
>
> 殘燈無焰影幢幢[96] 잔등무염영당당
> 此夕聞君謫九江[97] 차석문군적구강

---

96) 火影이 움직이는 모양 또는 어두운 모양.

97) 수나라 때는 九江郡이라 불렀지만 당나라 때는 江州라 하였음.

垂死[98]病中驚坐起　수사병중경좌기
暗風吹雨入寒窗　암풍취우입한창

1구와 4구에서의 경물 묘사에서 친구(백거이)의 강주(江州) 좌천에 대한 시인 자신의 슬픈 감정이 잘 이입되어 있다. 친구의 강주로의 떠남(去)을 다 죽어가는 병중에서도 못내 아쉬워하고 있다. 떠나보내기(去) 싫은 것이다. 진자앙(661 - 702)의 〈춘야별우인(春夜別友人)〉이란 시의 첫 수를 읽어보자.

은촉이 푸른 연기를 토해내고
금 술잔에 아름다운 잔치 자리 마주하고 있네.
이별하는 마루에서 琴瑟의 정을 생각하고
떠나보내는 길은 산천을 감돌아 펼쳐진다.
밝은 달은 높은 나무에 가려져 있고
은하수는 새벽하늘로 사라진다.
아득하기만 한 낙양 가는 길
이런 모임 어느 해에나 또 있을까?

銀燭吐青煙　은촉토청연
金樽對綺筵[99]　금준대기정
離堂思琴瑟　이당사금슬
別路繞山川　별로요산천
明月隱高樹　명월은고수
長河[100]沒曉天　장하몰효천
悠悠洛陽道　유유낙양도
此會在何年　차회재하면

98) 다 죽어가다. '垂'는 '將'의 뜻임.

99) 훌륭한 잔치 자리.

100) 은하수.

봄밤에 낙양으로 떠나보내는(去) 친구에 대한 애틋한 정이 깃들여 있다. 결구에서 '아득하기만 한 낙양 가는 길, 이런 모임 어느 해에나 또 있을까?'라고 하여, 시인은 그 친구가 다시 돌아와(歸) 오늘 같은 만남이 다시 있을 수 있을까 하는 의문을 표시하며 애닯아 하고 있다. 그것은 친구의 떠남(去)이 주는 비애감과 아쉬움이다. 맹호연의 〈송주대입진(送朱大[101]入秦)〉을 읽어보자.

떠나는 사람 (장안의) 오릉(五陵)으로 갈 재
천금의 가치 있는 보검을
헤어지는 마당에 풀어 드리니
(이는) 평생의 한 조각 마음이라네.

游人五陵[102]去 유인오릉거
寶劍值千金 보검치천금
分手脫相贈 분수탈상증
平生一片心 평생일편심

주대(朱大)를 진(秦) 땅으로 떠나보내며(去) 그 송별의 아쉬움을 읊은 시이다. 떠나는 주대에 대한 아쉬움으로 그는 보검을 증별의 표시로 주고 있다. '유인(游人)'과 '분수(分手)'라는 시어에서 송별시의 느낌이 와 닫는다. 한시에는 이와 반대로 떠나보내는 혹은 헤어지는 즐거움을 읊었다든가, 혹은 객지에서의 여행의 즐거움이나 호기심 혹은 이국(異國)의 향수를 읊은 시는 별로 보이지 않는다. 유장경(劉長卿)(709? - 789?)의 송별시 〈송영철상인(送靈澈上人)〉은 송별하는 슬픈 감정이 절제되어

---

101) 朱는 성, 大는 항렬이 첫 번째라는 뜻. 정확히 누구인지는 알 수 없음.

102) 장안 북쪽에 있는 漢 高祖의 長陵, 惠帝의 安陵, 景帝의 陽陵, 武帝의 茂陵, 昭帝의 平陵을 말함.

표현된 시이다.

넓고 멀어서 아득한 죽림사(竹林寺)
아득히 들려오는 저녁 종소리
삿갓 등에 메고 석양 빛 받으며
푸른 산 먼 곳으로 돌아가는구나.

蒼蒼竹林寺[103] 창창죽림사
杳杳[104]鐘聲晚 묘묘종성만
荷笠帶斜陽 하립대사양
青山獨歸遠 청산독귀원

이 시는 영철스님을 송별(去)하며 읊은 시지만, 대상이 승려이기 때문에 헤어지는 슬픈 감정이 아주 절제되어 표현하고 있다. 그 대신 산속의 창망한 저녁 경색을 묘사하여 속세를 떠나가는 승려에 대한 이별에서 오는 쓸쓸함을 하나의 풍경화를 그리듯 표현하고 있다. 송대 대가인 구양수의 〈별저(別滁)[105]〉란 시도 그가 한동안 太守를 지냈던 유주(滁州)를 떠나며(去) 그 애닯음을 읊은 시이다.

꽃빛이 짙고 찬란하며 버들가지는 가볍고 밝은데,
꽃 앞에서 술잔 따르며 내가 떠나는 것을 전송하네.
나는 그저 일상처럼 취하고 있으니
악기로 이별곡 연주하도록 두지나 말게.

---

103) 강소성 鎮江縣에 있는 절 이름.

104) 悠遠한 모양.

105) 滁州, 지금의 안휘성 全椒縣과 來安縣을 통할하던 고장. 구양수가 한동안 저주 태수로 와있었으며, 저주 남쪽에 구양수가 지은 유명한 醉翁亭이라는 정자가 있다.

花光濃爛[106]柳輕明　화광농란류경명
酌酒花前送我行　작주화전송아행
我亦祗[107]如常日醉　아역지여상일취
莫教絃管作離聲　막교현관작리성

시의 끝에 "악기로 이별곡 연주하도록 두지나 말게."하여 이별의 슬픔이 없는 듯하게 표현하고 있으나, 실은 이별(去)이 매우 슬픈 것이다. 떠나고 헤어지는 것(去)은 항상 슬픈 것이란 정서가 들어 있다. 이는 농경민족의 정서가 잘 들어있는 것으로 농경민족 중국인 그들은 항상 고향에서 일가친척들이 함께 모여 〈더불어 하나〉 되어 살고 싶지, 떠나고 헤어져서 각각이 되어 살고 싶지는 않은 것이다. 서구시에도 헤어짐의 아쉬움을 읊은 시가 없는 것은 아니지만, 그 양은 한시의 그것에 비해 상대가 되지 않는다. 또한 서구시에는 헤어짐에 있어 상대방에게 격려하고 칭찬하며 희망을 주는 시가 부지기수로 많다.

이번에는 증별시 혹은 송별시라고도 부를 수 있는 시로 두목(杜牧)(803 - 852)의 〈증별(贈別)〉이란 시의 그 두 번째 수를 읽어보자.

다정함이 오히려 무정한 것만 같아
술잔 앞에 앉으니 웃는 얼굴 지을 수가 없네.
그런데 촛불은 이별을 아쉬워하는 마음 있음인가?
사람 대신 날이 새도록 제가 눈물 흘리누나.

多情却似總無情　다정각사총무정
惟覺尊前[108]笑不成　우각존전소불성

106) 색깔이 짙고 빛이 밝은 것, 짙고 찬란한 것.

107) 단지, '只'와 같은 뜻.

108) 술잔 앞에.

蠟燭有心還惜別　납촉유심환석별
替人垂淚到天明　체인수루도천명

님과 헤어지기 전날 밤 그 헤어짐(去)의 아쉬움을 읊은 작품이다. 촛불에 촛농이 흐르는 것을 초가 시인 자신을 대신해 흘리는 석별의 눈물이라고 풀이한 것은 헤어짐에서 오는 비애가 말이나 행동으로 나타낼 수 없을 만큼 크고 절실하다는 것을 나타내고 있다. 이처럼 한시에는 석별(去)의 아쉬움을 애절히 읊은 작품이 아주 많고, 헤어짐과 만남을 주제로 한 시도 많다. 送別詩로 이백의 〈황학루송맹호연지광릉(黃鶴樓[109]送孟浩然之廣陵[110])〉이란 시를 읽어보자.

님께서 황학루(黃鶴樓)를 서쪽에 남겨두고
춘삼월 꽃 핀 계절에 배타고 양주로 떠나신다.
돛단배 외로운 그림자 아스라이 사라지고
보이는 건 오로지 하늘과 맞닿아 흘러가는 강물 뿐.

故人西辭黃鶴樓　고인서사황학루
烟花三月下揚州　연화삼월하양주
孤帆遠影碧空盡　고범원영벽공진
惟見長河天際流　유견장하천제류

〈호북성 무한에 있는 황학루 벽에 있는 그림. 이 황학루에서 옛 시인 묵객들이 이별(去)의 노래를 많이 불렀다.〉

이 시는 이백이 무창(武昌)에 있는 황학루(黃鶴樓)에서, 배를 타고 양주(揚洲)로 가는 맹호연을 전송하며 지은 시이다. 마지막 구에서 맹호연이 탄 배가 수평선 너머로 이미 시야에서 사라져버린 뒤에도 여전히 그 쪽으로 흘러가는 강물을 바라본다고 표현한 것에는

109) 옛터가 지금의 호북성 武昌顯 서쪽 黃鶴磯 위에 있음.
110) 지금의 강소성 揚州市.

친구를 떠나보내는(去) 시인의 아쉬움이 그만큼 짙음을 나타내고 있다. 보내기는(去) 싫고 그가 떠나갔다고 하더라도 언젠가는 되돌아오게(歸) 만들고 싶은 것이다.

이백의 〈금릉주사유별(金陵[111]酒肆[112]留別)〉이란 시는 송별시와는 반대로 떠나가는 사람이 남아 있는 사람에게 써 준 유별시(留別詩)이다.

바람이 버들 꽃에 불어서 술집은 향기로 가득하고
오나라 여인은 술 거르며 나그네 불러 맛보라 한다.
금릉의 자제들이 와서 송별해 주니
가려다가 가지 않고 각자 잔을 다 비운다.
그대에게 묻노니 저기 동쪽으로 흐르는 장강과
이별하는 이 심정 어느 것이 더 긴가?

風吹柳花滿店香　풍취류화만점향
吳姬壓酒[113]喚客嘗　오희압주환객상
金陵子弟來相送　금릉자제래상송
欲行不行各盡觴　욕행불행각진상
請君試問東流水　청군시문동류수
別意與之誰短長　별의여자수단장

친구와 헤어지는 마당에 객주 집에서 함께 이별주를 마시면서 부른 시인데, 시인의 헤어져 가기(去) 싫은 심정이 "그대에게 묻노니 저기 동쪽으로 흐르는 장강과 이별하는 이 심정 어느 것이 더 긴가?"란 구에 절실히 나타나 있다. 다음의 시는 친구나 님과의 이별(去)을 아쉬워하

111) 지금의 남경시.
112) 술집.
113) 술을 거르다.

거나 친구나 님을 송별(去)하며 지은 시는 아니나, 매화가 져서 그 매화와 이별하는(去) 것을 아쉬워하며 읊은 작품이다. 남송사람 육유(陸游)의 〈춘우(春雨)〉를 읽어보자.

> 봄날의 흐린 날씨에 비는 내리기 쉽고,
> 나그네로 나서서 병든 몸 추위에 견디기 어렵구나.
> 또 (비로 인해) 매화와 이별하게 되니
> 난간에 기대어 한번이나마 꽃을 볼 겨를이 없구나.
>
> 春陰易成雨　춘음이성우
> 客病不禁寒　객병불금한
> 又與梅花別　우여매화별
> 無因一依欄[114] 무인일의란

나그네 생활(去)하면서 봄비에 매화가 지는 것을 아쉬워하고 있다. 매화와 이별하기(去) 싫고 다시 그 매화꽃을 보고 싶다고 하고 있다.

〈매화가 지는 것을 슬퍼하여 읊은 남송 애국시인 육우의 〈춘우〉〉

---

114) 난간에 기대어 꽃을 봄.

누군가를 떠나보내는 아쉬움을 읊은 것이 아니라, 자신이 어떤 곳을 떠나는 것의 아쉬움을 읊은 시로 왕안석의 〈이승주작(離昇州[115]作)이란 시를 읽어보자. 이 시는 시인이 젊은 시절 금릉(金陵)을 떠나면서 떠나기(去) 싫은 아쉬움을 읊은 작품이다.

바라볼 뿐 차마 떠나지 못하는데,
어둑어둑 저녁 조수 가득해진다.
작별의 말 마치며 두 손 꼭 잡으니,
달은 밝게 모래섬 위로 떠오른다.

相看不忍發　상간불인발
慘澹[116]暮潮平[117]　참담모조평
語罷更携手　어파갱휴수
月明洲渚生　월명주저생

어두컴컴한 저녁 하늘은 떠나는 아쉬움의 깊이를, 강둑을 가득 채우며 밀려든 저녁의 조수는 떠나는 아쉬움의 양을 나타내며, 막 솟아오르는 달은 우수에 젖은 시인을 강물 저 멀리 그림자 지게 한다. 20자 밖에 되지 않은 글자로 시인의 정감과 경물이 잘 어울려져 있고, 또한 금릉을 떠나는 아쉬움을 잘 표현하고 있다. 떠나기(去) 싫은 것이다.

중국인 그들은 원형 상태를 떠나기 싫어하고(別離詩 · 送別詩 · 贈別詩 · 留別詩), 떠나갔다(去) 할지라도 다시 돌아오게(歸) 하고 싶어 한다(閨房詩 · 閨怨詩 · 行役詩, 님 그리는 시, 思友詩). 이런 부류의 시들은 모두 그리움(思)을 그 주제로 한 것으로, 그리워한다(思)는 시인의 의식 속에는

115) 金陵, 지금의 남경의 옛 이름.

116) 어두컴컴하고 쓸쓸하다.

117) 저녁때 밀물이 들어 강둑과 평평해지다. 밀물이 들어 강둑에 가득하다.

님과 혹은 친구와 함께 정을 나누던 원래 상태(원형)로 돌아가고(歸) 싶어 하는 심정이 그 기저에 깔려있다. 한시에서처럼 이렇게 그리움(思)을 그 주제로 한 시가 이렇게 많은 것도 이 세상에 별로 존재하지 않는데, 이는 한시가 근본적으로 〈歸〉의 문학임에 그 원인이 존재한다고 여겨진다. 서구시에서처럼 님이나 친구와의 이별에 즈음하여 그들로 하여금 타지로 나가(去) 모든 일에 성공하기를 기원하고 격려하는 미래지향적(去)인 시가 중국에는 별로 없는 것이다.

〈이같이 버드나무 있는 나루터에서 많이 이별하였다.〉

중국의 별리시 계통과는 완전히 다른 느낌과 풍격을 느끼게 하는 서구시로 Hilda Doolittle의 〈In the rain 빗속에서〉라는 시의 일부분을 절록하여 읽어 서로 비교해 보자.

> 여기로 오지 마시오, 오지 마시오. 이 세상의 모든 것은 그대 것, 어디든지 가시오, 아무 곳에나 가시오.
> 망또와 날개와 막대기는 그대 것, 모든 길도 그대 것, 모든 것, 제단 하나만 빼놓고,

이것은 나의 친근한 神의 것이니, 가까이 오지 마시오, 가시오, 거기로, 당신이 원하는 곳 어디든지.

Don`t come here, don`t come. You have all the world, go anywhere, everywhere,
You have cloak and wings and a rod, All the paths are yours, all, all the alters save one,
This one of my intimate God; Don`t come near, go there, there, where you will,

어디든지 가라(去)고 하고 있다. 神의 것인 제단 하나만 빼놓고 이 세상의 모든 것은 그대 것이니, 당신의 원하는 곳이면 어디든지 아무 곳이나 가라고 하고 있다. 떠나보내는(去) 것을 항상 싫어하고 그래서 이별의 슬픔과 애수, 아쉬움 등을 읊고 있는 중국의 별리시와는 그 느낌과 풍격이 판연히 다른 것으로, 이 시에서는 이별에 즈음하여 당신이 원하는 곳이면 어디든지 가라(去)고 하며 제단을 뺀 이 세상의 모든 것은 모두 그대 것이라고 하고 있는 것이다.

6. 〈遊子詩〉·〈客愁詩〉

유자시·객수시란 나그네 생활의 비애감을 읊조린 시로, 그 시 속에는 고향(原型)을 떠나서(去) 나그네 생활을 한다는 것은 항상 불완전한 상태라는 정서가 짙게 깔려있다. 그래서 그들은 나그네 생활(去)에서 느끼는 비애와 애수 외로움 등을 읊조리고 항상 고향에 돌아가고(歸) 싶다고 읊조린다. 이와 반대로 한시에서 나그네 생활을 긍정하여 그 생활에서 느낄 수도 있는 모험심이나 이국에 대한 향수 호기심 등등을 읊은 시는 거의 없다. 또한 개척시나 항해시도 없다. 여행의 즐거움을 읊은 시도 존재하지 않는다. 왕발(王勃)의 〈촉중구일(蜀中九日)〉을 읽어보자.

> 구월 구일에 망향대(望鄕臺)에 올라,
> 낯선 자리 낯선 지방에서 객을 보내는 술잔이로다.
> 사람의 정은 이미 남쪽에서의 고통을 싫어하는데,
> 큰 기러기는 어찌 북쪽 땅에서 왔는가?
>
> 九月九日望鄕臺[118] 구월구일망향대
> 他席他鄕送客杯 타석타향송객배
> 人情已厭南中[119]苦 인정이염남중고
> 鴻雁哪從北地來 홍안나종북지래

왕발이 패왕부수찬(沛王府修撰) 자리에서 물러난 뒤, 촉 지방을 떠돌아다니면서 읊은 시로, 전 결에 "나그네 생활은 고통스러운 것, 큰 기러기는 어찌 고향인 북쪽 땅을 떠나(去) 남쪽 촉 지방으로 왔는가?"라고 반문함으로써, 나그네 생활(去)이란 언제나 고통스러운 것이라고 암시하고 있다. 그는 촉 지방을 떠돌아다니는 나그네 생활을 청산하고 다시 북쪽의 고향으로 돌아가고픈(歸) 것이다.

또 다른 나그네의 시름을 읊은 진자앙의 〈만차낙향현(晩次樂鄕縣)〉이란 시를 읽어보자.

> 고향은 아득하여 끝이 없는데,
> 해질 무렵 또한 홀로 가는구나.
> 강 언덕 옛 땅을 헤매는데,
> 길은 변경 마을로 들어가는구나.
> 들에 있는 초소는 황량하여 연기조차 끊기고,

118) 梓州 玄武縣에 있는 누대 이름.

119) 이 시에서는 蜀 지방을 가리킴.

깊은 산 고목들이 우거졌구나.
이때의 시름을 어이해야 하리.
찍찍거리며 밤 원숭이 울부짖는구나.

故鄕杳無際　고향묘무제
日暮且孤征　일모차고정
川原迷舊國　천원미구국
道路入邊城　도로입변성
野戍荒烟斷　야술황연단
深山古木平　심산고목평
如何此時恨　여하차시한
噭噭夜猿鳴　교교야원명

이 시는 진자앙이 고향을 떠나 남쪽으로 여행하는 도중 낙향현(樂鄕縣)이란 객지에서 밤을 보내며 외롭고 쓸쓸한 객수를 읊은 작품인데, 고향을 떠나 정처 없이 떠도는 나그네의 서글픈 심정을 그리고 있다. 떠돌아다니는(去) 나그네 생활이란 항상 힘든 것이고 서글픈 것이다. 언젠가는 이 나그네 생활을 청산하고 다시 어머니의 품과 같은 고향으로 돌아가(歸) 아내와 아이들과 함께 보내고 싶은 것이다. 또 다른 객수시로 맹호연(孟浩然)의 〈숙건덕강(宿建德江[120])〉이란 시를 읽어보자.

안개 피어오르는 물가에 배를 대는데
해질 녘 나그네 시름 새롭구나.
들판 드넓어 하늘이 나무보다 낮고
강물 맑아 사람 가까이에 달이 와 있다.

移舟泊烟渚[121]　이주박연저

---

120) 新安江이 建德(지금의 절강성 縣名) 부근을 흐르는 곳을 말함.

121) 안개 자욱이 덮인 물가.

日暮客愁新　일모객수신
野曠天低樹　야광천저수
江淸月近人　강청월근인

전편을 통해 시인의 고독감이 짙게 드러난다. 배에 몸을 싣고 일정한 목적 없이 떠돌아다니는(去) 나그네가 해 저물녘 노을이 덮여있는 강가에 배를 대자니 하루의 피로와 함께 객지에서의 여수(旅愁)가 밀려들고 있다. 항상 불완전한 상태로 인식되어진 이런 나그네 생활(去)을 청산하고 싶은 것이다.

〈나루터에 배를 대고 낯선 곳에서 하룻밤 묵는 나그네의 시름을 읊은 맹호연의 〈숙건덕강〉을 그린 그림〉

장계(張繼)(? - ?)의 〈풍교야박(楓橋夜泊)〉이란 시를 읽어보자.

달 지고 까마귀 우는데 하늘 가득 서리가 내리고
강가 단풍잎 고깃배 등불도 시름겨운 나그네 마주하네.
고산성(姑蘇城) 밖 한산사(寒山寺)

한밤중 종소리가 客船까지 들려오네.

月落烏啼霜滿天　월낙오제상만천
江楓漁火對愁眠　강풍어화대수면
姑蘇城外寒山寺[122]　고소성외한산사
夜半鐘聲到客船　야반종성도객선

날이 저물어 풍교(楓橋)에 배를 댄 나그네가 밤새 잠 못 이루며 보고 들은 바를 엮은 시로, 객선(客船)에서의 나그네의 시름을 읊고 있다. 그는 항상 이 시름겨운 나그네 생활(去) 청산하고 고향(원형)으로 돌아가고픈 (歸) 것이다. 고적(高適)(700? 706? - 765)의 〈제야작(除夜作)〉을 읽어보자.

여관의 차가운 등불 아래 홀로 잠 못 이루고
나그네 마음 무슨 일로 갈수록 쓸쓸해질까.
고향에서도 오늘 밤 천리 타향의 나를 생각하겠지.
허연 귀밑머리 내일 아침이면 또 신년이라네.

旅館寒燈獨不眠　여관한등복불민
客心何事轉[123]凄然　객심하사전처연
故鄕今夜思千里　고향금야사천리
霜鬢明朝又一年　상빈명조우일년

고적은 제야 날 고향을 그리고(思) 있다. 타향(去)에서의 생활은 항상 불완전한 것, 그 곳을 떠나 고향으로 돌아가고(歸) 싶은 것이다. 객수를

122) 南朝 梁나라 때 楓橋鎭에 세워진 절로 원명은 '妙利普明塔院'인데 初唐 때 詩僧 寒山이 이 절에 거주했다 하여 한산사라 함.

123) 갈수록.

읊은 작품으로 왕만(王灣)의 〈차북고산하(次[124]北固山[125]下)〉를 읽어보자.

나그네 길 푸른 산 저 넘어
푸른 물 앞으로 배를 저어 나가네.
조수가 평평하고 양쪽으로 탁 트인 강 언덕
바람 맞아 올린 돛 부풀었네.
신 새벽 어둠 깨고 바다 위로 해 떠오르고
동지 섣달 강바람 속에 봄이 실려 오네.
고향에 보내는 편지 누구에게 부탁하랴
돌아가는 기러기는 낙양으로 날아가는데.

客路青山[126]外 객로청산외
行舟綠水前 행주녹수전
潮平兩岸闊 조평양안활
風正一帆懸 풍정일범현
海日生殘夜 해일생잔야
江春入舊年 강춘입구년
鄕書何處達 향서하처달
歸雁[127]洛陽邊 귀안낙양변

강남의 북고산(北固山)에 머물면서 그 객수를 읊은 작품으로, 왕만(王灣)은 이 시 속에서 고향으로 돌아가고(歸) 싶어 하는 마음과 돌아갈 수 없다는 데에서 느끼는 객수를 담담히 읊고 있다. 결구에서 '고향에 보내는 편지 누구에게 부탁하랴, 기러기는 낙양으로 돌아가는데.'라고 읊

124) 하룻밤 머물다.

125) 지금의 강소성 鎭江市 북쪽, 長江 남쪽에 있는 산으로 3면이 강에 접해있고, 동쪽과 서쪽으로 金山과 焦山을 바라보고 있다.

126) 북고산을 가리킴.

127) 북쪽으로 돌아가는 기러기로, 또한 서신을 가리키니 雙關이 되어 있다.

어, 기러기도 이 추운 동지섣달에 고향 찾아 낙양으로 돌아가는데(歸) 자신은 고향으로 보낼 편지를 부탁할 사람조차도 없다고 하여, 이역에서 고향으로 돌아가고픈(歸) 나그네의 망향의 정을 잘 읊조리고 있다. 또 다른 객수시로 가도(賈島)(779 - 843)의 〈도상건(渡桑乾[128])〉을 읽어보자.

병주(幷州)에서의 나그네 생활 이미 십 년
돌아가고픈 마음에 밤낮 함양(咸陽)만 생각했다.
무단히 또 상건수(桑乾水)를 건너가게 되어
병주(幷州)를 돌아보니 그 곳이 바로 고향이라네.

客舍幷州[129]已十霜　객사병주이십상
歸心日夜憶咸陽　귀심일야억함양
無端更渡桑建水　무단갱도상건수
卻望幷州是故鄕　극망병주시고향

고향(원형)에 대한 그리움(思)과 객지에서의 비애감을 읊조린 작품이다. 병주(幷州)에서 오랜 객지생활을 하다가 다시 다른 곳으로 가게 되자 병주(幷州)가 오히려 고향인 것처럼 느껴진다는 시인의 말은 고향인 함양(咸陽)을 그리워하는 마음이 역설적으로 표현된 것이다. 고향 함양으로 돌아가고픈(歸) 것이다. 또 다른 유자시 계열로 유장경(劉長卿)(? - 754)의 〈봉설숙부용산주인(逢雪宿芙蓉山[130]主人)〉이란 시를 읽어보자.

해 지고 산길이 멀어

---

128) 산서성 大同 남쪽을 흘러 동쪽으로 향하다 하북성 盧溝河로 들어가는 강으로, 여기서는 북경 가까이 있는 것이 아니고 상류인 산서성에 있는 것을 말함.

129) 지금의 산서성 太原.

130) 산동성 臨沂縣과 호남성 桂陽 그리고 寧鄕縣 등지에 각각 부용산이 있는데 이 시에서는 어느 것을 가리키는지 확실하지 않다.

추운 날씨에 가난한 초가집에 투숙하였네.
사립문 밖 개 짖는 소리
바람 불고 눈 내리는 이 밤 누군가가 돌아오나 보다.

日暮蒼山遠　일모창산원
天寒白屋[131]貧　천한백옥빈
柴門聞犬吠　시문견견폐
風雪夜歸人　풍설야귀인

눈 오는 날 먼 길 산 속을 가다 해가 저물어 가난한 초가집에 투숙한 나그네의 감상을 읊은 시로, 한편의 눈 내리는 산간마을을 수채화로 보는 듯 정겹다. 나그네 생활(去)의 쓸쓸함을 읊고 있다.

〈華三川의 唐人詩意圖에 그려진 유장경의 〈봉설숙부용산주인〉〉

131) 띠풀집으로 농촌의 소박한 집을 가리킴.

온정균(溫庭筠)의 〈상산조행(商山[132]早行)〉이란 나그네 길 떠나면서 고향을 그리며 읊은 시를 읽어보자.

새벽에 말방울 울리며 길 떠나는데
나그네 신세 마냥 그리운 고향.
닭 울음소리 객주 집 지붕 위에 달이 걸렸고
서리 내린 널빤지 다리 위에 발자국이 남는다.
산길에 솔 고갱이 잎 떨어지고
역참 담장에 탱자 꽃이 환하게 피었구나.
간밤 꿈에 본 내 고향 두릉(杜陵).
연못 가득 물오리 기러기 떼 떠있는 것을.

晨起動征鐸　신기동정탁
客行悲故鄕　객행비고향
鷄聲茅店[133]月　계성모점월
人迹板橋霜　인적판교상
槲葉[134]落山路　해엽낙산로
枳花[135]明驛墻　지화명역장
因思杜陵[136]夢　인사두릉몽
鳧雁[137]滿回塘　부안만회당

132) 섬서성 商縣 동남쪽에 있는 산으로 楚山이라고도 함. 漢初에 東園公, 綺里季, 夏黃公, 用里先生 등의 4 사람이 이곳에 은거하여 수염과 눈썹이 희게 쉬어서 이들을 '商山四皓'라 불렀다 함.

133) 띠 지붕을 얹은 시골 객주집.

134) 잎이 크고 겨울에도 나뭇가지에 매달렸다가 이듬해 봄에 새싹이 돋을 때 비로소 지는 나무.

135) 탱자나무 꽃. 봄에 흰 꽃이 진다.

136) 장안 동남쪽에 있는 漢 宣帝의 능으로 시인의 고향이 이 근처임.

137) 물오리와 기러기.

시인이 장안을 떠나 남쪽으로 갈 때 상산(商山)을 지나면서 고향을 그리워하며(思) 읊은 시이다. 이른 봄 고향을 떠나(去) 남쪽으로 가는 길목인 상산의 객주 집에서 하룻밤을 묵고 다음날 새벽 여장을 갖추고 다시 길 떠날 때의 정경을 묘사한 것으로, 거기에서 고향(杜陵)을 그리며 그 고향으로 돌아가고픈(歸) 감정이 잘 묘사되어 있다. 왕안석(王安石)이 서울 開封으로 올라갈 때 그 길목인 소흥의 葛溪驛에 하룻밤 묵으며 느끼는 客愁를 읊은 작품인 〈갈계역(葛溪驛[138])〉이란 시를 읽어 보자.

조각달 어둑어둑 밤은 아직 깊은데,
등불 하나 깜박이며 가을 침상 비춘다.
병든 몸이라 찬바람과 이슬 벌써 느껴지고,
고향 가는 꿈속에서 산 높고 물 깊은 줄 몰랐다.
앉아서 가는 세월에 북받치는 마음 노래하고,
일어나 밖을 살피니 야색은 처량하다.
우는 매미 더욱 나그네 귀를 어지럽히며,
잎새 누릇누릇 성긴 오동나무를 껴안고 있다.

缺月昏昏漏未央[139] 결월혼혼누미앙
一燈明滅照秋床 일등명멸조추상
病身最覺風露早 병신최각풍노조
歸夢不知山水長 귀몽부지산수장
坐感歲時歌慷慨 좌감세시가강개
起看天地色凄涼 기간천지색처량
鳴蟬更亂行人耳 명선갱란행인이

138) 갈계는 지금의 강서성 肄陽縣 서쪽을 흐르는 개울 이름이고, 갈계역은 그 남쪽에 있는 역참 이름이다. 옛날의 역은 출장가거나 공문서를 전달하는 관원들에게 숙식을 제공하고 말을 교체해주던 곳이다.

139) 물시계 소리가 끝나지 않다. 아직 밤이 깊다는 뜻.

正[140]抱疎桐葉半黃　　정포소동엽반황

왕안석은 30세인 皇祐 2년(1050)에 벼슬을 찾아 고향 임천(臨川)을 떠나 소흥(紹興)과 항주(杭州)를 거쳐 당시 서울인 개봉(開封)으로 북상한다. 이 시는 소흥을 항할 때 그 길목인 갈계역에서 하룻밤을 묵으며 꿈에서 깨어나 잠 못 이루는 쓸쓸한 감회를 읊은 것이다. 서울을 올라가도 벼슬을 구할 수 있을지 알 수 없는 답답한 상황에, 적적한 객사에서의 흐릿한 등불, 쌀쌀한 날씨, 처량한 夜色, 한밤에 우는 가을 매미, 반쯤 물들고 잎이 듬성듬성 붙어있는 오동나무 등의 쓸쓸하고 외로운 풍경을 마주하면서 나그네(去)가 된 시인의 마음은 이에 저절로 처량해진다.

나그네의 설움인 客愁를 읊조린 대부분의 한시들과 달리 이백의 〈행로난行路難[141]〉 제 1수는 그 의취를 달리한다. 이는 유쾌한 낭만주의자이며 방랑주의자인 이백 자신의 심성 때문에 그러한 것으로 여겨지는데, 이런 정서의 시는 한시에서도 극히 드물다 하겠다.

금술단지에 맑은 술 한말이 만 냥
옥 소반 좋은 안주 萬錢의 값어치
잔 멈추고 젓가락 던져 차마 먹지 못하고
칼 빼어 사방을 둘러보니 마음은 아득하다.
황하를 건너려 하나 얼음이 강을 막고 있고
태행산에 오르려하나 눈이 하늘에 가득하다
한가로이 시냇물에 낚시 드리우다가
홀연히 배타고 임금 계신 곳을 꿈꾼다.
길가는 것이 어렵도다 길가는 것이 어렵도다.

---

140) 동작이 진행됨을 표시하는 부사.

141) 악부 雜曲歌辭의 옛 제목. 세상살이의 어려움과 이별의 슬픔을 노래하고 있다.

갈림길 많으니 지금은 어디에 있는가?
긴 바람 타고 파도 헤치는 그 큰 뜻 모름지기 때가 있으리니
높은 돛 바로 달고 滄海를 건너리라.

今樽淸酒斗十千[142] 금준청주두십천
玉盤珍羞[143]値萬錢 옥반진수치만전
停杯投箸不能食 정배투저부능식
拔劍四顧心茫然 발검사고심망연
欲渡黃河氷塞川 욕도황하빙새천
將登太行[144]雪滿天 장등태행설만천
閑來垂釣碧溪上[145] 한래수조벽계상
忽復乘舟夢日邊[146] 홀복승주몽일변
行路難 행로난 行路難 행로난
多岐路 다기로 今安在 금안재
長風破浪會有時 장풍파랑회유시
直掛雲帆濟滄海 직괘운범제창해

이백이 관직을 버리고 강호를 떠돌아다닐 때의 번민과 방황을 묘사한 시다. 마지막에 "긴 바람 타고 파도 헤치는 그 큰 뜻 모름지기 때가 있으리니, 높은 돛 바로 달고 滄海를 건너리라."라고 하여 웅대한 포부를 드러내고 있는데, 이런 기상이 있는 시는 한시에서 흔치 않다.

---

142) 한말의 술이 만전의 값어치가 나간다. 술이 좋아 술값이 매우 높다는 것을 의미한다. 曹植의 〈名都篇〉에 "돌아와 평락관에서 잔치할 제, 맛좋은 술 한말에 만전이라네.(歸來宴平樂, 美酒斗十千)"에서 유래된 말.

143) '羞'는 '饈'와 같다. 맛좋은 음식.

144) 太行山.

145) 전해 오는 말에, 姜太公이 周 文王을 만나기 전에 渭水 磻溪에서 낚시질하였다는데 그 고사에서 유래된 말.

146) 태양의 옆. 즉 황제가 계신 수도 長安을 가리킨다.

대부분 나그네의 설움을 읊은 유자시·객수시와는 완전히 대조되는 정서로 이루어진 여행시 혹은 항해시라고 할 수 있는 John Masefield의 〈Sea-fever 그리운 바다〉란 시를 읽어보자.

나는 다시 바다로 가야지, 외로운 바다와 하늘로. 내가 원하는 모든 것은 키 큰 배 한 척, 그 배를 인도할 별 하나,
그리고 발길 차는 키 바퀴, 바람의 노래, 펄럭이는 흰 돛, 바다 얼굴 위의 잿빛 안개와 동이 트는 잿빛 새벽

I must go down to the seas again, to the lonely sea and the sky. And all I ask is a tall ship and a star to steer her by,
And the wheel`s kick and wind`s song and the white sail`s shaking,
And a grey mist on the sea`s face and a grey dawn breaking.

나는 다시 바다로 가야지, 흐르는 조수(潮水)의 부르는 소리가. 거절할 수 없는 야성적 부름이 뚜렷한 부름이기에;
그리고 내가 원하는 모든 건 하얀 구름 날아가는 바람찬 날, 튀는 물보라, 휘날리는 물거품, 울어대는 바다갈매기.

I must go down to the seas again, for the call of the running tide. Is a wild call and a clear call that may not be denied;
And all I ask is a windy day with the white clouds flying, And the flung spray and the blown spume, and the seagulls crying.

나는 다시 바다로 가야지, 방랑의 집시생활로, 바람이 칼날 같은 갈매기 길로, 고래의 길로;
그리고 내가 원하는 모든 것은 껄껄 웃는 방랑자 친구의 즐거운 이야기,
그리고 긴 당번시간이 끝난 후의 고요한 잠과 달콤한 꿈.

I must go down to the seas again, to the vagrant gypsy life, To the gull`s way and the whale`s way, where the wind`s like a whetted knife;
And all I ask is a merry yarn from a laughing fellow-rover, And quiet sleep and a sweet dream when the long trick`s over.

다시 미지의 바다로 가기(去)를 원하고 있다. 집시생활(去) 방랑자생활(去)의 즐거운 이야기가 숨쉬는, 그리고 하늘, 기러기, 배, 별, 바람, 구름, 갈매기와 함께 벗할 수 있는 그런 바다로 나가기(去)를 원하고 있다. 이런 풍격의 시는 중국 한시에서 전혀 찾아볼 수 없는 것으로, 한시에서는 나그네 생활(去)을 항상 chaos(불완전한) 상태로 읊고 있으며, 그런 불완전한 상태를 벗어나 고향으로 돌아가고(歸) 싶다고 하고, 또한 그런 고향으로 돌아가지(歸) 못한다는 데서 오는 나그네의 설움을 읊은 것과는 판연히 달라 보인다. 서구시에는 미지에 대한 호기심을 읊은 시 그리고 개척시(去)와 행진시(去) 여행시(去) 항해시(去)가 존재하고 있다.

〈서구에는 여행시 · 항해시 · 개척시가 존재한다.〉

한시에서 가장 많이 보이는 시어 중의 하나가 바로 '객(客)'이다. 이 '객'은 항상 chaos(불완전한) 상태에 있는 것으로 묘사되어 있어, 이 '객'

을 이향 타지에서 쓸쓸한 자연 경물과 대비시키고 어떤 때에는 화창한 봄날 풍경과 대비시켜 홀로(獨) 그리고 외로운(孤) 나그네의 슬픔(客愁)을 읊조리며, 또한 항상 고향으로 혹은 님에게로 혹은 친구에게로 돌아가고(歸) 싶은 심정을 읊조리고 있다. 이런 시들에는 客, 客子, 孤客, 獨, 孤, 天末, 客愁, 悲, 怨, 遠, 長, 歸, 望 같은 시어가 많이 등장하고 있다.

중국 시인 그들은 정치적 성공기에는 시를 별로 짓지 않고, 유배를 당했을 때나 조정에서 물러나 야인 생활을 하여 각처를 떠돌아다닐 때, 혹은 낙향하여 고향이나 자연에 은거할 때 많이 지었는데, 이처럼 시인 자신이 인정하든 인정하지 않든 그 자신의 위치가 chaos 상태에 빠져 있을 때 많이 짓는 것은, 항상 현실의 삶을 불완전한 상태로 인식하고 그 불완전한 상태에서 벗어나 원형으로 회귀(歸)하고자 하는 농경민족인 중국인들의 기본적인 심성 때문이 아닌가 한다.

7. 〈思鄕詩〉·〈回鄕詩〉

사향시·회향시 역시 나그네 생활에서 고향(원형)을 그리는(思) 시로, 이 시에는 어떤 사정으로 고향을 떠난 시인 자신이 다시 그 고향으로 돌아가고픈(歸) 심정을 읊고 있다. 이백의 〈정야사(靜夜思)〉를 읽어보자.

> 침상 앞에서 달빛을 보고,
> 이것이 지상의 서리인가 의심했네.
> 머리 들어 산의 달을 바라보고,
> 머리 숙여 고향을 그리워하는 도다.

牀前看月光　상전간월광
疑是[147]地上霜　의시지상상
擧頭望山月　거두망산월
抵頭思故鄕　저두사고향

이백은 타향에서 달을 쳐다보며 望鄕의 정에 사무치고 있다. 고향(원형)으로 돌아가고픈(歸) 것이다.

〈타향에서 밤에 달을 보면 더욱 고향이 그리워진다.〉

또 두보의 〈절구(絶句)〉란 思鄕詩를 읽어보자

강물 푸르니 새 더욱 희고,
산 푸르니 꽃은 불타려고 하는구나.

---

147) 이것이 … 인가 의심하다. 이백의 〈望廬山瀑布〉란 시에 "疑是銀河落九天"이란 구절도 있다.

금년 봄도 보는 사이 또 지나가는데,
어느 날이 돌아갈 해인가.

江[148]碧鳥逾白　강벽조유백
山靑花欲然　산청화욕연
今春看又過　금춘간우과
何日是歸年　하일시귀년

방랑길(去)에 있는 두보의 望鄕의 그리움이 짙게 배어있는 작품이다. 전반부에서는 대구를 이루며 봄 경치를 멋지게 그려내고 있다. 객지인 타향에서의 경치가 아름다우면 아름다울수록 고향 생각은 더욱 더해지기 마련이다. 그는 결구에서 언제 고향으로 돌아갈지(歸) 모르겠다고 읊으며 항상 고향으로 돌아가고픈(歸) 망향의 정에 사무쳐 있다. 이와 반대로 한시에서는 고향을 떠나 돌아다니는(去) 여행의 즐거움을 읊은 작품이나 개척시·행진시·항해시 부류는 거의 없다. 최호(崔顥)의 〈황학루(黃鶴樓[149])〉를 읽어보자.

옛 선인 이미 황학 타고 가버리고
이 땅에는 그저 황학루(黃鶴樓)만 남아 있다.
황학은 한번 떠난 후로 다시 오지 아니하고
흰 구름만 천년토록 여전히 떠 있다.
맑은 날 강에는 한양(漢陽)의 나무들이 뚜렷하고
향기로운 풀들은 앵무주(鸚鵡洲)에 무성하다.
해는 저무는데 고향은 어디메뇨?
강 위의 안개가 사람을 시름겹게 한다.

---

148) 成都의 錦江을 뜻함.

149) 호북성 武昌에 있는 누각. 仙人 子安이 黃鶴을 타고 이곳을 지나갔기 때문에 黃鶴樓라고 한다는 설도 있고, 仙人 費文褘가 黃鶴을 타고 이곳에서 쉬어갔다고 해서 黃鶴樓라고 부른다는 설도 있다.

昔人已乘黃鶴去　석인이승황학거
此地空餘黃鶴樓　차지공여황학루
黃鶴一去不復返　황학일거부복반
白雲千載空悠悠[150]　백운천재공유유
晴川歷歷漢陽[151]樹　청천력력한양수
芳草萋萋鸚鵡洲[152]　방초처처앵무주
日暮鄉關[153]何處是　일모향관하처시
烟波江上使人愁　연파강상사인수

이 시는 千古의 絶唱으로 인구에 회자되고 있는 名詩이다. 황학루에 올라 멀리 바라보며 마음속에 일어나는 고향에 대한 그리움(思)을 노래하고 있으며, 造句가 자연스럽고 기상이 웅대하다. 강 위의 안개 때문에 시름겨운 시인이 이에 고향으로 돌아가고픈(歸) 것이다.

〈강남을 유랑하며 황학루를 지나다가 고향을 그리고 있다.〉

150) 久遠한 모양. 白雲이 오래도록 황학이 돌아오기를 기다리며 여전히 그 곳에 떠 있다는 뜻임.

151) 武昌의 서북쪽에 있는 지명.

152) 호북성 漢陽縣 서남쪽에 있는 장강 가운데 있는 섬.

153) 고향.

왕지환(王之渙)(688 - 742)의 〈등관작루(登鸛雀樓[154])〉를 읽어보자.

하얀 해는 산 너머 지고
누런 강물 바다로 흘러가는데
고향 길 천리나 굽어나 보려고
다시 한층 누각을 올라간다네.

白日依山盡 백일의산진
黃河入海流 황하입해류
欲窮千里目 욕궁천리목
更上一層樓 경상일층루

멀리서나마 고향을 바라보려고 '다시 한층 누각을 올라간다네.'라고 한 것에서 시인 자신의 고향으로 돌아가고픈(歸) 심정이 애절하고 간결하게 표현되어 있다. 한시에 고향이나 님이 계신 곳을 멀리서나마 보기위해, 이처럼 누각이나 臺 혹은 산꼭대기에 올라가 자신의 감회를 읊은 작품이 많다. 최호(崔顥)의 〈장간행(長干行)〉 4수 중 그 첫 수를 읽어보자.

그대의 집은 어느 곳에 있나요?
첩의 집은 황당(橫塘)이에요.
배를 멈추고 잠시 빌어 물어보니
혹여 同鄕인 듯하네요.

君家何處住 군가하처주
妾住在橫塘[155] 첩주재횡당
停船暫借問 정선잠차문

154) 唐代의 蒲州(지금의 산서성 永濟縣)에 있는 삼층 누각.

155) 지금의 남경시 서남쪽에 있는 지명 이름.

或恐是同鄕　혹공시동향

여성의 입장에서 나그네에게 고향이 어디냐고 물으며 동향인 듯하다고 하고 있다. 타향에서는 개도 고향개가 반갑다고 하듯이 동향인을 만나 반가운 것이다. 시인은 항상 마음속으로 고향으로 돌아가고픈(歸) 것이다. 신년이 되면 타지에서 더욱 고향 생각나기 마련이다. 이를 읊은 시로 유장경(劉長卿)의 〈신년작(新年作)〉이란 시를 읽어보자.

고향 그리는 마음 새해 되면 더욱 절실해져
하늘가에 홀로 눈물 흘린다.
늙도록 남의 밑에서 일하며
봄이 와도 고향에 가지 못한다.
고개의 원숭이와 아침 저녁을 함께 하고
강가의 버들과 風烟을 함께 하였다.
이미 장사왕(長沙王)의 태부(太傅)와 같아져 버렸으니
지금부터 또 몇 년이나 걸릴까?

鄕心新歲切　향심신세절
天畔獨潸然[156]　천반독산연
老至居人下　노지거인하
春歸在客先[157]　춘귀재객선
嶺猿同旦暮　령원동단모
江柳共風煙　강류공풍연
已似長沙傅[158]　이사장사부
從今又幾年　종금우기년

156) 눈물 흘리는 모양.

157) 봄이 자신보다 먼저 고향 땅에 돌아갔다는 뜻.

158) 자신의 신세를 漢代 賈誼에 비유한 것인데, 가의는 대신의 미움을 사서 참소를 당하고 長沙王의 太傅로 폄적되었다.

이 시는 감회시로 시인이 귀양 가서 먼 타향에서 새해에 고향을 그리는 마음을 읊고 있다. 봄이 와도 고향에 가지 못하고 지금부터 몇 년 뒤에 귀양생활에서 풀려나 고향으로 돌아갈까(歸) 걱정하고 있다. 왕유(王維)(701 - 761)의 〈잡시(雜詩)〉를 읽어보자.

그대 고향에서 오셨으니
응당 고향 일을 아시겠구려.
떠나오시던 날 우리 집 창문 앞
매화나무 가지에 꽃망울이 맺혔던가요?

君自故鄕來　군자고향래
應知故鄕事　응지고향사
來日綺窓[159]前　래일기창전
寒梅著花[160]未　한매저화미

객지에서 만난 고향사람에게 고향의 자신 집 창문 앞에 매화나무에 꽃망울 맺혔는가 하고 묻고 있다. 고향으로 돌아가고(歸) 싶은 것이다. 맹호연(孟浩然)의 〈조한강상유회(早寒江上有懷)〉란 시를 읽어보자.

낙엽지고 기러기 남으로 날아갈 적
북풍 분 강 위로 불어 차갑기만 하구나.
나의 집은 양수(襄水) 굽이져 흐르는 곳
멀리 초나라 구름 너머에 있다.
고향 그리는 눈물은 나그네 생활로 다 마른 채
외로운 돛배에 몸을 싣고 하늘가를 바라볼 뿐.
나루터 길을 잃어 물어보려 하지만
강물만 넘실넘실 해가 저무네.

159) 비단 창문.

160) 꽃망울이 맺히다.

木落雁南渡　목락안남도
北風江上寒　북풍강상한
我家襄水[161]曲 아가양수곡
遙隔楚雲端　요격초운단
鄕淚客中盡　향루객중진
孤帆天際看　고범천제간
迷津欲有問　미진욕유문
平海夕漫漫　평해석만만

객지 포구에서 望鄕(歸)의 정에 사무치고 있다. “고향 그리는 눈물은 나그네 생활로 다 마른 채, 외로운 돛배에 몸을 싣고 하늘가를 바라볼 뿐.”이라고 하여 고향으로 돌아가고픈(歸) 간절한 소망을 표현하고 있다. 유종원(柳宗元)의 〈여호초상인동간산기경화친고(與浩初上人[162]同看山寄京華親故)〉란 시도 고향을 그리는 시이다.

바닷가 뾰족한 산들 칼 끝 같아서
가을되자 어느 것이나 시름 담긴 창자 째네.
만약에 이 몸 천만 개로 변할 수 있다면
봉우리 위로 흩어져 고향이라도 바라보련만!

海畔尖山似劍鋩[163]　해반첨산사검망
秋來處處割愁腸　추래처처할수장
若爲化得身千億　약위화득신천억
散上峰頭望故鄕　산상봉두망고향

---

161) 호북성 襄陽縣 서북쪽에 있는데, 원래 漢水 줄기지만 襄陽 부근에 있다 하여 襄水 또는 襄河라고 부른다 함.

162) 호초 스님. 潭州(지금의 호남성 長沙市) 사람. 上人은 스님을 일컫는 말.

163) 칼 끝, 갈 날.

바닷가에 솟아있는 바위산을 바라보면서 고향 생각을 읊은 시이다. 무수한 칼 끝 같은 봉우리에 올라서면 고향을 좀 더 많이 볼 것이라는 절실한 심정을 그려내고 있다. 장적(張籍)(768 - 830)의 〈추사(秋思)〉를 읽어보자.

낙양성에 선뜩 가을바람 부는데
집으로 보낼 편지 쓰자니 생각이 꼬리를 무네.
새삼 서둘러 할 말 다 못했나 싶어
행인은 떠나려는데 다시 봉투를 뜯네.

洛陽城裏見秋風　낙양성리견추풍
欲作家書意萬重　욕작가서의만중
復恐匆匆說不盡　복공총총설부진
行人[164]臨發又開封　행인임발우개봉

객지에서 소슬한 가을바람 불 때를 당하여 고향으로 가는 인편이 있어 고향의 가족에게 소식을 전하려고 편지를 쓰는 사람의 심리를 곡진하게 묘사하고 있다. "새삼 서둘러 할 말 다 못했나 싶어, 행인은 떠나려는데 다시 봉투를 뜯네."라고 하고 있다. 이 시인은 다시 고향으로 돌아가고(歸) 싶은 것이다. 왕발(王勃)의 〈산중(山中)〉이란 시를 읽어보자.

장강은 슬픔에 느릿느릿 흐르고
만 리 먼 길 돌아갈 것 생각한다.
하물며 가을바람 부는 저녁
산마다 누런 낙엽들 날리고 있음에랴.

長江悲已滯　장강비이체
萬里念將歸　만리념장귀

164) 편지를 가지고 고향으로 갈 사람.

況屬高風[165]晚 황속고풍만
山山黃葉飛 산산황엽비

이 작품은 시인이 蜀에 있을 때 지은 것이라고 하는데, 고향으로 돌아가고픈(歸) 심정을 장강에 移入하고 낙엽이 날리는 가을 산으로 분위기를 조성함으로써 情景合一의 경지를 이루고 있다. 자신이 고향으로부터 멀리 있음을 長江, 萬里이란 시어에서의 '長'과 '萬'자를 사용하여 나타내고 있고, 고향을 떠나있는 슬픔(悲)을 1구에서 "장강은 슬픔(悲)에 느릿느릿 흐르고"라고 하여 자신의 감정을 장강에 이입하고 있다. 이역인 蜀지방에서의 나그네 哀愁가 작품 속에 은은히 깃들여 있다. "장강은 슬픔에 가기(去) 싫어 느릿느릿 가고, 항상 만 리 먼 길 돌아갈(歸) 것을 생각한다."고 읊고 있는데, 시인은 이 쓸쓸한 가을의 촉 지방을 떠나 고향(원형)으로 돌아가고픈(歸) 것이다. 잠참(岑參)(717 - 770)의 〈구일사장안고원(九日[166]思長安故園)〉이란 시를 읽어보자.

억지로 높은 곳에 오르려고 하지만
술을 보내오는 사람이 없구나.
가련하다 저 멀리 고향의 국화는
응당 싸움터 옆에 피어 있겠지.

强欲登高[167]去 강욕등고거
無人送酒來 무인송주래
遙憐故園菊 요련고원국
應傍戰場開 응방전장개

---

165) 가을바람.

166) 음력 9월 9일 重陽節.

167) 중양절에 높은 곳에 올라 바람을 쐬는 풍습이 있었다.

重陽節 날 장안의 故園을 그리며 쓴 시로, 국화주 무르익는 고향으로 돌아가고픈(歸) 심정이 내용 속에 깊게 배어있다. 回鄕詩 계열로 하지장(賀知章, 659-744)의 〈회향우서(回鄕偶書)〉란 작품 중 그 첫 수를 읽어 보자.

어려서 집을 떠나 늙어서 돌아오니
고향 사투리는 변함없으나 귀밑머리 다 빠졌네.
아이들 나를 보고 알아보지 못하고
"손님은 어디서 오셨나요?"라고 웃으며 묻네.

少小離家老大回　소소이가노대회
鄕音[168]無改鬢毛衰　향음무개빈모쇠
兒童相見不相識　아동상견불상식
笑問客從何處來　소문객종하처래

〈어린이 중국어 중국 고시에 하지장의 〈회향우서〉를 내용으로 하여 그린 그림〉

오랫동안 외지에 살다가 고향에 돌아온 시인의 감회를 읊은 시이다. 고향에 돌아왔으나(歸) 너무 세월이 흘러 고향 아이들이 자신을 알

168) 고향 사투리.

아보지 못하는 감회를 담담하게 읊고 있다. 늙어서 고향에 돌아와(歸) 고향 아이들이 몰라봐도 고향 사투리는 변함없어 마냥 즐거운 정서가 짙게 깔려 있다 하겠다.

명나라 원개(袁凱)의 〈경사득가서(京師[169]得家書)〉를 읽어보자.

강물 삼천리 떨어진 곳
집에서 온 편지는 겨우 15 줄
행마다 별다른 말 없고
단지 고향으로 빨리 돌아오라는 말 뿐

江水三千里　강수삼천리
家書[170]十五行　가서십오행
行行無別語[171]　행행무별어
只道早還鄕　지도조환향

집에서 온 편지 속에 "단지 고향으로 빨리 돌아오라(歸)."는 말만 적혀 있다고 하며 시인은 고향으로 돌아가고(歸) 싶어 한다.

고향을 그리워하며 항상 그 고향으로 돌아가고(歸) 싶다고 읊은 思鄕詩와 다른 서구의 여행시로 W. B. Yeats의 〈Sailing to Byzantium 비잔티움 항행〉을 절록하여 읽어보자.

그것은 늙은이의 나라가 아니다. 젊은이는 서로 품 안에서, 새들은 나무에서,
스스로 죽어가는 세대건만, 노래를 부르고 있고, 연어 뛰어오르는 폭포며, 청어 우글거리는 바다며

169) 서울. 여기서는 지금의 南京인 金陵을 가리킴.

170) 집에서 온 편지.

171) 다른 말.

어류며 동물이며, 鳥禽이며 온 여름 동안 온갖 배에서 낳고 죽는 것을 찬미한다.
관능의 음악에 서로 잡혀 모두가 늙지 않는 예지의 업적엔 등한시 한다.

That is no country for old men. The young. In one another's arms, birds in the trees,
- Those dying generations - at their songs, The salmon - falls, the mackerel - crowded seas,
Fish, flesh, or fowl, commend all summer long. Whatever is begotten, born, and dies.
Caught in that sensual music all neglect Monuments of unageing intellect

늙은 사람은 단지 하찮은 물건. 허수아비 막대에 걸친 헌 옷자락일 뿐,
영혼은 손뼉치고 노래하고, 이내 없어질 옷자락의 조각조각을
더 소리 높여 노래하고, 또한 영혼 스스로의 웅장한 업적의 탐구가 없었다면,
거기에 노래를 배우는 학교란 없다. 그러기에 나는 바다를 건너 성스러운 도시 비잔티움에 왔나니.

An aged man is but a paltry thing, A tattered coat upon a stick, unless
Soul clap its hands and sing, and louder sing. For every tatter in its mortal dress
Nor is there singing school but studying. Monuments of its own magnificence;
And therefore I have sailed the seas and come. To the holy city of Byzantium

시인 자신이 고향을 떠나(去) 바다를 건너 성스러운 도시 비쟌티움에 여행 온 이유를 설명하고 있다.

서구시에 고향을 그리워하고 돌아가고(歸) 싶다고 읊은 思鄕詩·回鄕詩 부류가 없는 것은 아니지만, 그 양은 한시의 그것에 비교가 되지

않을 정도로 적다. 한시에서 고향(땅)으로 돌아가고(歸) 싶다고 읊은 사향시·회향시가 이렇게 많은 것은 수천 년 동안 고향(땅)에서 농사를 지으며 평생을 살아온 농경민족이어서, 고향(땅)을 떠나 객지에서 나그네 생활한다는 것을 항상 chaos(불완전한) 상태라 여겼기 때문이라 생각된다.

8. 〈邊塞詩〉

邊塞詩는 행역으로 인해 변방으로 끌려가 다시 고향(원형)으로 돌아갈(歸) 수 없다는 비애감을, 변방의 황량한 자연 경물에 대비시켜 읊고 있다. 왕지환(王之渙)의 〈양주사(涼州詞[172])〉를 읽어보자.

황하 아득히 흰 구름 사이로 흘러가는데
높고 험준한 산 위에 외로운 성 하나.
오랑캐 피리는 어쩌자고 〈절양류〉 곡만 불어대는가?
봄바람은 옥문관을 넘어오지도 못하는 것을.

黃河遠上白雲間　황하원상백운간
一片孤城[173]萬仞山　일편고성만인산
羌笛何須怨楊柳[174]　강적하수원양류
春風不渡玉門關[175]　춘풍부도옥문관

---

172) 樂府의 곡명. 涼州는 지금의 감숙성 武威縣에 있는 지명인데, 《文苑英華》에는 이 작품이 〈出塞〉으로 되어 있음.

173) 옥문관을 뜻함.

174) 北朝의 악부. 鼓角橫吹曲 가운데 〈折楊柳枝〉가 있는데, 가사와 가락이 애절하여 이별곡으로 흔히 불렀음.

175) 감숙성 敦煌縣 서쪽에 있는 관문으로 서역으로 가는 요충지임.

결구에서 봄바람은 옥문관(玉門關)을 넘어오지도 못한다고 하여, 황량한 변방 지방에서의 시인의 고독과 애수를 읊조리고 있다. 고향을 떠나(去) 변방 지방으로 행역을 가서 생활한다는 것은 항상 chaos(불완전한) 상태라는 것이 이 시에 짙게 깔려있다. 변새에서의 風情을 읊은 유개(柳開: 946 - 999)의 〈새상(塞上)〉을 읽어보자.

화살촉이 소리내어 울면서 곧장 천 자 높이로 올라가니
하늘 고요하고 바람도 없어 소리 더욱 날카롭네.
파란 눈의 오랑캐들 3백의 기병이
모두 말고삐 잡아당기며 구름을 바라보네.

鳴骹[176]直上一千尺 명교직상일천척
天靜無風聲更乾 천정무풍성갱건
碧眼胡兒三百騎 벽안호아삼백기
盡提[177]金勒[178]向雲看 진제금륵향운간

이 시는 변방지방의 쓸쓸한 風情을 그려낸 명시로 알려져 있다. 한시에 변방 초원지역을 아름답게 그려낸 작품은 거의 없다. "푸른 초장 위에 말은 물마시고 흰 구름 떠가는 아름다운 이 곳에서 나는 님과 함께 더불어 살고지고." 같은 시구는 한시에서 발견하기 어려운 것이다. 중국인 그들은 항상 세계의 중심에 있는 나라로 여긴 농경문화지역인 중국에서 살고 싶어 했고 또한 그 곳으로 돌아가고(歸) 싶어 했다. 변방 초원문화지역이란 살 곳이 못 되는 쓸쓸하고 황량한 지역이라고 여긴 것이다. 그 곳을 벗어나 농경지역 중국으로 돌아가고픈(歸) 것이

176) 화살촉이 소리 내어 우는 것. 骹는 嗃, 즉 화살촉.

177) 모두가 잡아당기다.

178) 말의 금 재갈.

다. 또 다른 변새시로 왕창령의 〈종군행(從軍行)〉이란 시를 읽어 보자. 한시에는 종군행이란 제명의 시가 굉장히 많다.

봉화성 서쪽 백척의 누각,
황혼에 홀로 앉으니 청해호 바람 가을이로다.
게다가 오랑캐의 피리 소리 〈관산월〉을 불거니
만리 밖 고향집에 대한 상념을 어찌 할 수 없구나.

烽火城西百尺樓 봉화성서백척루
黃昏獨坐海風秋 황혼독좌해풍추
更吹羌笛關山月 경취강적관산월
無那金閨萬里愁 무나김규만리수

쓸쓸하고 황량한 변방지방에서 오랑캐가 부는 〈관산월〉 피리소리를 들으니 고향 생각이 절로 난다. 언제 이 전쟁 마치고 다시 고향으로 돌아갈(歸) 수 있을지 정말 아득한 것이다.

또 다른 변새시 잠참(岑參)의 〈적중작(磧[179]中作)〉이란 시를 읽어보자.

〈황량한 변새지방의 풍경을 그린 그림〉

179) 모래벌판. 사막.

말 달려 서쪽으로 하늘 끝에 왔는가?
집 떠나 둥근 달을 두 번 보았다네.
오늘 밤은 또 어디에서 쉬어야 하나?
만 리 드넓은 사막에는 밥 짓는 연기도 보이지 않네.

走馬西來欲到天 주마서래욕도천
辭家見月兩回圓 사가견월양회원
今夜不知何處宿 금야부지하처숙
平沙萬里絶人煙 평사만리절인연

시인이 서역 변방으로 가는 도중의 경치를 읊은 작품이다. 변새의 황량함 그리고 시인 자신의 외로움을 읊조리고 있다. "오늘밤은 또 어디에서 쉬어야 하나? 만 리 드넓은 사막에는 밥 짓는 연기도 보이지 않네."라고 하며, 영원한 안식처인 고향으로 되돌아가고(歸) 싶은 심정을 간접적으로 나타내고 있다. 또 변새시 계열로 이익(李益)(748 - 827)의 〈야상수항성문적(夜上受降城[180]聞笛)〉이란 시를 읽어보자.

회악봉(回樂峯) 앞 모래는 눈 같고,
수항성(受降城) 밖 달빛은 서리 같구나.
어디서 갈잎 피리 부는지 알지 못하는데,
하룻밤 원정 온 병사들 모두 고향 하늘 바라보네.

回樂峯[181]前沙似雪 회악봉전사사설
受降城外月如霜 수항성외월여상
不知何處吹蘆管[182] 부지하처취로관

180) 당나라 때 이민족의 침입을 막기 위해 지금의 내몽고 지역에 中·東·西의 3성을 쌓았는데, 이 수항성은 어느 성을 가리키는지 불확실함.

181) 지금의 감숙성 靈武의 산봉우리를 말함.

182) 갈대 피리라는 뜻으로 고대 서역 악기인 蘆笛을 말함.

一夜征人盡望鄕　　일야정인진망향

서역의 황량한 사막지역에서 오랑캐와 전쟁하러온 병사들이 그 황량한 변방의 경치를 대하면서 모두 고향 하늘을 바라본다고 하여 항상 고향으로 돌아가고(歸) 싶어 하고 또한 그 고향을 그리워하고(思) 있는 심정을 잘 묘사하고 있다. 황량하고 쓸쓸한 변방지방의 경물에 비추어 자신의 서글픈 상황과 심정을 잘 읊조리고 있다. 왕창령(王昌齡)(692? - 757)의 〈출새(出塞)〉이란 시를 읽어보자.

진나라 때도 비치던 밝은 달, 한나라 때도 있던 관문
만 리 밖 싸움 나간 병사 아직 돌아오지 못했지.
그러나 용성의 비장군만 있었다면야
오랑캐 군대 음산(陰山)을 넘지 못하게 했을 것을.

秦時明月漢時關　　진시명월한시관
萬里長征人未還　　만리장정인미환
但使龍城飛將[183]在　　단사용성비장재
不敎胡馬度陰山[184]　　부교호마도음산

樂府舊題의 시제를 빌어 사용한 이 시는 변경을 지키려고 원정 간 병사들의 恨을 생각하며 나라를 걱정하는 시인의 마음을 잘 노래하고 있다. 용성의 비장군이 있어 오랑캐 군대가 음산(陰山)을 넘지 못하게 했다면 변방 간 군사들이 모두 고향으로 돌아갈(歸) 수 있었을 텐데 하는 아쉬움이 짙게 깔려 있다. "만 리 밖 싸움 나간 병사 아직 돌아오지

183) 李廣으로 漢나라 때 右北平太守로 흉노를 격파해 흉노인들은 그를 두려워하여 飛將軍이라 불렀다 함.

184) 지금 내몽고 경내 있는 산맥으로 북방 유목민들의 침입을 막는 병풍 역할을 하였음.

못했지."라고 하여, 병사들이 죽어 고향으로 돌아가지(歸) 못한 슬픔을 노래하고 있는 것이다.

〈서역으로 나가는 관문인 황량한 옥문관의 모습. 지금은 거의 허물어져 형태만 남아 있다.〉

여기에서 보듯이 중국인 그들은 故鄕(원형)을 떠나는(去) 것을 언제나 chaos(불완전) 상태에 빠지는 것이라고 생각하고 있으며, 그래서 그들은 나그네 생활에서 느끼는 애수나 비애감 그리고 변방에서의 고독과 쓸쓸함을 읊고 있다. 또한 그 chaos 상태에서 벗어나 故鄕(원형)으로 돌아가고자(歸) 하고 있다. 중심(原型)에서 벗어난다(나그네 생활이나 변방에서의 생활 같은 것)는 것은 언제나 chaos 상태라고 여기고 있는 것이다. 그래서 그들은 언제든지 그가 태어나고 살아온 고향(원형)으로 돌아가고(歸) 싶어 한다. 이는 한시가 그 얼마나 求心的인 성격을 강하게 가지는 가를 여실히 알 수 있게 해 준다. 한시에 개척시나 여행시·행진시·항해시가 없는 근본적인 이유는, 농경민족 중국인들의 원형회귀적인(고향으로 돌아가고 싶은) 심성으로 말미암아 이런 去的인 시(개척시·여행시·행진시·항해시)를 읊지 못하게 한 것이 아닌가 한다.

그러나 행역시·변새시 계열로 강렬한 애국심, 출정군의 위용, 난국을 극복하려는 사나이의 기개 등을 그려 '去'적인 분위기가 풍기는 작품이 약간 있으나, 이런 작품들은 극소수이고 항상 변방의 생활을 청산하고 고향(원형)으로 돌아가기(歸)를 바라는 작품들이 대부분이다. 용기를 복 돋우는 출전가적 냄새가 강하게 풍기는 작품으로 양형(楊炯)(650 - 693?)의 〈종군행(從軍行[185])〉을 읽어보자.

장안에 봉화 비추이니
마음이 편치 않도다.
출정군이 궁성을 떠나
기병들이 적의 요새지를 에워쌌다.
어두운 구름에 군대 깃발 그림 흐릿해 보이고
쌩쌩 부는 바람 속에 북소리 섞여있다.
차라리 하급 지휘관이 되는 것이
일개 書生보다 나으리라!

烽火照西京[186]	봉화조서경
心中自不平	심중자불평
牙璋[187]辭鳳闕[188]	아장사봉궐
鐵騎繞龍城[189]	철기요용성

185) 옛날부터 樂府의 제목으로 많이 쓰였다. 대개는 강제로 전쟁에 동원되어 가족과 이별하고 싸움터로 나가는 사람의 쓰라림을 묘사하고 있으나, 이 작품에서처럼 나라를 위하여 싸움터로 나가는 사나이의 기개를 읊은 작품도 있다. '行'은 노래라는 뜻.

186) 장안을 이름. 낙양을 東京이라 하였음.

187) 황제의 명으로 군대를 출동시킨다는 것을 증명하는 신표. 상아 같은 재질로 요철모양으로 만들어 황제와 장군이 각각 나누어 가지고 있는데,. 여기서는 출정군 사령관을 뜻함.

188) 한나라 무제 때 세운 建章宮 궁문 위에 金鳳 장식이 있어 그 후 '鳳闕'은 황궁을 뜻하는 것으로 통용되었다.

189) 흉노 부족의 거점. 적군의 군사 요충지의 뜻으로 통용된다.

雲暗凋旗畵[190] 운암조기화
風多雜鼓聲 풍다잡고성
寧爲百夫長[191] 녕위백부장
勝作一書生 승작일서생

〈종군행(從軍行)〉은 옛날 악부의 제목으로 많이 사용하였는데, 대개는 강제로 전쟁에 동원되어 가족과 이별하고 싸움터에 나가는 이의 쓰라림을 묘사하고 있으나, 이 시에서는 오히려 나라를 위하여 싸움에 자원하여 참가하는 군인의 기개를 읊은 특이한 작품이다. 결구에 "차라리 하급 지휘관이 되는 것이 일개 書生보다 나으리라!"라고 하고 있다. 서역 유목문화(去문화)의 영향을 받아 지어진 것으로 보인다. 그러나 한시에서 이런 작품은 극소수이다. 또한 한시에는 변방 초원에서의 말달리는 장쾌함이나 양떼들이 노니는 초원의 목가적인 풍경을 읊은 작품은 거의 없다. 농경민족 중국인 그들은 항상 변방 초원지역을 벗어나 농경문화 지역으로 돌아오고(歸) 싶은 것이다.

〈한시에는 변방 초원에서 말달리는 장쾌함을 읊은 시나 목가적인 풍경을 읊은 시는 없다.〉

190) 軍旗에 그려진 모양.

191) 100명 군졸을 거느린 하급 지휘관.

중국의 변새시 계열의 작품과는 다른 느낌의 시로 R.Eberhart의 〈Go to the shine that`s on a tree 나무에게 비치는 빛으로 가라〉라는 시를 읽어 그 느낌과 풍격을 비교해 보자.

> 나무에게 비치는 빛으로 가라. 새벽이 투명한 빛을 가지고 밝을 때.
> 빛나는 빛으로 밤의 나무를 비추고, 그리고 놀라지 않고 그 영광을 가져라.
>
> Go to the shine that`s on a tree, When dawn has laved with liquid light
> With luminous light the nighted tree, And take that glory without fright.
>
> 새의 노래 소리로 가라. 그가 빛나는 나무를 보았을 때.
> 새소리가 들려진 그 영광스러운 나무에게, 그 경사스러움에 찬양하라.
>
> Go to the song that`s in a bird. When he has seen the glistening tree,
> That glorious tree the bird has heard, Give praise for its felicity.
>
> 그리고 땅으로 가서 그것을 세게 만지라. 나무 그리고 새가 되라, 넓게 보아라.
> 보이지 않는 빛과 공중에서 들리지 않는 노래를, 열광적으로 인식하라.
>
> Then go to the earth and touch it keen, Be tree and bird, be wide aware.
> Be wild aware of light unseen, And unheard song along the air.

행역의 고통을 슬피 읊고 또한 그런 삶을 청산하고 님을 그리고 고향을 그리며(思) 그에게로 돌아가고(歸) 싶다고 읊은 중국의 행역시·변새시와는 그 느낌과 풍격이 판연히 다르다. 나무에게 비치는 빛으로, 새의 노래 소리로, 그리고 땅으로 가라(去)고 하며, 또한 나무가 되고 새가 되어 그런 것들을 열광적으로 가서 보고 만지고 또한 인식하라고 하고 있다.

9. 〈詠史詩〉·〈詠懷詩〉·〈詠古詩〉·〈懷古詩〉

이런 부류들의 시들은 모두 과거에 대한 회상과 그리움을 그 주제로 한 시로, 언제나 Utopia 상태(황금시대)라고 모호하게 인식되어진 과거(원형)로 되돌아가고자(歸)하는 중국인들의 의식이 낳은 시들이다. 이는 유가 복고주의와 깊은 관련성을 가지는 것으로, 중국인 그들은 항상 모호하게 과거의 황금시대(원형)로 되돌아가고자(歸) 하는 의식을 가지고 있다. 시간을 흘러가게(去) 하고 싶지 않고, 심지어 시간이 흘러갔다(去) 할지라도 그 시간을 거슬러 되돌아가고(歸) 싶어 한다. 이백의 〈왕소군(王昭君[192])〉을 읽어보자.

〈한 원제의 후궁이었다가 흉노로 시집간 왕소군. 그녀는 중국 4대 미인 중의 한명으로 서시 양귀비와 더불어 그녀를 그리워하며 읊은 한 시가 많다.〉

왕소군은 옥안장을 떨치고,
말에 올라 울어 뺨까지 붉어졌구나.
오늘은 漢나라 궁녀이나,
내일이면 오랑캐 땅의 첩이 되겠지.

昭君拂玉鞍　소군불옥안
上馬啼紅頰　상마제홍협
今日漢宮人　금일한궁인
明日胡地妾　명일호지첩

"오늘은 한나라 궁녀이나, 내일이면 오랑캐 땅의 첩이 되겠지."라는 구절은 내일이 되기 싫다, 즉 시간을 흐르게 하고(去) 싶지 않다는 욕망이 들어있다. 과거란 항상 현재보다 낫고, 또한 현재는 미

192) 前漢 元帝를 모시든 궁녀인 王嬙.

래보다 나은 것이라고 중국인들은 인식하고 있는 것이다 시간이 흘러 간다는(去) 것은 chaos 상태로 가는 것이다. 시간을 거슬러(歸) 가능하면 과거(원형)로 돌아가고(歸) 싶은 것이다. 중국인 그들이 그 얼마나 과거지향적인 사고를 하고 있는가를 알 수 있다.

두보의 〈촉상(蜀相[193])〉은 촉의 승상이었던 제갈량을 회상하며 읊은 전형적인 영사시이다.

승상의 사당을 어디에서 찾을까?
금관성 밖 백나무 우거진 곳이지.
섬돌 햇빛 아래 푸른풀은 봄빛을 스스로 드러내고 있고
나뭇잎 사이 꾀꼬리는 부질없이 고운 소리로 우네.
세 번이나 찾아와 천하의 큰일을 논하니
두 왕조 섬기며 나라 위해 늙은 신하의 마음 바쳤네.
출정하여 승리하기 전에 자신이 먼저 죽으니
길이 후세 영웅들로 하여금 눈물로 옷깃 적시게 하네.

丞相祠堂何處尋　승상사당하처심
錦官城[194]外柏森森[195]　금관성외백삼삼
영階碧草自春色　영계벽초자춘색
隔葉黃鸝[196]空好音　격엽황리공호음
三顧頻煩[197]天下計　삼고빈번천하계
兩朝開濟[198]老臣心　양조개제노신심

193) 촉나라 승상 제갈량.

194) 본시 成都 남쪽의 작은 성을 의미하나, 成都 전체를 가리키는 말이 되었다.

195) 매우 우거진 모양.

196) 꾀꼬리.

197) 자주, 여러 번.

198) 나라를 열고 다스리는 것.

出師未捷[199]身先死　　출사미첩신선사
長使英雄淚滿襟[200]　　장사영웅누만금

북벌로 천하대업을 이루지 못하고 오장원(五丈原)에서 죽은 제갈량을 두보가 애달아하며 읊은 영사시이다. 과거를 회상하여 읊은 시로 왕발(王勃)의 〈등왕각(滕王閣)〉을 읽어보자.

등왕(滕王)의 높은 누각은 강에 닿아 있고,
패옥과 울리는 방울소리에 가무를 그치는 도다.
그림같은 기둥 아침에 남쪽 포구의 구름 속으로 날아들고,
주렴이 저녁에 걷히고 서산에 비가 오는 도다.
한가한 구름 연못에 그늘 지우는데 날은 유유하고,
만물이 바뀌고 별이 이동함이 그 몇 번이던가?
누각 속의 등왕(滕王)은 지금은 어디에 있는가?
난간 밖의 장강은 헛되이 스스로 흐르기만 하는구나.

滕王高閣臨江渚　　등왕고각임강저
佩玉鳴鸞罷歌舞　　패옥명란파가무
畫棟朝飛南浦[201]雲　　화동조비남포운
珠簾暮捲西山[202]雨　　주렴모권서산우
閑雲潭影日悠悠　　한운담영일유유
物換星移幾度秋　　물환성이기도추
閣中帝子今何在　　각중제자금하재
欄外長江空自流　　난외장강공자류

199) 제갈량이 建興 12년(234) 군사를 이끌고 魏나라 司馬懿와 싸우다가 결국 五丈原에서 죽은 것을 말한다.

200) 옷깃을 가득 채우다.

201) 南昌郡 驛亭 근처에 있는 지명.

202) 南昌郡 서쪽 30리에 있는 산.

이 작품은 왕발이 등왕각(滕王閣)에 올라 과거의 인물인 등왕(滕王)을 회상(歸)하며 읊은 시이다. "누각 속의 滕王은 지금은 어디에 있는가? 난간 밖의 장강은 헛되이 스스로 흐르기만 하는구나."라고 하여, 滕王이란 사람은 죽어 없어졌지만 장강은 헛되어 흐르기만 한다고 하고 있다. 인생무상이 느껴진다. 진자앙(陳子昂)의 〈연소왕(燕昭王)〉이란 시를 읽어보자.

남쪽 갈석관에 올라
멀리 황금대를 바라보았네.
구릉엔 교목이 가득한데
소왕은 어디 계신가?
천하의 패권을 잡으려는 꿈이 슬프게도 끝나
나는야 말 몰고 돌아왔다네.

南登碣石館[203] 남등갈석관
遙望黃金臺[204] 요망황금대
丘陵盡喬木 구릉진교목
昭王安在哉 소왕안재재
霸圖悵已矣 패도창이의
驅馬復歸來 구마복귀래

이 시는 〈계구람고증노거사장용시(薊丘覽古贈盧居士藏用詩)〉 7수 중 한 수이다. 계구(薊丘)는 계문(薊門)으로 전국시대 연나라 수도였던 곳인데, 시인은 무수의(武攸宜)를 따라 거란을 정복하러 갔을 때 자신을 선봉에 세워줄 것을 청했으나 武攸宜가 듣지 않자 실의에 빠져 있던

203) 연 소왕이 鄒衍을 위해서 지은 碣石宮으로 유적지는 지금의 북경시 남쪽에 있음.

204) 연 소왕이 易水 동남쪽 80리 되는 곳에 지은 누대로, 누대 위에 千金을 두고 천하의 賢士들을 초빙했다고 함.

차에 이 薊丘를 지나다가 연나라 소왕 때의 일을 회고(歸)하며 읊었다 한다. 시인은 연나라 소왕이 인재를 예로써 대우한 일을 회고(歸)하면서, 자신은 현재 武攸宜에게 재주를 인정받지 못하여 포부를 펼칠 수 없는 것을 탄식하며 지었다. 맹호연(孟浩然)의 〈여제자등현산(與諸子登峴山[205])〉이란 시를 읽어보자.

사람의 일은 바뀌고 바뀌기 마련
지난 일은 과거요 새로 오는 것은 지금.
강산에 명승고적 남아 있어
우리들은 다시 오르네.
물 빠져 어량주의 수위 낮아지고
날씨 차가우니 몽택(夢澤)이 깊어 보이네.
양공 추모비는 아직도 남아 있어
다 읽고 나니 눈물이 옷깃을 적시네.

人事有代謝　인사유대사
往來成古今　왕래성고금
江山留勝迹　강산류승적
我輩復登臨　아배복등림
水落魚梁[206]淺 수락어량천
天寒夢澤[207]深 천한몽택심
羊公碑[208]尙在 양공비상재
讀罷淚沾襟　독파루첨금

205) 지금의 호북성 襄樊市에 있는 산 이름.

206) 襄陽 鹿門山 부근에 沔水 중간에 있는 모래섬 이름.

207) 습지 이름으로 지금의 동정호 북쪽 기슭 일대에 해당함.

208) 羊公은 晉 武帝 때의 羊祜인데, 그가 죽은 후 襄陽의 백성들이 그가 평소 유람하던 峴山에 그를 위한 비석과 묘당을 지어 해마다 제사를 올렸다 한다. 그 비석을 보는 자 눈물을 흘리지 않은 자가 없어, 이에 羊公碑 그것을 墮淚碑라고도 이름하였다고 함.

현산(峴山)에 올라 양공의 추모비를 보고 晉 武帝 때의 양공의 일을 회상하며(歸) 읊은 전형적인 懷古詩이다. 그 어진 양공도 지금은 이미 죽어 추모비만 남아 있는 것이다. "양공 추모비는 아직도 남아 있어, 다 읽고 나니 눈물이 옷깃을 적시네."라고 하여, 시 속에 기탁된 감개가 더 없이 처량한데, 시공 속에 존재하다 덧없이 소멸하는 인간사의 무상함을 잘 표현하고 있다. 영회시 계열로 완적의 〈영회시〉 82수 중 그 첫 수를 읽어보자.

밤중에 잠 이룰 수 없어
일어나 앉아 거문고를 켠다.
얇은 휘장으로 밝은 달빛 비추오고
맑은 바람 내 옷깃에 부는구나.
외로운 기러기 바깥들에서 울고
북쪽 숲에서 기러기 우는구나.
배회하며 장차 무엇을 보고자 하나,
근심스러운 생각에 홀로 마음 상하는 도다.

夜中不能寐　야중부능매
起坐彈鳴琴　기좌탄명금
薄帷[209]鑑明月　박유감명월
淸風吹我襟　청풍취아금
孤鴻號外野　고홍호외야
朔鳥[210]鳴北林　삭조명북림
徘徊將何見　배회장하견
憂思獨傷心　우사독상심

〈영회시 첫 수인 '밤중에 잠 못 이루어'(夜中不能寐)란 시를 읊으며 거문고를 뜯는 완적의 모습. 그는 죽림칠현 중의 한 명이다.〉

時勢를 느낀 시인의 고독과 시름을 노래하고 있다. 위진 교체기에

209) 얇은 휘장.

210) 북국의 새들.

시인은 그 당시 시대 상황에 대한 울분의 심정을 시로 읊조려낸 것이 바로 영회시이다.

두보(杜甫)의 〈팔진도(八陣圖)〉는 詠史詩 계열의 작품이다.

공적은 삼국을 덮고
명성은 八陣圖로 이루어졌다.
강물은 흘러가도 돌은 구르지 않지만
오나라를 삼키려던 실책에 한을 남겼도다.

功蓋[211]三分國[212] 공개삼분국
名成八陣圖 명성팔진도
江流石不轉[213] 강류석부전
遺恨失呑吳 유한실탄오

팔진도는 삼국시대 제갈량이 사용한 진법으로, 지금의 사천성 봉절현(奉節縣) 서남쪽에 남아 있는 팔진도의 유적지를 보고 과거에 제갈량이 오나라를 평정하지 못한 역사적 일을 회고(歸)하며 읊은 시이다. 왕창령(王昌齡)의 〈양원(梁苑)〉이란 시를 읽어보자.

양원의 가을 대나무엔 예전 그 안개
성 밖 바람 서글픈데 날은 저물려 하는구나.
만승의 깃발 지금 어디에 있는가?
평대의 손님을 누가 있어 아껴 주리오.

梁苑[214]秋竹古時烟 양원추죽고시연

211) 압도하다는 의미.

212) 위 오 촉 3나라.

213) 팔진도를 쌓을 때 사용했던 돌이 아직도 굴러가지 않고 남아 있다는 뜻.

214) 양원은 지금의 하남성 商丘城 동쪽에 있음.

城外風悲欲暮天　성외풍비욕모천
萬乘旌旗何處在　만승정기하처재
平臺[215]賓客有誰憐　평대빈객유수련

양원은 漢 梁孝王 유무(劉武)가 지어 사마상여(司馬相如), 매승(枚乘), 추양(鄒陽) 등 문사를 上客으로 초대해 잔치를 벌이고 완상하던 정원이다. 그러나 시인이 그 곳에 왔을 때 예전의 그 화려한 모습은 찾을 길이 없어, 과거를 회상하며(歸) 인생 무상함을 읊조린 전형적인 회고시이다. 화려하고 좋았던 과거와 황량한 지금을 대비하여 읊고 있다. "만승의 깃발 지금 어디에 있는가? 평대(平臺)의 손님을 누가 있어 아껴 주리오."라고 하여, 화려한 과거와 대비해 쓸쓸한 지금을 읊조리고 있는 것이다. 중국인들은 과거는 항상 화려하고 좋았고 지금은 나쁘다는 식의 작품을 많이 지었는데, 이는 유가 복고주의(歸) 때문이 아닌가 한다. 이백의 〈월중람고(越中[216]覽古)〉란 시를 읽어보자.

월왕 구천이 오나라 격파하고 개선하니
병사들도 저마다 금의환향 하였다네.
봄날 꽃다운 궁녀들로 붐비는 궁전
지금은 황량하여 자고새만 나는구나.

越王勾踐破吳歸　월왕구천파오귀
戰士還家盡錦衣　전사환가진금의
宮女如花滿春殿　궁녀여화만춘전
只今惟有鷓鴣[217]歸　지금유유자고귀

---

215) 하남성 商丘縣 동북쪽에 있는데, 魯 襄公 17년에 宋의 皇國父가 지었다고 함. 한 양효왕이 사마상여 매승 추연과 평대에서 놀았다고 하며, 남조 宋의 謝惠連이 여기에서 雲賦를 지어 雲臺라고도 하고 修竹園이라고도 하였다 함.

216) 전국시대 월나라 수도 會稽를 가리키는 것으로, 지금의 절강성 紹興市임.

과거 월왕 구천 때의 그 화려하던 곳이 지금은 황량하기 그지없다고 하며 과거를 회상(歸)하며 읊은 시이다. “(과거) 봄날 꽃다운 궁녀들로 붐비는 궁전, 지금은 황량하여 자고새만 나는구나.”라고 하여, 과거와 대비해 현재의 황량한 모습을 읊고 있다. 과거 시절은 좋았고 현재는 나쁘다는 식으로 비교하여 읊은 것이 회고시의 전형인데, 이는 모호하게 유토피아 상태로 인식된 과거로 돌아가고픈(歸) 유가 복고주의의 영향 때문이라 할 것이다. 영사시 계열로 두목(杜牧)의 〈적벽(赤壁[218])〉을 읽어보자.

부러진 창 모래밭에 묻혔으되 다 삭지 않아
깔끔히 닦아내니 옛 것임을 알겠네.
동풍이 주랑(周郎)편을 들어주지 않았던들
동작대 봄날에 이교(二喬)는 갇힌 신세 되었을 걸.

折戟沈沙鐵未鎖	절극침사철미쇄
自將磨洗認前朝	자장마세인전조
東風不與周郎便	동풍부여주랑편
銅雀[219]春深鎖二喬[220]	동작춘심쇄이교

---

217) 중국 남방에 서식하는 새 이름. 꿩의 일종임.

218) 지금의 호북성 蒲圻縣 長江 연안에 있는 암벽. 漢 憲帝 建安 13년(205년) 曹操는 荊州를 점령한 뒤 그 여세를 몰아 곧장 동쪽으로 나아가 吳나라를 치려 하였다. 이 때 오나라 장수 周瑜가 劉備의 군사와 연합하여 이곳에서 동남풍을 이용한 火攻策으로 조조의 백만 대군을 물리쳐 3국 정립의 새로운 국면을 조성하였다.

219) 건안 15년(207년) 조조가 세운 누대로, 지금의 하북성 臨漳縣 서쪽에 그 유적이 남아 있다.

220) 오나라 喬氏집의 두 미녀로, 큰 딸은 吳王 孫策에게 둘째 딸은 周瑜에게 각각 시집갔다고 함.

시인이 삼국시대 적벽대전이 일어난 곳을 돌아보며 그 때 일어난 일을 회상하며(歸) 읊은 전형적인 영사시이다. 중국의 많은 시인 묵객들이 이처럼 과거의 역사적 사건을 소재로 그것을 회상하며 인생의 무상함 혹은 세월의 덧없음을 읊었다. 그러나 이와 반대로 미래를 상상하거나(去) 혹은 미지를 탐구 개척하는(去) 마음으로 읊은 空想詩 혹은 개척시 등의 미래지향적인 시는 별로 없다.

〈〈諸葛武侯圖〉 천하통일을 꿈꾸다가 오장원에서 병사한 촉의 승상 제갈량을 그리워하며 읊은 후대 한시는 굉장히 많다.〉

왕안석이 楚霸王 항우(項羽)의 일을 회상하며 읊은 영사시로 〈오강정(烏江亭[221])〉이란 시를 읽어보자.

거듭되는 전투에 지쳐 장사는 구슬픈데,
중원에서 한 번 패해 세력 만회 어려웠다.
강동의 자제들 지금 있더라도,
어찌 군왕 위해 권토중래하겠는가?

百戰疲勞壯士[222]哀　백전피로장사애
中原一敗[223]勢難廻　중원일패세난회
江東子弟[224]今雖在　강동자제금수재

221) 秦나라 때 양자강을 건너는 주요 나루의 하나였던 烏江浦(지금의 안휘성 和縣 동북쪽 양자강 기슭에 있음)에 설치한 역참. '亭'은 10리마다 두었던 역참을 뜻하며, 그 우두머리를 亭長이라고 했다. '烏'는 검다는 뜻인데, 나루터 부근에 검은 흙이 많았기 때문에 붙여진 이름이라 한다.

222) 항우를 가리킨다.

223) 항우가 垓下(지금의 안휘성 靈壁縣)에서 유방에게 최종적을 패한 것을 말한다.

224) 항우가 처음 기병할 때 함께 했던 강동의 젊은이들. 江東은 양자강 하류의 南岸 일대를 가리킨다.

肯[225]爲君王卷土來　긍위군왕권토래

항우의 비장한 죽음에 대한 아쉬움은 여러 시인 묵객들에 의해 이렇게 영사시로 많이 읊어졌었다. 그러나 왕안석이 마지막 구에서 항우가 강동자제의 도움을 받아 다시 재기할 수 없다고 읊은 것은 항우가 이미 민심을 잃었다고 보기 때문인 것으로 보인다. 이처럼 과거의 중요한 사건에 대해 회상하며(歸) 읊은 시는 한시의 주 주제가 되고 있다. 이와 다른 과거 젊은 시절을 추억한 회고시 부류로 이상은(李商隱)의 〈금슬(錦瑟[226])〉이란 시를 읽어보자.

금슬은 무단히 50줄 있는데
한 줄 한 받침 기둥마다 화려했던 시절 생각하게 하네.
장자는 새벽꿈에 자신이 나비인가 어리둥절했고
蜀의 望帝는 여인 좋아했던 마음 두견새에 기탁했네.
푸른 바다에 달 밝을 때 鮫人이 눈물 흘려 진주가 되고,
藍田에 해 따스하면 옥돌에서 연기 피어오르네.
이러한 정들 어찌 추억이 될 수 있으랴
다만 옛날 일들은 아득하기만 한 것을

錦瑟無端五十絃　금슬무단오십현
一絃一柱思華年[227]　일현일주사화년
莊生曉夢未胡蝶　장생효몽미호접
望帝[228]春心[229]託杜鵑　망제춘심탁두견

225) 어찌 '豈'와 같은 뜻이다.

226) 아름다운 비단처럼 무늬가 그려져 있는 瑟.

227) 화려했던 젊은 시절.

228) 周나라 말엽 蜀의 임금 杜宇. 그는 사랑하는 여인을 그리다가 죽어 두견새가 되었다고 한다.

229) 사랑하는 이를 그리는 마음.

滄海月明珠有淚　　창해월명주유루
藍田日暖玉生煙　　남전일난옥생연
此情可[230]待成追憶　　차정가대성추억
只是當時[231]已茫然　　지시당시이망연

이 시는 금슬처럼 아름다운 젊은 시절을 회상하며 지은 시로 보인다. 이 시에 나오는 나비의 꿈, 그리움에 우는 두견새, 창해의 진주, 남전의 옥 등은 모두 젊은 시절의 아름다운 추억을 상징한 것이다. 그런 시절을 회상하며 돌아가고픈(歸) 것이다. 또 다른 회고시 부류로 유우석(劉禹錫)(772 - 842)의 〈오의항(烏衣巷[232])〉을 읽어보자.

주작교 언저리 野草에 꽃이 피고
오의항(烏衣巷) 어귀에 석양이 비쳐든다.
옛날에는 王씨 謝씨 귀족 집에 날아들던 제비
지금은 보통 백성 집에도 날아든다.

朱雀橋[233]邊野草花　주작교변야초화
烏衣巷口夕陽斜　　오의항구석양사
舊時王謝堂前燕[234]　구시왕사당전연
飛入尋常百姓[235]家　비입심상백성가

230) 어찌. 豈의 뜻.

231) 젊은 시절.

232) 金陵에 있던 거리의 이름. 晉나라 때 이 거리에 王씨나 謝씨 등 귀족들이 살았는데, 이들 귀족 자제들이 모두 검정색 옷을 입고 다녔기 때문에 거리 이름을 '오의항'이라고 한다.

233) 오의항에 있는 다리로 朱雀門과 마주하고 있다.

234) 晉나라 때 영화를 누리던 王導 謝安 등의 권문세가들의 호화로운 저택 뜰에 날아들던 제비.

235) 보통 백성.

늦은 봄 석양이 비치는 금릉(金陵) 古都의 거리에서 사라져간 옛날의 영화를 생각하며 무상함에 젖어 지은 일종의 회고시(歸)이다. 주작교와 오의항(烏衣巷)은 옛날에는 영화롭던 곳이었는데, 지금은 황폐하여 일반 백성들이 거주하는 거리로 변해 그 옛날 왕상귀족 집안에 날아들던 제비가 이제는 일반 백성 집에 날아든다고 하여 榮枯盛衰의 무상감을 느끼게 하고 있다. 옛날의 그 화려했던 지역이 이제는 황량하게 되었다고 읊고 있는 것이다. 이와는 반대로 옛날에는 황량했으나 지금은 화려하게 되었다 내지는 지금은 크게 성공했다는 식으로 읊는 한시는 거의 없다. 이는 유가 복고주의(歸)의 영향으로 항상 과거의 영화와 번성만을 읊고 또한 그것에 비해 현재에는 그 영화와 번성이 없어졌다든가, 혹은 한때를 풍미하던 영웅호걸이 지금은 어디에 있느냐 하여 거기에서 오는 인생무상과 세월의 무상함을 주로 읊는 것이 아닌가 한다. 이런 정서 아래 인걸은 간데없고 덤불만 무성하다는 식으로 읊은 한시는 부지기수이다.

서구의 D. H. Lawrence의 〈Piano 피아노〉 역시 회고시 계열의 시이지만, 그 풍격은 한시의 회고시와는 완전히 다르다. 피아노 소리를 들으며 과거 일요일 저녁의 어린 시절을 회상한 D. H. Lawrence의 〈Piano 피아노〉를 읽어보아, 한시의 그것과 비교해 보자.

> 부드러이 어둠 속에 한 여인이 내게 노래하고 있다; 나를 세월의 통로 아래로 데리고 가, 마침내 나는 본다.
> 진동하는 絃이 울리는 피아노 아래 앉아 노래하면서, 미소 띤 어머니의 작은 균형 잡힌 발을 누르고 있는 한 어린애를.
>
> Softly, in the dask, a woman is singing to me; Taking me back down the vista of years, till I see.
> A child sitting under the piano, in the boom of the tingling strings, And

pressing the small, poised feet of a mother who smiles as she sings.

나도 모르게 그 노래의 교묘한 熟達이 나를 지난 날로 드러내어, 내 마음은 운다.
바깥은 겨울, 아늑한 응접실엔 찬송가, 땅땅 치는 피아노가 우리 안내자였던, 그 옛날 고향의 일요일 저녁으로 돌아가고파.

In spite of myself, the insidious mastery of song, Betrays me back, till the heart of me weeps to belong.
To the old Sunday evenings at home, with winter outside, And hymns in the cozy parlor, the tinkling piano our guide.

그래서 지금 그 노래하는 여인이 큰 검은 피아노와 함께 정열적으로 요란하게 외쳐봤자 헛일, 어린 시절의
魔力이 내게 덮쳐, 내 成年은 추억의 홍수 속에 휩쓸리고, 나는 과거를 회상하며 어린애처럼 운다.

So now it is vain for the singer to burst into clamour, With the great black piano appassionato. The glamour.
Of childish days is upon me, my manhood is cast, Down in the flood of remembrance, I weep like a child for the past.

피아노 소리를 들으며 과거의 추억을 회상하며 어린애처럼 운다고 하고 있다. 한시의 회고시와는 그 풍기는 정서가 다름을 알 수 있다. 또 미래의 꿈과 희망을 노래한 서구시로 Jane Hirshfield의 〈A Psalm of Life 인생찬가〉라는 시를 읽어보아 중국 한시의 영회시 계열과 그 풍격이 어떻게 다른가를 느껴보자.

슬픈 시로 내게 말하지 마라.
인생은 단지 헛된 꿈일 뿐이라고!
잠자는 영혼은 죽은 것이고
만물은 외양의 모습 그대로가 아니니까.

Tell me not, in mournful numbers,
"Life is but an empty dream!"
For the soul is dead that slumbers,
And things are not what they seem.

인생은 진실이다! 인생은 진지하다!
무덤이 인생의 목표가 될 수 없다;
"너는 흙이나, 흙으로 돌아가라"
이 말은 영혼을 두고 한 말이 아니다.

Life is real! Life is earnest!
And the grave is not its goal;
"Dust thou art, to dust returnst,"
Was not spoken of the soul.

우리가 가야할 곳, 또한 가야할 길은
향락도 아니고, 슬픔도 아니다;
저마다의 내일이 오늘보다 낫도록
행동하는, 바로 그것이다.

Not enjoyment, and not sorrow,
Is our destined end or way;
But to act, that each to-morrow
Find us farther than to-day.

위 시를 보면 인생을 찬미하며, 내일이 오늘보다 낫도록 하는 것이 바로 인생이라고 하고 있다.

이 세상에서 중국의 한시에서처럼 이렇게 회고적인 시가 많이 지어진 나라도 별로 없는 듯한데, 이는 항상 Utopia 상태로 인식되어진 과거로 돌아가고(歸) 싶어 하는 유가 복고주의와 깊은 관련이 있는 것으로 여겨진다. 이 때문에 중국인들로 하여금 詠史詩·詠懷詩·詠古詩·懷古詩와 같은 많은 회고적인 시를 읊게 한 것이다. 그들은 시간을 거슬러 돌아가고(歸) 싶지, 시간의 흐름에 따라 미래로 가고(去) 싶지는 않은 것이다.

한시에 미래를 상상하여 읊은 미래지향적인 시나 상상력을 키우는 童詩가 별로 없는 것은, 24절기를 주기로 수천 년 동안 순환 회귀(歸)적인 삶을 살아온 농경민족이란 점과 더불어 유가 복고주의(歸)의 영향 때문인 듯하다. 다시 말해 농경민족인 중국인들의 원형 회귀적이고 과거지향적인 심성 때문인 듯하다. 그러나 이와 반대로 서구시에는 미래를 이야기하고 미래의 희망을 이야기한 시가 부기지수이다.

10. 〈感懷詩〉·〈感遇詩〉

한시 중에 감회시·감우시란 이름으로 지어진 작품이 적지 않다. 감회시·감우시란 시 작품의 주제로 붙여진 명칭이 아니고, 시인이 時事와 인생의 여러 문제에 부딪히며 일어난 자신의 感懷를 읊은 작품들이다. 그러므로 감회시·감우시란 이름으로 지어진 작품 속에는 다양한 주제를 읊고 있다. 진자앙이 완적(阮籍)의 영회시에 영향을 받아 〈감우시(感遇詩)〉 38수를 지었는데, 그 중 제 2수를 읽어보면;

> 난초와 두약이 봄 여름에 자랄 때
> 풍성한 모습 어찌 저리 푸르렀던가?
> 그윽하게 홀로 빈숲에서 빛나고
> 붉은 꽃잎 늘어져 자줏빛 줄기 덮었어라.
> 천천히 해는 저물고
> 천천히 가을바람 생기네.
> 한 해의 꽃 다 흔들려 떨어졌으니

꽃다운 마음 끝내 무엇을 이루겠는가?

蘭若生春夏　난약생춘하
芊蔚[236]何靑靑　천울하청청
幽獨空林色　유독공림색
朱蕤[237]冒紫莖　주유모자경
遲遲白日晩　지지백일만
嫋嫋[238]秋風生　뇨뇨추풍생
歲華盡搖落　세화진요락
芳意竟何成　방의경하성

시인이 난초와 두약이 봄 여름에는 무성하여 피었다가도, 가을바람 불면 떨어져 영락해 가는 것을 보고 그것에 감회를 느껴 읊은 시이다. 봄 여름에서 가을로 흘러가기(去) 싫다. 왜냐하면 가을이 되면 난초와 두약은 모두 시들어 떨어지기 때문이다. "한 해의 꽃 다 흔들려 떨어졌으니, 꽃다운 마음 끝내 무엇을 이루겠는가?"라고 하고 있다. 어떤 이는 이 시 속에서 시인 자신도 가을이 되면(시간이 흘러가면) 아름다운 이상을 실현할 수 없는 것을 비유한 것이라고 보기도 한다. 진자앙(陳子昂)의 또 다른 작품 〈등유주대가(登幽州臺[239]歌)〉를 읽어보자.

앞으론 옛 사람 볼 수가 없고
뒤로는 올 사람 볼 수가 없네.
천지의 무궁함을 생각하다가

236) 풀이 풍성한 모양.

237) 꽃잎에 늘어진 모양.

238) 추풍에 천천히 불기 시작하는 모양.

239) '燕臺'를 말하며 '薊北樓'라고도 불렀는데, 당나라 때 幽州에 속하였음으로 幽州臺라고도 하였다 함. 지금의 북경 서남쪽에 위치함.

홀로 슬픔에 젖어 눈물 흘린다.

前不見古人　　전부견고인
後不見來者　　후불견래자
念天地之悠悠　념천지지유유
獨愴然而涕下　독창연이체하

이 시는 登高하여 느낀 감회를 읊은 것으로, 광막한 천지간에서 느낄 수밖에 없는 인간의 고독감을 잡언체로 노래하고 있다. 건안풍골이 느껴지고 있다.

〈진자앙의 〈등유주대가〉처럼 한시에는 어떤 사물이나 사건을 접하고 그 느낌을 읊은 감회시 · 감우시가 적지 않다. 이는 자연의 미묘한 변화에도 굉장히 민감하게 반응하는 농경민족이었기 때문이 아닌가 한다.〉

장구령의 〈감우〉 12수 중 제4수는 시인이 큰 기러기와 비취새를 보고 거기에서 감회를 느껴 자신의 所懷를 읊은 작품이다.

외로운 큰 기러기 바다로부터 와
연못과 웅덩이를 감히 돌아보지도 않네.
옆으로 두 마리 비취새를 보니
三柱樹에 깃들어 있다.
흐뭇하게 진기한 나무에 (앉아 있지만)
탄환 맞을 두려움이 어찌 없으리.
고운 옷은 남의 손가락질 두렵고
뛰어난 재주 귀신이 싫어하는 법
나는 지금 아득히 멀리 (속세를 떠나) 노닐고자 하니
주살 따위 어찌 내 뒤를 따르리.

孤鴻[240]海上來　고홍해상래
池潢[241]不敢顧　지황불감고
側見雙翠鳥　측견쌍취조
巢在三珠樹[242]　소재삼주수
矯矯珍木巔　교교진목령
得無金丸懼　득무금환구
美服[243]患人指　미복환인지
高明逼神惡　고명핍신악
今我游冥冥　금아유명명
弋者[244]何所慕　익자하소모

큰 기러기와 비취새의 생태를 비교하여, 벼슬이나 하며 속세에 아등바등 얽매여 사는 비취새와 벼슬에 초연히 속세를 떠나 사는 시인 자신을 큰 기러기에 비유하여, 시인 자신의 고고함을 드러내고 있다. “고

240) 무리와 헤어진 외로운 큰 기러기로 여기서는 시인 자신을 뜻함.

241) 연못과 웅덩이.

242) 신화에 나오는 잎이 모두 구슬로 된 진기한 나무.

243) 높은 벼슬하여 잘 사는 것을 뜻함.

244) 주살로 새를 잡는 사냥꾼.

운 옷은 남의 손가락질 두렵고, 뛰어난 재주 귀신이 싫어하는 법"이니, "나는 지금 아득히 멀리 (속세를 떠나) 노닐고자 하니, 주살 따위 어찌 내 뒤를 따르리."라고 하여, 벼슬에 연연하지 말고 속세를 떠나 자연으로 돌아가(歸) 그 곳에 은거하여 고고하고 유유자적하게 살겠다고 하고 있다. 한시에는 이처럼 어떤 사물이나 사건을 접하고 그 느낌을 읊은 감회시·감우시가 적지 않다. 이는 자연의 미묘한 변화에도 굉장히 민감하게 반응하는 농경민족이였기 때문이 아닌가 한다.

11. 〈歎老詩〉·〈人生無常詩〉

한시에서처럼 늙음을 한탄한 시와 같이 시간의 흐름(去)이 주는 비애감을 읊조린 시, 그리고 시간을 거슬러(歸) 다시 젊은 시절(원형)로 되돌아갈(歸) 수 없다는데서 오는 슬픔을 읊조린 시가 이렇게 많은 것도 이 세상에 별로 없는 듯하다. 시간의 흐름(去)을 강물의 흐름(去)에 비유하여 많이 읊고 있으며, 자신의 늙음을 가을의 쇠락함에 비유하여 많이 읊고 있다. 오석기(吳錫騏)의 〈송춘(送春)〉 2首 중 그 첫 번째 시를 감상해보자.

落花와 나는 솜털이 안개 파도에 가득 찬 데,
九十春光 지나감이 베틀의 북과 같도다.
종적을 해마다 어디 가서 찾을 것인가?
가면 갈수록 백발이 많아지는 것을.

落花飛絮[245]滿煙波 낙화비서만연파

---

245) 버드나무의 솜털 같은 꽃이 날아다는 것

九十春光去如梭[246] 구십춘광거여사
蹤跡[247]年年何處覓 종적년년하처멱
一回白髮一回多 일회백발일회다

이 시에서는 봄이 빨리 지나가듯이 젊음(원형)도 지나가버리고, 늙음이 빨리 찾아온다는 안타까움을 읊조리고 있다. 시간의 흐름(去)이 주는 비애감이다. 중국인 그들은 왜 젊은 시절 그 젊음을 찬양한 시를 읊지 않고, 이처럼 항상 늙은 뒤에 다시 그 젊은 시절(원형)로 되돌아갈(歸) 수 없다는데서 오는 비애감과 인생무상을 읊조리는 것일까? 장구령(張九齡)의 〈조경견백발(照鏡見白髮)〉을 읽어보자.

옛날에는 청운의 뜻을 품고 있었지만,
우물쭈물하는 사이에 백발의 나이 되었구나.
누가 생각이나 했으랴, 거울 속에서
나와 내 그림자 서로 불쌍히 여기게 되리라고.

宿昔青雲[248]志 숙석청운지
蹉跎白髮年 차타백발년
誰知明鏡裏 수지명경리
形影自相憐 형영자상련

중국인들은 항상 이렇게 백발이 된 후에 그 인생을 슬퍼하고 있다. 항상 원형으로 돌아가고(歸) 싶어 하는 농경민족 중국인들의 기본적인 심성이 젊을 때 그 젊음을 찬양한 시를 짓지 못하게 하고 이렇게 나이가 든 후에 그 늙음을 후회하며 다시 젊은 시절(원형)로 되돌아갈(歸)

246) 북. 베틀에 있는 기구.

247) 발자취.

248) 높은 이상이나 벼슬을 비유.

수 없다는데서 오는 비애감을 읊조리게 만든 것이다. 남송시대 주자의 〈우성(偶成[249])〉을 읽어보자.

소년은 늙기 쉽고 학문은 이루기 어렵나니
짧은 시간도 가볍게 여기지 마라.
연못가 봄풀의 꿈이 채 깨기도 전에
섬돌 앞 오동잎은 이미 가을 소리로다.

少年易老學難成　소년이노학난성
一寸光陰不可輕　일촌광음불가경
未覺池塘春草夢　미각지당춘초몽
階前梧葉已秋聲　계전오엽이추성

인생은 덧없이 빨리 지나가니 젊을 때 열심히 공부하라는 교훈적인 시다. 이 시에서도 시간이 지나가는(去) 것을 두려워하고 있다. 또 이백의 〈추포가(秋浦[250]歌)〉를 읽어보자.

백발은 삼천장이나 되는데,
근심 때문에 저리 길게 자랐을까.
맑은 거울 속을 바라보지만,
어디서 가을 서리(백발) 얻었는지 알지 못하네.

白髮三千丈　백발삼천장
緣愁似箇[251]長　연수사개장
不知明鏡裏　부지명경리
何處得秋霜[252]　하처득추상

249) 뜻하지 않게 지어진 시란 뜻.

250) 이백이 귀양 갔던 곳의 지명. 秋浦歌는 모두 17수인데 이는 그 중의 제 15수.

251) '如此'의 속어적 표현.

252) 백발을 은유적으로 표현한 것임.

전형적인 歎老詩이다. 항상 원형으로 돌아가고픈(歸) 농경민족 중국인들의 기본적인 성향이 이렇게 늙은 후에 늙음을 한탄하고 또한 젊은 시절(원형)로 되돌아갈(歸) 갈 수 없다는 비애감을 읊게 한 것이다. 더구나 고향 떠난 객지에서 늙게 되면 그 비애감이 더욱 고조된다.

〈이백의 〈추포가〉를 상상하여 그림. 한시에는 이처럼 늙음을 한탄한 시나 인생무상을 읊은 시가 굉장히 많다.〉

또 다른 탄로시로 허혼(許渾)의 〈조추(早秋)〉를 읽어보자.

기나긴 밤 들려오는 琴瑟 맑은 소리
서녘 바람에 칡덩굴 뻗어가네.
사그라지는 반딧불에 이슬이 맺히고
때 이른 기러기는 은하수 저쪽으로 날아가네.
높다란 나무들 새벽녘 한결 빽빽하고
먼 산 갠 날엔 더욱 많아 보이네.
淮南王 劉安이 잎새 하나 지는 것 보고 놀랐거니와
이 몸 이 가을을 객지에서 또 이렇게 늙는구나.

遙夜[253]泛淸瑟　요야범청슬
西風生翠蘿[254]　서풍생취라
殘螢棲玉露　잔형서옥로
早雁拂金河[255]　조안불금하
高樹曉還密　고수효환밀
遠山晴更多　원산청경다
淮南一葉下　회남일엽하
自覺老烟波　자각노연파

누구 하나 돌봐줄 사람 없는 객지에서 늙게(去) 되면 더욱 서러운 것이 인지상정이다. 이 시는 그런 감정을 객지에서 초가을의 쓸쓸한 풍경과 대비시켜 시인 자신의 늙음에서 오는 비애감을 잘 묘사하고 있다.

인생무상시 계열로 소식(蘇軾)의 〈화공밀주오절동란이화(和孔密州[256]五絶東欄梨花[257])〉란 시를 읽어보자.

배꽃 담백하고 버들 짙푸르며,
버들 꽃솜 날릴 때 꽃은 성에 가득 차네.
동쪽 난간 한 그루 하얀 배꽃나무를 슬퍼하나니,
사람 삶에 몇 번의 淸明節을 볼 수 있으리.

梨花淡白柳深靑　이화담백류심청
柳絮飛時花滿城　류서비시화만성

253) 긴 밤.

254) 비취빛 덩굴.

255) 은하수.

256) 소식의 후임으로 密州의 자사가 된 孔宗翰.

257) 이 시는 5수의 연작인데 이는 그 3번째 작품임.

惆悵[258]東欄一株雪[259] 추창동란일주설
人生看得幾淸明 인생간득기청명

봄날같이 화려한 사람의 삶도 지나가면 그 뿐이고, 또한 그 좋은 淸明시절도 앞으로 인생에서 몇 번 올 것인가라고 하면서, 인생의 무상함을 읊고 있다. 세월의 흐름(去)이 주는 비애감이다. 또 다른 인생무상 시로 대숙륜(戴叔倫)의 〈증은량(贈殷亮)〉이란 시를 읽어보자.

하루 하루 강가에서 물 흐르는 것을 보니,
가는 봄이 아쉬운데 다시 가을을 슬퍼하는구나.
산 속의 옛 집에는 머무는 사람 없는데,
俗事를 내왕하는 사이에 함께 흰 머리되고 말았군요.

日日河邊見水流 일일하변견수류
傷春未已復悲秋 상춘미이복비수
山中舊宅無人住 산중구택무인주
來往風塵[260]共白頭 래왕풍진공백두

속된 세상사를 살다가보니 문득 이미 함께 흰 머리되었다고 탄식하고 있다. 세월의 덧없는 흐름(去)에서 오는 인생의 무상함을 읊조린 시이다. 중국인 그들은 젊을 때 젊음을 찬양한 시를 별로 읊지 않고 항상 이렇게 늙은 후에 인생이 무상하다는 식으로 노래하고 있는 것이다. 세월의 덧없음과 인간 역사의 영고성쇠는 한낱 꿈과 같다고 하며 역사적인 일을 회고(歸)하며 읊은 시로 위장(韋莊)의 〈금릉도(金陵[261]圖)〉

258) 가슴 아파하고 슬퍼함.

259) 배꽃이 하얀 것을 눈에 비유함.

260) 세상 俗事.

261) 지금의 南京市 및 江寧縣 일대.

를 읽어보자.

강 위에 비 자욱이 내리고 강둑의 풀 가지런한데
六朝의 흥망 꿈만 같고 새는 부질없이 고운 소리 우네.
무정할 손 대성(臺城)의 버드나무
변함없이 십리 강둑 따라 연기처럼 하늘거리네.

江雨霏霏[262]江草齊　강우비비강초제
六朝如夢鳥空啼　육조여몽조공제
無情最是臺城[263]柳　무정최시대성류
依舊烟籠[264]十里堤　의구연롱십리제

옛 六朝의 수도였던 금릉(金陵)의 풍경을 보고 그 감회를 읊은 작품으로, 江雨, 江草, 十里臺城柳는 모두 예나 지금이나 변함없으나, 육조시대의 영화는 간 곳이 없다고 하며 대비시키고 있다. 자연 경물은 예나 지금이나 그대로이나, 그 옛날의 영화는 지금에는 온데간데없다고 이렇게 읊는 것은, 중국인 특유의 복고주의(歸) 경향 때문인 것으로 보여 진다. 과거는 좋은 상태로 그리고 현재는 그 과거와 대비해 항상 나쁜 상태로 인식하고 있는 것이다. 그러나 이와 반대로 한시에 과거에는 나빴으나 현재는 좋아졌다는 식으로 읊은 작품은 거의 눈에 띄지 않는다. 항상 과거는 현재보다 좋은 것으로 인식한 것인데, 이는 유가 복고주의(歸) 영향으로 중국인들은 항상 과거를 회상하여 그 과거로 돌아가고(歸) 싶은 심정을 은연중에 드러내고 있다.

이에 반해 영국 시인 Robert Herrick의 시 〈Counsel to Girls 소녀들에

---

262) 가는 비가 자욱이 내리는 모양.

263) 남경시 玄武湖가의 지명. 苑城이라고도 하며 옛날의 建康宮이 있었던 곳임.

264) 연기처럼 자욱이 서린 안개.

게의 충고〉를 읽어보자.

> 너희들이 할 수 없는 동안, 장미 봉오리를 모아라. 늙은 시간은 끊임없이 날아가고:
> 오늘 미소 짓는 바로 이 꽃도 내일이면 죽으리.
>
> Gather ye rose-buds while ye may, Old time is still a-flying:
> And this same flower that smiles today, Tomorrow will be dying.
>
> 하늘의 찬란한 램프, 태양이 높이 솟으면 솟을수록
> 그만큼 더 빨리 그의 달림은 끝날 것이고 황혼에 더 가까워지리.
>
> The glorious Lamp of Heaven, the Sun, The higher he`s a-getting,
> The sooner will his race be run, And nearer he`s to setting.
>
> 젊음과 피가 한결 더웠던 첫 시절이 가장 좋고;
> 그것이 사라지면 더 나빠지고, 가장 나쁜 시절이 잇따르리.
>
> That age is best which is the first, When youth and blood are warmer;
> But being spent, the worse, and worst, Times still succeed the former.
>
> 그러니 수줍어 말고, 시간을 활용하라; 그리고 할 수 있는 동안에, 결혼하라:
> 청춘을 한번 잃기만 하면, 영원히 너희는 기다려야 하리.
>
> Then be not coy, but use your time; And while ye may, go marry:
> For having lost but once your prime, You may forever tarry.

젊을 때 장미 봉우리를 모으고, 시간을 활용하고, 결혼도 하라고 하고 있다. 청춘은 한번 잃기만 하면 모든 것이 끝나니, 젊을 때 모든 것을 열심히 행하라고 하고 있다. 백발이 된 후 그 늙음을 한탄하며 젊은 시절을 그리워하는 중국의 歎老詩 계열과는 그 풍격이 다르다. 서구시에 젊음을 찬양한 시가 있고 사랑을 노래한 시가 있으며, 순진무구하고 청순발랄함을 읊은 시가 있고, 또한 희망을 노래한 시가 있는 것과는 한시는 판연히 다른 것이다.

12. 〈自然詩〉·〈田園詩〉·〈山水詩〉·〈閑寂詩〉·〈山中寓居詩〉·〈隱遁詩〉

이 부류의 시들은 모두 자연을 그 주제로 읊은 작품으로, 이런 부류의 시들이 한시에서 가장 많은 분량을 차지하는 듯하다. 현실을 항상 chaos 상태로 인식하여 그 현실을 벗어나 언제나 원형으로 회귀하고자(歸) 하는 중국인들은, 불교문화와 도가문화의 영향으로 현실에서 Utopia인 곳을 발견하였으니, 그 곳이 바로 자연이다. 자연이란 우리 인간들이 태어나고 언젠가는 죽어 되돌아가야(歸) 할 모태요 원형인 곳이다. 일반적으로 "자연으로 돌아간다(歸)."라는 표현을 많이 사용하고 있는데, 이는 자연 그 곳이 우리가 돌아가야 할(歸) 원형임을 잘 나타내주고 있다 하겠다. 도연명의 〈음주시(飮酒詩)〉 20수 중 제5번째 시를 감상해보자.

> 띠 풀 집을 사람 사는 경계에 맺으니,
> 수레와 말의 시끄러움도 없도다.
> 묻건대, 그대는 어찌 능히 그러할 수 있느뇨?
> 마음은 멀고 땅은 스스로 편벽되어 있도다.
> 동쪽 울타리 아래에서 국화를 뜯어,
> 아득히 남쪽 산을 바라보는 도다.
> 산의 기운은 저녁에 아름다운데,
> 나르는 새 서로 더불어 돌아오는 도다.
> 이 가운데 진실한 맛이 있으니,

말하고자 하나 이미 말을 잊어버렸도다.

結廬[265]在人境 결려재인경
而無車馬喧 이무거마훤
問君何能爾 문군하능이
心遠地自偏 심원지자편
采菊東籬[266]下 채국동리하
悠然見南山 유연견남산
山氣日夕佳 산기일석가
飛鳥相與還 비조상여환
此中有眞味 차중유진미
欲辯已忘言 욕변이망언

〈겸재 정선의 〈採菊東籬圖〉. 도연명은 중국의 대표적인 전원시인이다.〉

265) 띠풀 집을 짓다.

266) '동쪽 울타리'라는 뜻인데, 이 구절이 하도 유명하여 후에 국화를 가리키는 말로 변했음.

도연명은 전원 속에 진실한 맛이 있다고 했다. 그의 〈귀원전거(歸園田去)〉 제 1수 마지막 구절에 "오랫동안 새장 속에 갇혀 있다가, 다시 자연으로 돌아올 수 있었네.(久在攀籠裏, 復得返自然)"라고 하여, 현실적인 관리생활을 속되다고 보고 그 현실을 벗어나 다시 자연(원형)으로 되돌아왔다(歸)고 읊고 있다. 한시에서 가장 많이 읊어진 시들은 이들 자연시·전원시·산수시 부류로, 중국인들이 이처럼 자연을 읊조리고 찬양하며 그 자연과 〈더불어 하나〉 되어 살고자 하는 것은, 흙을 너무나 사랑한 농경민족 중국인들의 자연으로 되돌아가고자 한 원형회귀(歸)적 심성 때문인 듯하다.

이와 비슷한 전원시 계열로 맹호연의 〈남산하여노포기종과(南山[267]下與老圃[268]期種瓜)〉를 읽어보자.

남산 가까이에서 나무하고 목축하며 사는데
숲 속의 오두막집 저자와는 멀다네.
조상이 남겨주신 가업이라
나이든 농사꾼과 이웃하며 산다네.
벼슬이나 재물에는 뜻이 없고
그저 먹고나 살면 그만.
소평(邵平)께서 날 찾아오신다면
길 내고 잡풀 다듬어 놓으련만.

樵牧南山根　초목남산근
林閭北郭賒[269]　임려북곽사
先人留素業　선인유소업
老圃作隣家　노포작인가

267) 장안 근처의 終南山.

268) 늙은 농부.

269) 멀다 아득하다.

不種千株橘[270] 부종천주귤
唯資五色瓜[271] 유자오색과
邵平[272]能就我 소평능취아
開徑翦蓬麻 개경전봉마

남산 모퉁이에 조상으로부터 물려받은 논밭이 있는데 그 곳 노인들로부터 농사일을 배우며 전원에서 소박하게 살겠다는 내용으로, 도연명의 〈종두남산하(種豆南山下)〉란 시의 영향이 뚜렷하게 남아 있다. 티끌 같고 번잡한 속세를 떠나 밭 갈고 씨 심으며 사는 전원으로 돌아와(歸), 어머니 같은 그 전원과 〈더불어 하나〉 되어 살고자 한 전형적인 전원시이다. 소박하게 흙과 〈더불어 하나〉 되어 살고자 한 것이다. 또 전원시 부류로 맹호연의 〈과고인장(過故人莊)〉을 읽어보자.

오랜 벗이 닭과 기장 준비하고
시골집에 오라 나를 청하였네.
푸른 나무들이 마을 가로 둘러져 있고
청산은 먼 교외에 비스듬히 보이네.
창 열어 채마밭과 마당을 마주하고
술 들어 뽕과 삼에 대해 이야기하네.
중양절 되기를 기다려
다시 와 국화를 가까이 하리라.

故人具鷄黍 고인구계서

270) 천 그루의 귤나무로 부귀와 공명을 추구하는 것을 뜻함. 漢나라 丹陽太守 李衡이 武陵의 汜洲에 천 그루의 귤나무를 심었다는 고사에서 나옴.

271) 漢나라 초 秦의 東陵侯였던 邵平이 장안 동문 밖에 오이를 심어 생계를 꾸렸는데, 그 오이가 5색이었고 맛이 좋아 '東陵瓜'라 했다는 고사가 《史記 · 蕭相國世家》에 보임.

272) 漢나라 東陵侯를 지냈던 사람, 여기서는 老圃(나이든 농사꾼)를 가리킴.

邀我至田家　요아지전가
綠樹村邊合　녹수촌변합
青山郭外斜　청산곽외사
開軒面場圃[273] 개헌면장포
把酒話桑麻[274] 파주화상마
待到重陽日　대도중양일
還來[275]就菊花 환래취국화

이 시는 전원시로 白描 수법을 사용하여 질박하고 진실한 田家의 정서를 잘 표현하고 있는데, 시상이 시간의 흐름에 따라 전개되고 있다. 아늑한 전원으로 돌아가(歸) 그 전원과 〈더불어 하나〉 되어 농사짓고 술 마시며 살고 싶은 것이다. 남송사람 육유(陸游)의 〈소원(小園)〉이란 시를 읽어보자.

지금은 이웃 영감님께 봄날 밭일을 배우고 있다.
마을 남쪽 마을 북쪽 비둘기 우는 소리 들리고,
나는 하늘 끝까지 천 리 만 리 여행하였으나,
논에 볏모가 물 위에 뾰족하게 나와 평평하게 펼쳐있다.

隣父[276]學春耕却從　인부학춘경각종
村南村北鵓鴣[277]聲　촌남촌북발고성
行遍天涯千萬里　행편천애천만리
水刺新秧[278]漫漫平　수자신앙만만평

---

273) 타작하는 마당과 채마밭.
274) 뽕나무와 삼.
275) '가까이하다'라는 뜻으로 이 시에서는 감상하다는 의미.
276) 이웃 노인.
277) 비둘기의 일종.
278) 금방 모내기한 볏모.

시인이 벼슬길을 내놓고 고향으로 돌아와서(歸) 지은 시이다. 기와 승구에서는 평화로운 전원을 묘사하고, 전과 결구에서는 천 리 만 리 여행하는 유랑생활(去)을 마친 뒤 고향으로 돌아와(歸) 농사짓는 아늑한 전원생활을 노래하고 있다. 또 다른 자연시 부류로 이백의 〈배족숙형부시랑엽급중서고사인지유동정(陪族叔刑部侍郎曄及中書賈舍人至游洞庭[279])〉이란 시를 읽어보자.

> 남호(南湖)의 가을 달밤 거울처럼 맑은데
> 배를 타고 곧장 하늘 위로 올라갈 수 없을까?
> 환상일랑 접어두고 동정호에서 달빛이나 얻어오자.
> 흰 구름 서린 곳 배타고 가서 술이나 사오자.
>
> 南湖[280]秋水夜無烟　남호추수야무연
> 耐可[281]乘流直上天　내가승류직상천
> 且就洞庭賒[282]月色　차취동정사월색
> 將船[283]買酒白雲邊　장선매주백운변

아저씨 이엽(李曄)과 고지(賈至)를 만나 세 사람이 달 밝은 가을 밤

---

279) 당 肅宗 乾元 2년(759년) 가을, 이백이 夜郞(지금의 귀주성 貴陽)으로 유배가던 도중 대사면이 내려 다시 되돌아오던 길에 岳州(지금의 하남성 岳陽)에서, 嶺南으로 좌천되어 가던 族叔 李曄과 사소한 허물로 岳州司馬로 좌천되어 그곳에 부임한 賈至를 만나 달 밝은 가을 밤에 3인이 함께 동정호에 배를 띄우고 회포를 풀며 놀았는데, 이 작품은 그 때 이백이 지은 5수의 7언 절구 중 제2수이다.

280) 동정호의 별칭. 호남성 岳陽市 서남쪽에 있는데 너비가 8백리나 된다고 한다.

281) '哪可', '安得'과 통하는데, '어찌 하면 .... 할 수 있을까?'라는 뜻이다.

282) '세내다 빌려 오다'는 의미로, 여기서는 동정호로부터 달빛을 얻어 오다는 의미.

283) 배를 저어 가서.

동정호에 배 띄우고 자연을 즐기며 회포를 풀고 있다. 달 밝은 가을 밤 그 맑은 자연과 〈더불어 하나〉 되고 있다. 자연시 계열로 백거이(白居易)의 〈대림사도화(大林寺[284]桃花)〉란 시를 읽어보자.

사람 사는 마을 4월이라 꽃이 다 졌는데
산사에는 복사꽃이 이제야 활짝 피었네.
봄이 돌아간 곳 찾을 길 없어 안타까웠는데
그 봄이 산 중으로 옮겨온 줄을 나는 몰랐어라.

人間[285]四月芳菲[286]盡 인간사월방비진
山寺桃花始盛開 산사도화시성개
長恨春歸無覓處 장한춘귀무멱처
不知轉入此中來 부지전입차중래

이 시에서는 사람 사는 마을에서 잃어버린 봄을 산 중의 절에 와서 다시 찾아 기뻐하고 있다. 음력 4월 마을에는 꽃이 이미 졌지만 산 속에는 그대로 남아 있어, 산사에서 그 봄의 경치와 〈더불어 하나〉 되어 즐기고자 하고 있다. 또 다른 자연시 부류로 소상(蘇庠 1100 전후)의 〈청강곡(淸江曲[287])〉을 읽어보자.

촉옥새 쌍으로 날고 물은 연못에 가득 차니,
창포 우거진 곳에서 원앙새가 목욕하네.
흰 마름풀 배의 노에 잔뜩 걸려 돌아옴이 늦은데,
가을은 갈꽃을 피워 양편 언덕은 서리가 내린 듯하네.

284) 강서성 廬山 기슭에 있는 사찰.

285) 사람사는 세상. 속세.

286) 향기로운 꽃.

287) 맑은 강의 노래.

조각배를 언덕에 매고 숲 그늘에 의지하니,
살랑살랑 양 귀밑머리에 흰머리가 날리네.
만사를 상관치 않고 취했다 깨었다 하며,
언제까지나 안개와 물결을 점유하고 맑은 달을 즐기네.

屬玉[288]雙飛水滿塘　촉옥쌍비수만당
菰蒲[289]深處浴鴛鴦　고포심처욕원앙
白蘋[290]滿棹歸來晩　백빈만도귀래만
秋著蘆花兩岸霜[291]　추저노화양안상
扁舟繫岸依林樾　편주계안의임월
蕭蕭[292]兩鬢吹華髮　소소양빈취화발
萬事不理醉復醒　만사불리취부성
長占煙波[293]弄明月[294]　장점연파농명월

새들이 노니는 맑은 강의 모습이 눈에 선하다. 만사를 내팽개치고 이런 자연 속에서 밝은 달을 희롱하며 그런 자연과 〈더불어 하나〉 되어 살고 싶은 것이다. 한시에서처럼 이렇게 자연 산수 전원 등등을 많이 읊조린 문학 장르도 전 세계 문학사에서 드문 것으로 여겨지는데, 이는 자연 전원 산수가 바로 중국인들에게 항상 돌아가야 할(歸) 원형으로 이해되어졌기 때문이다. 자연과 흙과 〈더불어 하나〉 되어 살아왔던 정통 농경민족 중국인들은 항상 이 때문에 그 자연으로 회귀(歸)

288) 물새의 일종.
289) 수초의 일종인 창포 종류.
290) 물에 뜨는 개구리밥의 일종인 마름풀.
291) 양편 언덕이 서리내린 듯하다는 뜻.
292) 바람이 살랑살랑 부는 모양.
293) 안개끼고 물결치는 이 淸江을 오래 점령하겠다.
294) 밝은 달을 희롱하다.

하기를 희망했고, 또한 자연 전원 산수를 그리며 찬미하며 살아온 것이다. 이는 서구시에서 청춘남녀간의 사랑의 감정을 주로 읊은 연애시 부류가 가장 많은 분량을 차지하고 있는 것과는 대조를 이룬다 하겠다.

한적시 계열로 왕유(王維)의 〈죽리관(竹里館[295])〉이란 시를 읽어보자.

> 그윽한 대숲 속에 홀로 앉아
> 금을 타다가 휘파람도 불어 본다.
> 깊은 숲이라 사람들은 알지 못하고
> 밝은 달빛이 찾아와 나를 비춘다.
>
> 獨坐幽篁[296]裡 독좌유황리
> 彈琴復長嘯 탄금복장소
> 深林人不知 심임인부지
> 明月來相照 명월래상조

청아한 정취가 고요한 분위기 속에서 잘 묘사되어 있는 이 시에서 시인은 속세를 떠나 대숲 속에서의 한적함 그 자체를 즐기고 있다. 대숲 속의 자연으로 돌아가(歸) 한적한 자연 그것과 〈더불어 하나〉가 되고 있는 것이다. 또한 이런 한적시 혹은 禪詩 계열이 많이 지어진 것은 중국인들이 극도로 추구한 〈淨心에의 추구〉와도 관련이 깊다 하겠다.

〈명대에 그려진 〈輞川莊圖卷〉의 죽리관 부분(오른쪽)〉

295) 輞川 20景 중의 하나.

296) 깊고 그윽한 대숲.

한적시 계열로 한유(韓愈)(768 - 824)의 〈유항(柳巷)〉을 읽어보자.

버들 골목에 또 버들 솜 날리니
봄이 얼마나 남았을까?
아전들은 일을 보고하지 말라.
나는 送春詩나 지어야겠다.

柳巷還飛絮　류항환비서
春餘幾許時　춘여기허시
吏人休[297]報事　리인휴보사
公[298]作送春詩　공작송춘시

관직을 맡아 일을 보는 시인이 가는 봄이 아쉬워 아전들의 보고도 물리치고 한적하게 봄을 보내는 送春詩나 지어야겠다고 하고 있다. 세상 잡무를 물리치고 자연과 〈더불어 하나〉 되어 즐기고 싶은 심정이 드러나 있다. 전원시 내지는 한적시라고도 할 수 있는 왕안석의 〈반산춘만즉사(半山[299]春晩卽事)〉란 시를 읽어보자.

봄바람은 꽃을 데려가 버리고,
나에게 시원한 그늘로 보답한다.
녹음이 우거진 언덕길은 고요하고,
가지가 얽혀 뜰과 집은 깊숙하다.
침상 펴고 늘 잠깐씩 쉬다가도,
지팡이에 삼신 신고 그윽한 곳 찾아 나선다.
오직 북산의 새만이,

297) '… 하지 말라'는 뜻.

298) 시인 자신을 가리킴.

299) 왕안석이 은거한 곳의 명칭. 당시 그는 金陵城 동문으로부터 7리, 北山(지금의 紫金山)으로부터 7리 되는 곳에 있었기 때문에 '半山'이라고 했다.

지나가며 나에게 좋은 소리 보내온다.

春風取花去　춘풍취화거
酬我以淸陰　수아이청음
翳翳[300]陂路爭　예예피로쟁
交交[301]園屋深　교교원옥심
床敷每小息　상부매소식
杖屨亦幽深　장누역유심
惟有北山鳥　유유북산조
經過遺好音　경과유호음

늦봄의 은거지 주변을 읊은 시이다. 녹음에 싸인 언덕길과 거처를 덮고 있는 나뭇가지, 맑은 소리를 선사하는 北山의 새 등, 중앙 정계에서 물러난 시인의 이런 환경 속에서 살아가는 모습이 여유롭고 호젓하기도 하다. 중국 시인들은 항상 이처럼 한적한 전원으로 돌아가(歸) 여유롭게 즐기며 그 자연과 〈더불어 하나〉 되어 살고 싶어 했다. 자연 속에서 삶을 유유자적하게 즐기는 한적시 계열의 작품으로 하지장(賀知章)의 〈제원씨별업(題袁氏別業[302])〉을 읽어보자.

주인과는 서로 알 지 못하는데
수풀과 샘 옆(자연 속)에서 우연히 같이 앉았네.
술 사올 것 너무 걱정하지 마시게.
주머니 속에 스스로 돈이 있으니.

主人不相識　주인부상식
偶坐爲林泉　우좌위임천

300) 어둑어둑해 분명치 않는 모양. 수목이 우거져 그늘이 진 모양.

301) 나뭇가지가 얼기설기 얽힌 모양.

302) 袁氏는 누구인지 알 수 없으며, 별업은 별장.

莫謾愁沽酒　막만수고주
囊中自有錢　낭중자유전

자연으로 돌아와(歸) 그 자연을 즐기며 자연과 〈더불어 하나〉 되는 유유자적한 삶을 그리고 있다. 다른 한적시 계열로 왕유의 〈과향적사(過香積寺)〉를 읽어보자.

향적사는 어딘지도 모른 채
몇 리를 걸어 구름 속 봉우리로 들어갔네.
고목 우거져 사람 다닐 길도 없지만
깊은 산 어디선가 들려오는 종소리.
샘물 소리 깎아지른 바위에 오열하고
햇빛은 푸른 소나무에 차갑다.
해질녘 고요한 못 굽이에 앉아
선정에 들어 잡념을 잊는다.

不知香積寺[303]　부지향적사
數里入雲峰　수리입운봉
古木無人徑　고목무인경
深山何處鐘　심산하처종
泉聲咽危石[304]　천성인위석
日色冷青松　일색랭청송
薄暮空潭曲　박모공담곡
安禪制毒龍[305]　안선제독룡

303) 장안 남쪽 神禾原에 있는 절로, 송나라 때는 開利寺라 불렀음.

304) 높고 가파른 바위.

305) 《涅槃經》에 "다만 내 거처에 毒龍 한 마리가 있는데, 그 성질이 난폭하고 급해서 해를 끼칠까 두렵다.(但我住處, 有一毒龍, 其性暴急, 恐危害)"라고 했는데, 여기에서 毒龍은 사람 마음 속에 일어나는 탐욕과 욕망을 비유함.

왕유의 禪詩라고도 볼 수 있는 이 작품은 그 의경이 고요 沈潛하다. 속세를 버리고 산사에 은거하여 고요히 道의 상태로 돌아온(歸) 것이다. 남송 양만리(楊萬里, 1127-1206)의 초여름 낮잠에서 깨어나서 느끼는 한적한 감정을 읊은 〈한거초하오수기(閑居初夏午睡起)〉를 읽어보자.

> 매실은 신맛이 있어 치아를 시큼하게 하고,
> 파초는 녹색 빛을 紗窓을 통해서도 보게 하네.
> 해는 긴데 자다 일어나니 아무런 감정이나 생각도 없어,
> 한가히 아이들이 버들 솜 잡으려는 것 구경하네.

> 梅子留酸軟齒牙[306]　매자류산연치아
> 芭蕉分綠[307]與窗紗　파초분록여창사
> 日長睡起無情思　일장수기무정사
> 閑看兒童捉柳花　한간아동착유화

낮잠 자다 깨어나서 느끼는 한가한 느낌을 평담하게 잘 묘사하고 있다. 중국 시인은 그가 사회시인이든 우국시인이든 관계없이 이렇게 한 두수 정도는 자연을 대하는 자신의 한적한 느낌을 시로 그려내고 있다. 자연과 〈더불어 하나〉 되어 살고자 한 정통 농경민족 중국인들의 정서가 베여서 중국의 모든 시인들이 이렇게 자연을 대하는 자신의 한적한 느낌을 그려낸 자연시 한적시를 써낸 것이다. 청나라 원매(袁枚)의 〈쇄하시(鎖夏[308]詩)〉를 읽어보자.

---

306) 치아를 시큼하게 하다, 치아를 시리게 하다.

307) 녹색을 나누어 주다, 곧 파초잎이 크게 자라 사창을 통해 파랗게 보이는 것을 형용한 말.

308) 무더위를 피하다.

벼슬하지 않은 지 근 반년이 되는데
물구름 깊은 곳 꽃 안고 자는구나.
평생 벼슬 않는 즐거움을 생각하지만
우선 6월 달 더위에 안달나지 않아 좋도다.

不著衣冠近半年　부저의관근반년
水雲深處抱花眠　수운심처포화면
平生自思無官樂　평생자사무관락
第一驕人六月天　제일교인육월천

관리생활의 번거로움을 떠나 전원에서 한적하게 유유자적한 삶을 즐기고자 한다. 자연으로 전원으로 돌아와서(歸) 그 삶을 즐기고 있는 것이다.

맹호연의 〈야귀녹문산가(夜歸鹿門山歌)〉는 山中寓居詩 혹은 隱遁詩라고 볼 수 있겠다.

산사의 종소리에 날은 이미 저물고
어랑(漁梁) 나루터에 배 타려는 사람들의 떠들썩한 소리.
사람들은 모랫길을 따라 강마을로 향하고
나도 배를 타고 녹문산(鹿門山)으로 돌아간다.
녹문산의 밝은 달은 안개 피어있는 나무를 비추는데
어느새 방공(龐公)이 은거했던 곳에 이른다.
바위 문과 솔 길은 늘 고요한데
오직 한 은자만이 절로 오간다.

山寺鐘聲晝已昏　산사종성주이혼
漁梁[309]渡頭爭渡喧　어양도두쟁도훤
人隨沙路向江村　인수사로향강촌

309) 鹿門 근처에 있는 나룻터 이름.

余亦乘舟歸鹿門　여역승주귀녹문
鹿門[310]月照開烟樹　녹문월조개연수
忽度龐公[311]棲隱處　홀도방공서은처
巖扉松徑長寂廖　암비송경장적료
惟有幽人[312]自來去　유유유인자래거

이 시는 저녁에 녹문산으로 돌아가는(歸) 길에 본 풍경을 시간의 변화에 따라 순차적으로 묘사하고 있다. 은자는 녹문산에 은거하러 돌아 들어가고(歸) 있다. 자신의 정이나 감회를 직접적으로 읊고 있지는 않지만 고요한 경치 속에 시인의 욕심 없는 마음이 자연스럽게 담겨있다. 이백의 〈산중문답(山中問答)〉이란 시는 山中寓居詩 부류라고 볼 수 있다.

〈이백의 〈산중문답〉을 그린 후대 그림〉

무슨 생각으로 푸른 산에서 사느냐구요.
웃으며 답하지 않으니 마음 스스로 한가하네.
물 따라 복사꽃잎 아득히 흘러가는데
달리 하늘과 땅이 있으니 인간세상이 아니로다.

問余何意棲碧山　문여하의서벽산
笑而不答心自閑　소이부답심자한
桃花流水窅然[313]去　도화류수요연거
別有天地非人間[314]　별유천지비인간

310) 맹호연이 은거했던 산으로, 지금의 호북성 襄陽縣에 있음.

311) 《後漢書 · 逸民傳》에 의하면, 방공은 龐德公으로 襄陽 사람인데, 荊州刺史 劉表가 여러 번 벼슬할 것을 청했으나 모두 거절하고 鹿門山에 처자를 이끌고 들어가 약초나 캐며 살았다고 한다.

312) 은자. 맹호연 자신을 가리킴.

313) 멀리 아득히.

314) 사람들이 사는 세상.

전과 결구는 도잠의 〈도화원기(桃花源記)〉의 의경을 묘사하고 있다. 시인은 티끌 같은 속세를 떠나 산중으로 돌아와(歸) 그 자연과 〈더불어 하나〉 되고자 하고 있다. 이와 비슷한 분위기의 시로 태상은자(太上隱者)의 〈답인(答人)〉이란 시를 읽어보자.

> 우연히 소나무 밑에 와서
> 돌 배게 높이 베고 잠이 들었었거니
> 산중이라 달력도 없어
> 겨울이 지나긴 했는데, 가만있자 금년이 무슨 해더라?
>
> 偶來松樹下　우래송수하
> 高枕石頭眠　고침석두면
> 山中無曆日　산중무력일
> 寒盡不知年　한진부지년

隱遁詩라고도 볼 수 있는 이 山中寓居詩에서 시인은 속세를 훌훌 떠나 아무 걱정이 없는 산중으로 돌아와(歸) 속세의 일을 까마득히 잊고 유유자적하며 은자처럼 살고 있다. "산중이라 달력도 없어 겨울이 지나긴 했는데, 가만있자 금년이 무슨 해더라?"라고 하여 속세의 세월이 흘러가는 줄 모르고 산속에서 자연과 〈더불어 하나〉 되어 유유자적한 삶을 즐기고 있는 것이다. 가도(賈島)의 隱遁詩 내지는 隱者詩라고 할 수 있는 〈심은자불우(尋隱者不遇)〉란 시를 읽어보자.

> 소나무 아래에서 동자에게 물었더니
> "스승님은 약초 캐러 가셨어요.
> 이 산중에 계시긴 하지만
> 구름이 자욱하여 계신 곳을 모르겠습니다."라고 말하네.
>
> 松下問童子　송하문동자

言師採藥[315]去 언사채약거
只在此山中　 지재차산중
雲深不知處　 운심부지처

온갖 부귀영화를 티끌같이 보고 그 속세를 훨훨 떠나 때 묻지 않은 이런 산중에 은거하면서 그 즐거움을 읊은 山中寓居詩·隱遁詩라 불릴 수 있는 시들이 중국 시인들에 의해 많이 지어졌다. 그들은 자연으로 전원으로 산수로 산중으로 돌아와(歸) 그것과 〈더불어 하나〉 되는 그런 삶을 즐기며 유유자적 살고자 한 것이다.

〈가도의 〈심은자불우〉. 중국인은 이처럼 산중우거시나 은둔시를 많이 지었다.
이는 속세를 떠나 산속으로 돌아가(歸) 은둔하고 싶은 욕망을 나타낸 것이다.〉

은둔시 혹은 한적시라고도 할 수 있는 위야(魏野: 960-1019)의 〈서일인 유대중옥벽(書逸人[316]兪大中屋壁)〉을 읽어보자.

---

315) 약초를 캐다.

316) 숨어사는 사람. 유대중은 누구인지 알 수 없다.

세월을 달관한 사람은 녹과 벼슬 가볍게 여기고
사는 곳을 숲속 샘물 곁을 정하고 있네.
벼루를 씻으면 물고기가 먹물을 삼키고,
차를 끓이면 학이 연기를 피하며 달아나네.
한가할 적이면 성스러운 시대를 노래하고,
늙어도 흘러가는 세월 원망하지 않네.
고요히 한가하게 찾아오는 사람들 생각하니
그래도 그 중에 내가 가장 치우친 사람일세.

達人輕祿位　달인경록위
居處傍林泉　거처방임천
洗硯魚呑墨　세연어탄묵
烹茶鶴避煙　팽차학피연
閑惟歌聖代　한유가성대
老不恨流年[317]　노불한유년
靜想閒來者　정상한래자
還應我最偏[318]　환응아최편

세상을 달관하여 녹과 벼슬도 하찮게 보고 숲속 샘물 곁에 은거하여 살고 있는 은자 유대중을 읊은 작품이다. 한시에 이런 은둔을 읊은 작품이 적지 않은데, 중국인 그들은 속된 현실을 떠나 산중으로 돌아가(歸) 은둔하며 그 자연을 즐기며 유유자적하게 살고자 했던 것이다. 봄날의 한적함을 읊은 두보의 〈절구(絶句)〉 2수 중 그 첫 수를 읽어보자.

나른한 날 강산이 아름답고
봄바람에 화초 향기롭구나.
진흙이 녹으니 제비 날고

317) 흘러가는 세월.

318) 치우치다, 편벽되다.

모래가 따뜻해 원앙새 잠든다.

遲日[319]江山麗 지일강산려
春風花草香 춘풍화초향
泥融飛燕子 니융비연자
沙暖睡鴛鴦 사난수원앙

봄날의 경물을 잘 묘사하고 있는 이 시에서 시인은 따뜻한 봄날 그 봄의 경물과 〈더불어 하나〉 되고 있다. 백거이(白居易)의 〈모강음(暮江吟)〉을 읽어보자.

한 줄기 석양빛이 물 속에 번지니
강의 절반은 파르스름하고 절반은 붉구나.
9월 초 사흘 밤은 정말 아름다우니
이슬은 진주 같고 달은 활 같다.

一道殘陽鋪水中 일도잔양포수중
半江瑟瑟[320]半江紅 반강슬슬반강홍
可憐[321]九月初三夜 가련구월초삼야
露似珍珠月似弓 노사진주월사궁

한 편의 秋江暮景圖를 보는듯한 시이다. 시인의 정치한 필치로 인해 석양 무렵 강물의 綺麗한 경색이 눈에 보이고, 가을 달밤의 이슬이 주는 청량감이 느껴지는 듯하다. 이런 자연으로 돌아가(歸) 그 자연과 〈더불어 하나〉 되고 있는 것이다. 한적시로 호령능(胡令能)의 〈소아수

319) 시간이 더디 가는 봄날.

320) 원래 푸른 보석의 이름이나, 여기서는 햇빛에 비친 강물이 푸른색을 띄고 있음을 형용한 것임.

321) 좋아할 만하다.

조(小兒垂釣)〉를 읽어보자.

더펄머리 총각 낚시 드리우고
이끼 낀 바위 곁에 풀로 몸 가리고 앉아있네.
길 가는 나그네 저만치서 손 흔들며 길 묻는데
행여 고기 달아날까 대답을 않네.

蓬頭稚子[322]學垂綸[323] 봉두치자학수륜
側坐莓苔草映身 측좌매태초영신
路人借問遙招手 로인차문요초수
怕得魚驚不應人 파득어경부응인

천진난만한 농촌 소년의 낚시하는 일상생활을 명랑한 필치로 묘사하고 있다. 한편의 한적한 전원풍경을 보는 것 같다. 시인은 이 시를 지음으로 그런 풍경과 〈더불어 하나〉 되고 있다. 한유(韓愈)의 〈조춘정수부장십팔원외(早春呈[324]水部張十八員外[325])〉란 시를 읽어보자.

장안 거리에 내리는 보슬비 우유 빛처럼 뽀얗고
멀리 파랗게 풀빛 번지는데 다가서면 사라지네.
일 년 봄 가운데서도 가장 좋은 때는
버드나무 가지 皇都에 하늘거리는 바로 이 때라네.

天街[326]小雨潤如酥[327] 천가소우윤여소

322) 더펄머리 어린아이.
323) 낚시줄을 드리우다.
324) 바치다 증정하다.
325) 水部 員外郞 벼슬을 하는 張籍. 十八은 형제의 서열.
326) 皇城. 장안의 거리.
327) 양젖이나 소젖처럼 뿌연 액체.

草色遙看近却無　　초색요간근각무
最是一年春好處　　최시일년춘호처
絶勝[328]烟柳滿皇都[329]　절승연류만황도

이 작품은 장경(長慶) 3년(823년) 초봄, 한유가 장안에서 이부시랑(吏部侍郎)의 벼슬에 있을 때 지은 것으로, 벼슬이 높고 신망이 두터워 평정한 심정으로 지은 것이어서 자못 청신하고 자연스러운 맛이 우러난다. 한유는 들판에 풀이 갓 돋아나기 시작할 무렵, 장안에 뽀얗게 보슬비가 내리고 들판에 버드나무 가지가 온 장안 거리에 하늘거리는 이때를 1년 중 가장 좋은 계절이라고 하며, 그 계절을 즐기며 또한 그 자연과 〈더불어 하나〉 되고자 하고 있다.

이와 대비해 서구의 자연시 중 봄을 노래한 시와 비교해 보자. William Blake의 〈Spring song 봄노래〉라는 시이다.

봄이 온다, 봄이 온다. 귀여운 새들아 둥지를 지어라.
지푸라기와 새털을 짜서 모두 함께 최선을 다하라.

Spring is coming, spring is coming, Birdies, build your nest;
Weave together straw and feather, Doing each your best.

봄이 온다, 봄이 온다. 꽃들도 이제 곧 찾아온다.
팬지꽃과 백합화와 그리고 수선화 모두 한결같이 찾아오리라.

Spring is coming, spring is coming, Flowers are coming too:
Pansies, lilies, daffodillies, Now are coming through.

봄이 온다, 봄이 온다. 만물들 모두 다 아름다워라.
강물도 반짝반짝 반짝이나니, 이 기쁨 어디에나 넘쳐흐른다.

---

328) 월등히 좋다.

329) 황제가 있는 도읍.

Spring is coming, spring is coming, All around is fair,
Shimmer and quiver on the river, Joy is everywhere.

〈William Blake의 〈Spring song 봄 노래〉란 시에 그려진 삽화. 한시의 그것과 달리 청순 발랄하다.〉

또 다른 봄의 정경을 읊은 서구시로 Thomas Nashe의 〈Spring 봄〉이란 시를 읽어보자.

봄, 아름다운 봄은 1년 중 즐거운 왕; 그 땐 온갖 것 꽃피고, 그 땐 처녀들이 圓舞를 추고,
추위는 찌르지 않고, 어여쁜 새들 노래 부르네. 쿡쿠, 작작, 푸위, 투 위타우!

Spring, the sweet spring, is the year`s pleasant king; Then blooms each thing, then maids dance in a ring,
Cold doth not sting, the pretty birds do sing, Cuckoo, jug-jug, pu-we, to-witta-woo!

갯버들과 아가위 시골집들은 즐거워 하고, 양들은 까불거리며 놀고, 목동들은 온종일 피리불고,
우린 언제나 듣네, 새들이 이런 즐거운 노래 부르는 것을, 쿡쿠, 작작, 푸

위, 투 위타 우!

The plam and may make country houses gay, Lambs frisk and play, the shepherds pipe all day,
And we hear ay, bird tune this merry lay, Cuckoo, jug-jug, pu-we, to-witta-woo!

들은 향기롭고, 들국화 우리 발에 키스하고, 젊은 연인들 서로 만나고, 늙은 아낙네들은 양지쪽에 앉고,
모두 거리엔 이 노랫소리 우리 귀에 인사하네, 쿡쿠, 작작, 푸위, 투 위타 우!
봄! 아름다운 봄!

The fields breathe sweet, the daisies kiss our feet; Young lovers meet, old wives a-sunning sit,
In every street these tunes our ears do greet, Cuckoo, jug-jug, pu-we, to-witta-woo!
Spring! the sweet spring!

봄의 정경을 발랄하게 찬미한 시이다. 중국의 자연시 계열과는 그 풍격이 판연히 다른, 젊고 싱싱하며 발랄한 느낌이다. 같은 봄을 노래한 시인데도 한시와 서구시는 그 풍격이 완전히 다르다는 것을 느낄 수 있다. 이처럼 서구의 자연시에는 순진무구하고 청순발랄한 느낌을 주는 시가 많다. 한시에서의 묘사가 차분하다는 느낌이라면, 서구시에서의 묘사는 발랄하다는 느낌이다.

13. 〈寫景詩〉·〈景物詩〉·〈詠物詩〉

두목(杜牧)의 〈산행(山行)〉을 읽어보자.

멀리 쓸쓸한 산 오르니 돌 길 경사져 있고,
흰 구름 생기는 곳에 인가가 있네.
수레 멈추고 앉아 황혼녘 단풍잎 바라보니,
서리 물든 잎 봄꽃보다 붉어라.

遠上寒山[330]石徑斜　원상한산석경사
白雲生處有人家　백운생처유인가
停車坐愛楓林晩　정차좌애풍림만
霜葉紅於二月花　상엽홍어이월화

가을날 황혼녘에 산길을 가며 붉게 물든 단풍을 바라보며 읊은 寫景詩이다. 세련된 필묵과 선명한 색체를 통해 자연을 사랑하는 시인의 감정을 잘 보여주고 있는데, 특히 끝 2구는 名句로 '詩中有畵'의 평을 받고 있다. 한편의 수채화 풍경을 보는 듯한데, 자연과 내가 서로 분리된 것이 아니라 서로 구분이 없이 혼연일체가 되어 그 자연과 〈더불어 하나〉 되고 있다.

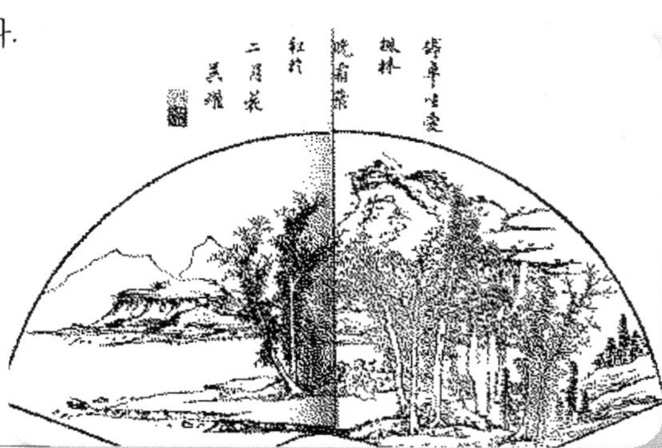

〈두목의 〈山行〉을 그린 이인상의 〈楓林停車圖〉 간송박물관 소장〉

330) 늦가을의 산.

위응물(韋應物)의 寫景詩로 명편인 〈저주서간(滁州[331]西澗[332])〉을 읽어 보자.

개울가에 자란 그윽한 풀 마냥 어여쁘고
저 멀리 숲 속에는 꾀꼬리 고운 소리.
봄 강물 비에 불어 석양녘 흐름이 세찬데
나루터엔 사람 없고 배만 가로 비껴 있구나.

獨憐[333]幽草澗邊生　독련유초간변생
上有黃鶴深樹鳴　상유황학심수명
春潮帶雨晚來急　춘조대우만래급
野渡無人舟自橫　야도무인주자횡

시인이 저주자사(滁州刺史)로 있을 때 지은 시로, 3·4구는 한적한 시골 나루터의 정경을 묘사한 명구로 많은 이들의 입에 오르내리고 있다. 그 자연과 혼연일체 주객일체가 되는 느낌이다. 그런 자연과 〈더불어 하나〉 되고 있는 것이다. 景物詩 혹은 寫景詩로 맹교(孟郊)(751 - 814)의 〈낙교만망(洛橋[334]晚望)〉을 읽어보자.

천진교(天津橋) 아래 얼음이 처음 얼고
낙양 길가엔 사람들 발걸음이 끊어졌다.
느릅나무 버드나무엔 잎 새 성글고 누각은 한가한데
닭이 밝자 숭산(嵩山)의 눈이 바로 보인다.

天津橋下氷初結　천진교하빙초결

331) 지금의 안휘성 滁縣. 당대에는 淮南道에 속해 있었는데, 위응물은 당 德宗 建中 5년(781년)에 滁州刺史로 임명되었다.

332) 滁州城 서쪽으로 흐르는 강으로 上馬河로 통한다.

333) 특별히 귀여워하다.

334) 天津橋 洛水에 있는 浮橋로, 지금의 하남성 洛陽縣 서남쪽이 있다.

洛陽陌上人行絶　낙양맥상인행절
楡柳蕭疏樓閣閒　유류소소누각한
月明直見嵩山[335]雪　월명직견숭산설

한편의 수채화를 보는 듯한 느낌이다. 시인은 이런 경물을 읊음으로 그런 경물과 〈더불어 하나〉 되고 있다. 왕유의 寫景詩로 〈신이오(辛夷塢[336])〉를 읽어보자.

나무 끝의 모란꽃
산 속에서 붉은 봉우릴 터뜨렸네.
개울가 집이라 적막하여 사람이 없고
어지러이 피었다고 또 지는구나.

木末芙蓉花[337]　목말부용화
山中發紅萼[338]　산중발홍악
澗戶寂無人　간호적무인
紛紛開且落　분분개차락

왕유는 속세를 떠나 깨끗하고 고요한 자연 속으로 돌아가(歸) 즐기며 그런 자연과 〈더불어 하나〉 되는 삶을 살고자 했었다. 또 백거이의 〈촌야(村夜)〉이란 景物詩를 한 수 읽어보자.

서리 맞은 풀들은 검푸르고 벌레 우는데,
마을 남쪽 마을 북쪽 모두 행인이 끊어졌네.
홀로 문 앞에 나가 들판을 바라보는데,
달이 뜨니 메밀꽃은 눈과 같구나.

335) 중국의 五嶽 중 中嶽으로 낙양의 동남쪽에 있다.

336) 輞川 20景 중의 하나로, '辛夷'는 목련과에 속하는 낙엽고목이고 '塢'는 둑.

337) 모란꽃.

338) 꽃받침 여기서는 꽃봉오리를 뜻함.

霜草蒼蒼[339]蟲切切 상초창창충절절
村南村北行人絶 촌남촌북행인절
獨出門前望野田 독출문전망야전
月出蕎麥[340]花如雪 월출교맥화여설

마치 한 폭의 수채화를 보는 것 같다. 달빛 아래 메밀꽃이 하얗게 핀 시골 마을의 밤 풍경의 환상적인 정경이 눈에 보는 듯하다. 그들 중국인들은 이런 자연과 〈더불어 하나〉 되어 살고 싶어 했다. 서구시에도 자연시 부류의 시가 적지 않지만, 그러나 중국에서의 자연시 부류는 월등히 많은 분량을 차지하고, 또한 그것에는 항상 자연으로 돌아가(歸) 모태 같은 그 자연과 〈더불어 하나〉 되고자 하는 심정이 작품 내용 곳곳에 배어있다. 왕안석이 남쪽 포구를 묘사한 사경시 〈남포(南浦)〉에서도 자연을 너무나 사랑한 시인의 마음이 잘 묘사되어 있다.

남쪽 포구 동편 언덕 2월이 되면,
화려한 풍광 나를 꾀어 새 시를 짓게 한다.
파란 물결 바람 얼싸안고 반짝반짝 찰랑이고,
샛노란 버들가지 햇살 희롱하며 간들간들 늘어졌다.

南浦東岡[341]二月時 남포동강이월시
物華撩[342]我有新詩 물화료아유신시
含風鴨綠[343]粼粼[344]起 함풍압록린린기

339) 생기를 잃은 검푸른 색깔.

340) 메밀. 여름에서 가을까지 하얗게 꽃이 핌.

341) 남쪽의 포구와 동쪽의 언덕.

342) 꾀다, 끌다, 유도하다.

343) 원래는 청둥오리 머리의 푸른색을 뜻하는 말이지만, 여기에서는 봄의 파란 물을 가리킨다.

344) 맑고 투명한 물속에 잠긴 돌이 반짝이는 모양을 말하지만, 여기서는 포구의

弄日鵝黃[345]嫋嫋[346]垂　농일아황뇨뇨수

음력 2월이면 강남 지방은 봄기운이 가득하다. 살랑살랑 불어오는 봄바람에 찰랑거리는 파란 물결, 따스한 햇살을 희롱하듯이 간들거리며 늘어진 샛노란 버들가지, 이렇게 밝고 선명한 봄의 풍광은 시인의 詩情을 자아내게 만든다. 시인은 이런 좋은 봄의 풍광과 〈더불어 하나〉 되어 즐기며 살고 싶은 것이다. 이 시는 대구가 아주 정교한데, 마지막 3·4구의 '含風(바람을 머금다)'과 '弄日(햇살을 희롱하다)', '鴨綠(파란 물결)'과 '鵝黃(샛노란 버들가지)', '粼粼(반짝이다)'과 '嫋嫋(간들간들하다)', '起(일어나다)'와 '垂(드리우다)'가 그것이다. 백거이(白居易)의 〈석모단화(惜牡丹花)〉 2수 중 그 첫째 수를 읽어보자.

아, 섬돌 앞 붉은 모란
해 저물녘 고즈넉이 두 가지만 남았구나.
내일 아침 바람 불면 그것마저 지고 말 것
지는 꽃 아쉬워 이 밤중에 불 밝히고 들여다본다네.

惆悵[347]階前紅牡丹　추창계전홍모단
晚來唯有兩枝殘　만래유유양지잔
明朝風起應吹盡　명조풍기응취진
夜惜衰紅[348]把火看　야석쇠홍파화간

물결이 바람을 받아 반짝반짝 찰랑거리는 모습을 나타낸다.

345) 원래 거위의 샛노란 머리를 말하지만, 여기서는 갓 버들잎이 터져 나와 버들가지가 노랗게 물든 것을 가리킨다.

346) 원래 가늘고 길며 여리고 아름다운 모양을 말하지만, 여기서는 가늘고 긴 버들가지가 봄바람에 간들거리는 모양을 가리킨다.

347) 실망하고 섭섭해 하다.

348) 시들어가는 붉은 꽃.

화사하게 피어나 농염한 자태와 향기로 사람들을 즐겁게 하던 모란꽃이 시들어 가는 모습을 안타까워하면서 마지막 남은 두 송이를 아껴 불까지 밝혀들고 감상하는 시인의 마음이 아름답다. 寫景詩의 일종이라 할 수 있는데, 모란과 혼연일체가 되는 감정을 느끼고 싶어 한다. 유종원(柳宗元)(773 - 819)의 〈어옹(漁翁)〉이란 시를 읽어보자.

어부들 밤에 서산의 바위틈에서 지새고
새벽녘 湘江의 맑은 물 떠다가 楚竹 꺾어 불 피우네.
연기 사라지고 해 돋더니 사람 보이지 않고
삐걱 노 젓는 소리에 산과 물이 온통 파랗기만 하네.
고개 돌려 하늘 끝 저쪽 바라보니 배 둥실 떠나가고
바위 위엔 무심한 구름만 오락가락.

漁翁夜傍西巖[349]宿　어옹야방서암숙
曉汲淸湘[350]燃楚竹[351]　효급청상연초죽
烟鎖日出不見人　연쇄일출부견인
欸乃[352]一聲山水綠　애내일성산수녹
廻看天際下中流　회간천제하중류
岩上無心雲相逐　암상무심운상축

이 시는 유종원이 영주사마(永州司馬)로 좌천되었을 때 지은 시이다. 어부들의 자유롭고 한적한 모습을 그림을 그리듯 묘사한 寫景詩로 시인의 마음 속에 좌절감과 울적함이 가득 차 있다. 이처럼 한시에는 유배 혹은 좌천당했을 때 혹은 나그네 생활할 때 그 곳의 경치나 사람

349) 永州의 西山.

350) 맑은 湘江의 물.

351) 초지방에서 자라는 대나무.

352) 노 젓는 소리.

들의 생활을 묘사하여 읊은 시들이 많다. 그런 경치 혹은 그런 생활을 하는 사람들과 〈더불어 하나〉 되는 욕망이 서려 있다고 할 수 있다.

〈유종원의 〈어옹〉을 그린 산수화〉

詠物詩로 친구에게 선물 받은 수선화를 묘사한 황정견(黃庭堅)의 〈왕충도송수선화오십지흔연회심지작영(王充道[353]送水仙花五十支欣然會心[354]之作詠)〉이란 시를 읽어보자.

물결 위를 걷는 선녀가 물보라 일으키는 버선 신고
물위를 사뿐사뿐 초생달 아래 걷는 듯,
그 누가 이 애간장 끊이는 혼을 불러다가
싸늘한 꽃을 심어 길러 한없는 시름붙이게 하였는고?
향기 머금은 흰 몸은 성을 기울게 할 만큼 아름다우나,
山礬은 아우이고 매화는 형이라 할 만하네.
앉아서 대하고 있으려니 정말로 꽃 때문에 괴로워져서,
대문 나가 큰 강물 비껴 흐르는 것 보고 한번 웃어보네.

凌波仙子生塵襪　　능파선자생진말
水上輕盈[355]步微月[356]　수상경영보미월

353) 술을 좋아하고 불교를 믿던 荊州(지금의 호북성 江陵) 사람.

354) 마음에 꼭 드는 것.

355) 아리따운 모양, 사뿐사뿐.

356) 초승달, 버선 모양을 형용하기도 한다.

是誰招此斷腸魂	시수초차단장혼
種作寒花寄愁絶[357]	종작한화기수절
含香體素[358]欲傾城[359]	함향체소욕경성
山礬[360]是弟梅是兄	산반시제매시형
坐對眞成被花惱[361]	좌대진성피화뇌
出門一笑大江横	출문일소대강횡

왕충도라는 친구에게서 수선화 50가지를 받고 기뻐서 그 수선화의 아름다움을 아주 세세하게 묘사한 시이다. 이처럼 한시에는 꽃이나 자연의 경물을 아주 세세하게 묘사한 작품이 적지 않다. 이렇게 꽃이나 자연의 경물을 세세하게 묘사한 것은 자연을 너무나도 사랑하고 그 자연과 〈더불어 하나〉 되어 살고 싶어 했던 농경민족이었다는 데 그 근본 이유가 있는 것이 아닌가 한다. 또 다른 詠物詩로 살구꽃을 너무나 세심하게 묘사한 왕안석의 〈행화(杏花)〉란 시를 읽어보자.

드넓은 수면에 징검다리 놓여 있고,
맑고 환한 물가에 띠풀집이 자리했다.
고개 숙여 여리고 고운 살구꽃 보니,
꽃이 그림자만 못한 것 같다.
어여쁘기는 진나라 경양비가,
웃음 머금고 궁중 우물에 빠져 있는 듯,
가슴 아프게도 잔물결 일어,
흐려진 화장 일그러져 고치기 어렵구나.

---

357) 시름이 대단한 것.

358) 몸이 흰 것.

359) 李延年의 〈佳人歌〉에서 인용한 고사, 굉장한 미인을 가리킨다.

360) 들꽃의 일종, 염료도 만들고 약재로도 쓰인다.

361) 꽃에게 괴로움을 당하다.

石梁[362]度空曠[363] 석양도공광
茅屋臨淸炯[364] 모옥임청형
俯窺嬌嬈[365]杏 부규교요행
未覺身勝影 미각신승영
嫣如景陽妃[366] 언여경양비
含笑墮宮井 함소타궁정
怊悵有微波 초창유미파
殘粧壞難整 잔장괴난정

시인은 물에 비친 살구꽃을 우물 속에 숨어 있던 경양비에 비겼다. 특히 "가슴 아프게도 잔물결 일어, 흐려진 화장 일그러져 고치기 어렵구나."라는 표현은 송대의 왕질(王銍)로부터 "조물주의 솜씨를 도리어 희롱했다.(倒弄造化手)"라는 극찬을 받았다 한다. 살구꽃에 대한 이런 精緻한 묘사는 그가 얼마나 자연을 사랑하고 있는가를 알 수 있게 한다. 자연을 너무나 사랑하고 그 자연과 〈더불어 하나〉 되어 살고자한 정통 농경민족 중국인들만이 묘사할 수 있는 내용인 것이다. 또 다른 詠物詩로 국화를 노래한 황소(黃巢)(? - 884)의 〈제국화(題菊花)〉란 작품을 읽어보자.

---

362) 냇물 가운데 돌덩이를 드문드문 놓아 만든 다리.

363) 탁 트이고 넓다. 여기서는 개울의 수면이 넓은 것을 의미한다.

364) 맑고 환하다. 개울물이 햇살에 반짝이므로 '환하다'라고 표현했다.

365) 여리고 곱다.

366) 景陽은 남조의 마지막 왕조인 陳나라 景陽宮을 가리키며, 景陽妃는 진나라 後主의 寵妃였던 張麗華와 孔貴賓을 가리킨다. 후주와 이 두 여인은 수나라 대군이 양자강을 건너 金陵을 칠 때 경양궁 안에 있는 우물 속에 숨어 피신했지만 결국 발각되어 포로로 잡혔다. 이 우물을 후세에 '辱井'이라고 불렀으며, 지금의 남경시 鷄鳴山 동쪽 기슭에 있다.

쏴쏴 서풍 부는 정원에 (국화) 가득 심었는데,
꽃술의 향기 차가와 나비가 오기 어렵네.
언젠가 내가 만약 봄의 신이 된다면
(국화를) 복사꽃과 함께 피어나게 보답하리라.

颯颯西風滿院栽　삽삽서풍만원재
蘂寒香冷蝶難來　예한향냉접난래
他年我若爲青帝[367]　타년아약위청제
報與桃花一處開　보여도화일처개

이 작품은 국화를 노래한 영물시라고 할 수 있겠는데, 그러나 자신의 처지를 국화에 비유해서 읊었다고도 볼 수 있다. 국화는 가을에 피어 찬 서리를 견디는 인내심과 고고한 품격을 갖추고 있지만, 봄에는 피지 않아 나비가 접근해오지 않으니 이에 자신이 봄의 신(青帝)이 되어 국화를 복사꽃과 함께 봄에 피게 하겠다고 읊고 있는 것이다. 黃巢는 당 말에 왕선지(王仙芝)의 반란군에 합세했는데, 왕선지가 죽은 후 그 농민 반란군의 영수가 되어 廣明 元年(880년)에 장안을 함락하고 스스로 황제에 즉위하여 국호를 대제(大齊)라 하였지만, 中和 4년(884년)에 관군에 패해 태산의 낭호대(狼虎臺)에서 자살한 인물이다. 농민반란인 이 황소의 난으로 말미암아 당이 급격하게 몰락하게 된다. 황소 자신은 찬 서리를 견디는 인내심과 고고한 품격을 갖춘 국화 같지만, 봄을 만나지 못해 나비(민중)를 끌어들이지 못해서 망하게 되었다고 읊고 있는 것이다. 이처럼 중국의 영물시 중에는 자기 자신을 시 작품 속의 사물에 비유하여 읊는 경우가 많았다. 한시에는 이렇게 자연의 경물이나 사물에 대한 세세한 묘사를 한 시가 많은데, 이는 자연 경물의 미묘

367) 봄을 주관하는 신.

한 변화에도 아주 민감하게 반응하는 자연을 너무나 사랑한 농경민족이었기 때문이 아닌가 한다. 한시에는 이처럼 자연 경물이나 꽃 등을 아주 자세하게 읊은 寫景詩·景物詩·詠物詩가 적지 않지만, 서구시에는 이와 대조되게 어떤 한 사물이나 동물 혹은 사람을 묘사하여 읊은 시가 많다.

황조롱이(매의 일종)를 묘사하여 읊은 Gerard Manley Hopkins의 〈The windhover 황조롱이〉란 시의 제1절을 절록하여 읽어 한시 寫景詩의 풍격과 대비해 보자.

> 나는 보았다 오늘 아침 아침의 총아, 햇빛 왕국의 황태자, 아롱진 새벽에 이끌려 나온 매가
> 넘실거리는, 그의 밑이— 평탄한, 안정된 공기에 말 타며, 저 하늘 높이 활보하는 것을, 물결치는 날개를 고삐삼아
> 아주 황홀한 모습을, 이읏고 회전하여 획획 나아간다, 마치 스케이트의 발꿈치가 활굴곡을 그리며 부드럽게 미끄러지듯.
> 돌진과 활주가 박찬다 강풍을. 숨어있는 내 마음은 설렌다 한 마리 새로 인하여, 이 새의 성취와 숙달에.
>
> Of the rolling level underneath him steady air, and striding, High there, how he rung upon the rein of a wimpling wing.
> In his ecstasy! then off, off forth on swing, As a skate`s heel sweeps smooth on a bow-bend: the hurl and gliding.
> Rebuffed the big wind. My heart in hiding, Stirred for a bird,-the achieve of, the mastery of the thing!
> I caught this morning morning`s minion, king-dom of daylight`s dauphin, dapple-dawn-drawn Falcon,in his riding.

황조롱이의 활달한 모습을 묘사하고 있는 이 시를 읽어보면 한시와는 그 풍격이 완전히 다르며, 한시에서는 도저히 나타날 수 없는 묘사로 이루어져 있다는 것을 알 수 있다.

14. 〈脫俗詩〉·〈현실에 초연한 시〉

인생이란 허무한 것이다. 고로 한시에는 이 허무한 삶에 집착하지 말고, 세속적인 삶을 티끌같이 보면서 현실을 초월해서 유유자적하는 삶을 동경하여 읊은 시가 많다. 이 역시 자연시, 전원시, 산수시, 한적시, 산중우거시, 사경시, 경물시 등의 부류와 마찬가지로 현실의 chaos 상태를 벗어나 유유자적한다는 점에서, 어떤 의미에서는 원형 상태로 회귀하지(歸) 못한다는 데서 오는 비애감을 극복했다고 볼 수도 있다. 소식의 〈화자유민지회구(和[368]子·由[369]澠池[370]懷舊)〉를 읽어보자.

사람 삶이 처함에 이르러 무엇과 같음을 아는가?
응당 나르는 큰 기러기 눈 진흙 밟는 것 같으니.
진흙 위에 우연히 발자국을 남기나,
큰 기러기 날아가면 어찌 다시 동서를 헤아리리오?
노승은 이미 죽어 새 탑을 이루었는데,
벽을 허무니 까닭 없이 (노승이 쓴) 옛 시가 보이네.
지난날의 기구함을 아직도 기억 하는가 아니한가?
길은 멀고 사람은 피곤한데 절뚝이는 노새 울부짖는구나.

人生到處知何似　　인생도처지하사
應似飛鴻踏雪泥　　응사비홍답설니
泥上偶然留指爪　　니상우연류지조
鴻飛那[371]復計東西　　홍비나복계동서

368) 和韻. 남의 시와 같은 운을 써서 시를 짓는 것.

369) 동생인 蘇轍의 字.

370) 하남성에 있는 지명.

371) '何'와 같음.

老僧[372]已死成新塔[373] 노승이사성신탑
壞壁無由見舊題[374] 괴벽무유견구제
往日崎嶇還記否 왕일기구환기부
路長人困蹇驢[375]嘶 노장인곤건려시

기 승에서 인생이란 허무한 것이라고 하고 있다. 그러나 그는 이 허무한 인생에서 오는 비애감에 빠지지 않고, 전 결에서 삶의 현장을 초연히 떠나 지난날을 회고하는 즐거움에 잠겨 있다. 그는 인생이란 도대체 무엇인가를 이미 알고 있기 때문에 그 삶에 집착하지 않고, 초연히 인생을 관조하는 道의 상태로 돌아온(歸) 것이다. 왕유(王維)가 〈작주여배적(酌酒與裴迪)〉란 시의 끝 구에서 "세상일은 뜬구름 같은 것 어찌 족히 물으리오. 차라리 높이 누워 밥이나 더 드세.(世事浮雲何足問, 不如高臥且加餐)"라고 읊고 있듯이, 그는 허무한 세속의 삶을 버리고 초월자처럼 道의 상태로 돌아온(歸) 것이다.

〈현실에 초연한 거시적 인생관을 노래한 대문호 소동파〉

이와 비슷한 거시적 안목에서 지은 두보의 〈망악(望嶽)〉이란 시를 읽어보자.

372) 5년 전 이곳을 지나다가 신세진 奉閑이라는 스님을 가리킴.

373) 노승이 죽어 화장하여 부도탑을 만들었다는 뜻.

374) 5년 전 절의 벽에 썼던 작품.

375) 절름거리는 노새.

태산은 대저 어떠한가?
푸른 모습 제나라와 노나라에 끝이 없다.
조물주는 신령스럽고 빼어난 기운을 모아 놓았고
산의 앞쪽과 뒤쪽은 밤과 새벽을 갈랐다.
층층의 구름이 생겨나니 마음이 깨끗이 씻겨 지고
눈을 크게 뜨니 돌아가는 새가 바라다 보인다.
반드시 산의 꼭대기에 올라
뭇 산들이 작은 것을 한번 바라보리라.

垈宗[376]夫如何　대종부여하
齊魯靑未了　제노청미료
造化鐘神秀　조화종신수
陰痒割昏曉　음양할혼효
盪胸[377]生曾雲[378]　탕흉생증운
決眥[379]入歸鳥　결자입귀조
會當[380]凌絶頂　회당능절정
一覽衆山小　일람중산소

태산을 본 그 장대한 모습과 그것을 보고 느낀 감회를 표현한 것으로, 속세의 모든 것을 하잖게 보는 그의 시각이 드러나 있다. 백거이의 〈대주(對酒)〉를 읽어보자.

달팽이 뿔 위에서 무엇 때문에 싸우는가?
찰나 중에 이 몸을 기탁하고서.
부유한 대로 가난한 대로 또한 즐거우니

376) 태산.

377) 가슴을 후련히 씻다.

378) 層雲의 뜻.

379) 눈가가 찢어질 듯이 눈을 크게 뜨는 것을 말함.

380) 반드시.

입을 벌려 웃지 않으면 어리석은 사람이로다.

蝸牛角上爭何事　와우각상쟁하사
石火光[381]中寄此身　석화광중기차신
隨富隨貧且歡樂　수부수빈차환락
不開口笑是癡人　부개구소시치인

짧은 인생살이 속에서 무엇 때문에 그리 아옹다옹 다투는가 하면서, 그냥 입을 벌려 웃으면 될 뿐이라고 했다. 각박한 현실을 벗어나 구도자처럼 초연하게 살라고 한 것이다. 초월자처럼 道의 상태로 돌아온(歸) 것이다. 왕유의 〈전원락(田園樂)〉이란 시를 읽어보자.

복숭아꽃 붉고 또한 밤비 머금으며,
버들은 푸르고 봄 안개 띄었도다.
꽃이 떨어지나 머슴은 쓸지 않고.
꾀꼬리 우는데 산의 客은 오히려 잠만 자는 도다.

桃紅復[382]含宿雨[383]　도홍복함숙우
柳綠更帶春烟　류록경대춘연
花落家僮[384]未歸　화락가동미귀
鶯啼山客[385]猶眠　앵제산객유면

아늑한 봄 풍경을 읊고 있는 자연시 부류라고도 볼 수 있다. 그냥 자연 속에서 속세를 초월해 이 좋은 봄에 잠자는 산의 客은 현실에 초

381) 돌과 돌이 부딪힐 때 나타나는 불빛. 짧은 순간을 뜻한다.

382) 그리고 정도의 가벼운 어조사.

383) 지난 밤부터 내리는 비.

384) 머슴.

385) 은자. 여기서는 시인 자신을 가리킨다.

연한 道의 상태에 도달했다. 산의 客 그는 현실에 초연한 상태에서 그 자연에 묻혀 자연과 구분이 되지 않는 그 자연의 일부분으로 원래상태(원형)로 돌아온(歸) 것이다. 이백의 유명한 〈월하독작(月下獨酌)〉을 읽어보자.

꽃 사이 한 동이 술
홀로 잔질하니 서로 친한 이 없네.
잔 들어 밝은 달 맞이하고,
그림자 대하니 세 사람이 되었네.
달은 원래 술을 마실 줄 모르고,
그림자 헛되이 내 몸을 따르네.
잠시 달과 그림자 벗을 삼으니,
행락은 모름지기 봄에 해야 하는 것을.
내가 노래하면 달은 배회하고,
내가 춤추면 그림자 흔들리네.
깨서는 함께 즐거움 나누다가,
취하면 각기 흩어지네.
영원히 무정한 노님을 맺고자하며,
머나먼 은하수에서 만남을 기약하네.

花間一壺酒 화간일호주
獨酌無相親 독작무상친
擧杯邀明月 거배요명월
對影成三人[386] 대영성삼인
月旣不解飮 월기부해음
影徒隨我身 영도수아신
暫伴月將[387]影 잠반월장영
行樂須及春 행락수급춘

---

386) 달과 시인 그리고 자신의 그림자.

387) 동반함을 뜻함.

我歌月徘徊　아가월배회
我舞影凌亂　아무영능란
醒時同交歡　성시동교환
醉後各分散　취후각분산
永結無情遊[388] 영결무정유
相期邈雲漢[389] 상기막운한

이백이 달빛 아래 술을 마시며 그 자연과 혼연일체가 되는 즐거움을 읊조린 작품이다. 속된 현실을 벗어나 술로 현실을 잊어버리고 달밤의 그 자연과 〈더불어 하나〉 되고 있다. 자연과 〈더불어 하나〉되어 현실에 초연한 삶을 즐기고 있는 것이다. 장구령(張九齡)의 〈감우(感遇)〉 12수 중 그 4번째 시를 읽어보자.

외로운 기러기 바다로부터 날아온 터라.
연못과 웅덩이는 감히 거들떠보지도 않는다네.
얼핏 보니 비취 새 두 마리
三珠樹 위에 깃들었는데
진기한 나무 꼭대기에서 흐뭇해 하지만
탄환 맞을 두려움이 없을 수 있을까?
고운 옷은 남의 손가락질 두렵고
뛰어난 재주는 귀신이 이를 미워하는 법.
나는 이제 훨훨 멀리 속세를 떠나 노니니
사냥꾼이 어찌 내 뒤를 따를 것이냐.

孤鴻[390]海上來 고홍해상래
池潢不敢顧　지황부감고
側見雙翠鳥　측견쌍취조

388) 달이나 그림자는 사람과 같은 감정의 주체가 아니므로 이렇게 표현했다.

389) 은하수.

390) 무리와 헤어진 외로운 기러기. 여기서는 시인 자신을 나타낸다.

巢在三珠樹[391] 소재삼주수
矯矯珍木巓 교교진목전
得無金丸懼[392] 득무금환구
美服患人指 미복환인지
高明逼神惡 고명핍신악
今我游冥冥[393] 금아유명명
弋者[394]何所慕 익자하소모

시인 장구령은 속된 정치현실의 속세를 벗어나(脫俗) 유유자적하게 살고자 하고 있다. 세속에서 부귀영화를 추구하는 것은 탄환 맞을 두려움이 있고 사냥꾼에 쫒길 두려움도 있으니 그런 세속의 관직에 집착하지 말자고 하고 있다. 이백의 〈우인회숙(友人會宿)〉이란 시도 속세를 벗어난 그의 거시적 삶의 추구를 엿볼 수 있다.

천고에 쌓인 시름 말끔히 씻어내 보고자
내리달아 1백병의 술을 마신다.
이 밤 마땅히 우리 淸談이나 나누세.
휘영청 달까지 밝으니 잠잘 수도 없지 않은가?
얼큰히 취해서 텅 빈 산에 벌렁 누우니
하늘과 땅이 바로 이불이고 베개로다.

滌蕩[395]千古愁 척탕천고수
留連[396]百壺飮 유련백호음

391) 고대 신화에 나오는 잎이 모두 구슬로 된 진기한 나무.

392) 탄환 맞을 두려움.

393) 높고 아득한 하늘.

394) 주살로 새를 잡는 사냥꾼.

395) 말끔히 씻어내다.

396) 연달아.

良宵宜清談　양소의청담
皓月未能寢　호월미능침
醉來臥空山　취래와공산
天地卽衾枕　천지즉금침

기세가 도도하고 경계가 넓어 詩仙다운 풍모를 엿볼 수 있는 작품으로, 속세의 시름 술로 잊어버리고 자연을 즐기며 청담이나 나누자고 하고 있다. 忘憂物인 술을 마셔 속세의 모든 근심과 시름을 잊어버리고 대자연 속에서 그 어디에도 얽매이지 않는 절대 자유의 거시적인 道의 상태로 돌아오고(歸) 있는 것이다.

〈이백의 〈우인회숙〉을 그린 청나라 화가 장련(莊蓮)의 회우도(會友圖) 단선(團扇). 詩仙의 풍모가 느껴진다.〉

15. 〈艷情詩〉·〈妓女詩〉·〈宮怨詩〉

염정시 부류로 어현기(魚玄機)의 〈기이억원외(寄李億員外[397])〉란 시를 읽어보자.

(늦잠 자) 해보기 부끄러워 비단 소매로 가렸나니,
봄에 시름겨워 일어나 화장하는 것도 게을리하는 도다.
값을 잴 수 없는 보물도 쉬이 구할 수 있지만,
마음에 있는 낭군은 얻기 어렵네.
베개에 엎드려 눈물 흘렸나니,
꽃 사이에서 남몰래 애간장 끊네.
스스로 그대를 몰래 훔쳐 볼 수 있으니,
어찌 반드시 첫사랑과 되지 않았다고 한스러워 하겠나?

羞日[398]遮羅袖　수일차나수
愁春懶起妝　수춘나기장
易求無價寶[399]　이구무가보
難得有心郎　난득유심랑
枕上潛垂淚　침상잠수루
花間暗斷腸　화간암단장
自能窺宋玉[400]　자능규송옥
何必恨王昌[401]　하필한왕창

397) 작자는 李億의 소실이었는데, 본부인의 질투로 여도사가 되었다함. 員外는 벼슬이름.

398) 해보기가 부끄럽다.

399) 값을 매길 수 없는 보물.

400) 초나라 辭人으로 屈原의 제자라고 함. 미남으로 이웃 여자들이 훔쳐보았다고 하는데 여기서는 李億을 비유함.

401) 누군지는 확실하지 않으나, 결혼 전 첫사랑을 말함.

이억(李億)의 소실되는 여성이 본부인의 질투 때문에 사랑하는 이억과의 사랑을 끝까지 이루어지지 못하고 나중에는 여도사가 되었다고 하는데, 이 작품은 그것을 어현기(魚玄機)라는 시인이 읊은 것이라고 한다. 사랑하는 님(이억)을 그리워하는 감정이 잘 그려져 있다. 그녀는 다시 그 님과 사랑을 나누던 옛날로 돌아가고픈(歸) 것이다. 이상은(李商隱)(813 - 858)의 〈무제(無題)〉 4수 중 제2수를 읽어보자.

살랑살랑 부는 봄바람에 보슬비 내리고
부용당 밖에는 가벼운 천둥소리
금 두꺼비가 쇄환을 물어도 향불 스며들고
옥 호랑이는 끈을 끌면서 우물물을 길어 올린다.
賈씨는 한연의 젊은 모습 주렴 사이로 엿보았고
복비는 魏王의 재주 사랑하여 베개를 주었지.
춘심을 꽃과 함께 다투어 피우지 말아라.
한 치 사랑하는 마음이 한 줌 재가 되어 버리니.

颯颯[402]東風細雨來　삽삽동풍세우래
芙蓉塘外有輕雷　부용당외유경뢰
金蟾齧鏁[403]燒香入　금섬설쇄소향입
玉虎[404]牽絲汲井迴　옥호견사급정회
賈氏窺簾韓掾少[405]　고씨규렴한연소

402) 바람이 부는 소리.

403) '金蟾'은 금두꺼비 모양을 한 향로로, 두꺼비는 나쁜 습기를 제거한다 하여 옛 사람들이 그 모습으로 향로를 제조하였다 한다. '齧鏁'는 두꺼비가 입에 鏁環을 물고 있는 것을 말한다.

404) 玉石으로 호랑이 형상을 만든 우물의 轆轤, 일설에는 井欄의 장식물이라고도 한다.

405) 賈氏는 西晉 初 대신인 賈充의 次女이고, 韓掾은 賈充의 屬官이던 韓壽이다. 《世說新語·惑溺篇》에 "賈充의 딸은 아버지가 잔치를 베풀 때 발 틈으로 韓

宓妃留枕魏王才[406] 복비류침위왕재
春心莫共花爭發 춘심막공화쟁발
一寸相思一寸灰 일촌상사일촌회

기녀풍의 염정시라고 할 수 있는데, "춘심을 꽃과 함께 다투어 피우지 말아라. 한 치 사랑하는 마음이 한 줌 재가 되어 버리니."라고 하여, 결구에서 사랑하지 말라고 하고 있다. 사랑하는 이가 떠나가 버리면(去) 결국에는 그를 그리워하는 마음에 마음은 한 줌의 재가 될 것이니 남정네를 사랑하지 말 것이라고 하고 있는 것이다. 또 다른 그의 염정시로 〈무제(無題)〉를 읽어보자.

만나기도 어렵지만 헤어지기도 또한 어려워.
동풍에 기운 없어 온갖 꽃들 시들었지.
봄누에는 죽어야만 겨우 실 토하길 다하고
촛불은 재가 되어야 눈물 비로소 마르리.
새벽에 거울 보며 오직 구름 같은 머리털 세는 것 근심하며

壽의 아름다운 용모를 보고 반하여 그와 정을 통하였다. 뒤에 이 일이 발각되어 賈充은 이 사실을 숨기고 韓壽를 사위로 삼았다고 기록되어 있다.

406) 宓妃는 고대 신화에 나오는 황제 伏羲氏의 딸로 洛水에 빠져 죽어 洛神이 되었다고 한다. 여기에서는 曹丕의 황후였던 甄氏를 가리킨다. 魏王은 曹植인데, 위왕과 견씨의 고사에 대해서는《文選 · 洛神賦》에 魏 東阿王 曹植은 甄逸의 딸에게 반하여 자기의 妃로 삼으려 했으나, 曹操가 그녀를 曹丕에게 시집보냈다. 후에 甄后가 죽은 뒤, 조비는 그녀의 유물인 베개를 조식에게 보여주니 이에 조식은 눈물을 흘렸다. 그 뒤 조식은 돌아가는 길에 洛水에서 甄后의 영혼을 만나게 되는데, 그녀는 그에게 '저는 원래 전하께 마음을 두었습니다마는 소원대로 되지 못했습니다. 이 베개는 제가 시집갈 때 가지고 간 것으로 전에는 曹丕와 함께 사용하였지만 이제부터는 전하와 함께 하렵니다.' 하고 사라지자. 조식이 그 일을 생각하고 喜悲의 감정을 이기지 못하고 〈洛神賦〉를 지었다고 기록되어 있다.

밤에 읊조리다가 응당 달빛 차가움 느끼리라.
봉래산은 여기서 멀지 않으니
파랑새야 넌지시 나를 위해 찾아봐 주려무나.

相見時難別亦難　상견시난별역난
東風無力百花殘　동풍무력백화잔
春蠶到死絲方盡[407]　춘잠도사사방진
蠟炬成灰淚始乾[408]　납거성회루시건
曉鏡但愁雲鬢改　효경단수운빈개
夜吟應覺月光寒　야음응각월광한
蓬萊[409]此去無多路　봉래차거무다로
靑鳥殷勤爲探看　청조은근위탐간

이 시는 別離와 그로 인한 相思의 정을 그린 염정시로, 감내하기 힘든 이별의 한과 종생토록 바래지 않는 추억, 그리고 다시 만날 기약이 없는 시인의 哀傷이 절실하게 그려져 있다. 헤어짐과 그리움 그리고 다시 만날 수 없다는데서 오는 비애감, 이런 것들에는 모두 헤어지기(去) 싫고 또한 다시 돌아가(歸) 만나고 싶다는 정서 아래에서 이루어진 것들이다. "봉래산은 여기서 멀지 않으니, 파랑새야 넌지시 나를 위해 찾아봐 주려무나."라고 하여, 봉래산에 계신 님을 파랑새가 자신을 대신하여 찾아봐 주기를 바라고 있다. 봉래산에 계신 님이 돌아와(歸)

407) 봄누에가 실을 토해내는 것을 비유한 것으로, 堅貞한 사랑은 죽은 후에야 비로소 그치게 될 것이라는 뜻이다. '絲'와 '思'는 발음이 같기 때문에 끝없는 사랑 혹은 그리움과 시름을 나타내는 雙關語이다.

408) '淚'는 촛농과 눈물을 동시에 나타내는 雙關語이고, '灰'는 잿빛의 절망과 우울을 상징적으로 표현하고 있다.

409) 전설상 동해 한가운데 있다는 三神山 중의 하나로, 여기서는 시인이 사랑하는 사람을 신선에 견주어 그가 사는 곳을 미화한 표현이다.

그 님과 아름다운 사랑을 나눈 시절로 돌아가고픈(歸) 것이다. 이백이 양귀비의 아름다운 자태를 묘사하여 노래한 〈청평조사(淸平調詞)〉 3수 중 그 첫 수를 읽어보자.

> 구름 같은 옷차림 꽃다운 모습
> 봄바람 난간을 스치고 이슬 맺힌 꽃 아리땁다.
> 만약 군옥산에서 만나는 선녀가 아니라면
> 요대 달빛 아래서나 만날 수 있는 미인이어라.
>
> 春風拂檻露華濃　춘풍불함노화농
> 若非群玉山[410]頭見　약비군옥산두견
> 會向瑤臺[411]月下逢　회향요대월하봉
> 雲想衣裳花想容　운상의상화상용

〈화청궁 안에 있는 양귀비 대리석상. 당 현종과 그녀의 로맨스는 많은 시인 묵객의 시심을 불러 일으켰다.〉

이 시는 당 현종이 양귀비와 침향정(沈香亭)에 핀 모란꽃을 감상하면서 흥을 돋우기 위해 장안에서 공봉한림(供奉翰林)을 지내던 이백을 불러 악장을 짓게 하고 이를 청평조에 맞춰 연주한 것이라 한다. 양귀비의 어여쁜 자태를 묘사하고 있는데, 한시에는 이런 염정시 부류가 많다.

기녀시 부류에도 좀 특이한 진관(秦觀, 1049 - 1100)이 그의 애인 여도사 창사(暢師)의 아름다움을 묘사한 〈증여관창사(贈女冠暢師[412])〉란 작품을 읽어보자.

---

410) 전설 속의 西王母가 산다는 곳.

411) 구슬로 된 누대로 서왕모가 산다고 함.

412) 여도사 暢師에게 줌. 女冠은 여도사, 暢은 그녀의 성이고 師는 도사에 대한 존칭임.

눈동자는 가을물 같고 허리는 동여맨 듯한데,
한폭 검고 얇은 비단으로 차가운 옥같은 얼굴 싸고있네.
날씬하여 스스로 선녀 같은 자태 지녔으니,
많은 미녀들 둘러보아도 모두 속된 먼지 같네.
안개 서린 누각 구름 나는 창 안을 사람들은 들여다볼 수도 없으나,
그 문 앞의 수레와 말은 제멋대로 왕래하네.
새벽 제단에 치성 드리고 나니 봄날은 고요하고,
붉은 꽃잎 땅 가득히 떨어지는 속에 까마귀 새끼 울고 있네.

瞳人剪水[413]腰如束	동인전수요여속
一幅烏紗[414]裹寒玉[415]	일폭오사과한옥
飄然自有姑射[416]姿	표연자유고야자
回看粉黛皆塵俗	회간분대개진속
霧閣雲窓人莫窺	무각운창인막규
門前車馬任東西	문전거마임동서
禮罷曉壇[417]春日靜	예파효단춘일정
落紅滿地乳鴉[418]啼	낙홍만지유아제

옛 중국에서는 사대부 남자들의 사랑의 대상에는 기녀가 제일 많았지만, 그 외에도 이처럼 여도사들도 있었다. 이 외에 만당시인 이상은(李商隱)의 많은 시들이 여도사와의 자유분방한 사랑을 읊고 있다. 그의 애인 여도사 창사의 눈동자며 허리에 대한 묘사가 아름답고, 또한

413) 李賀의 〈唐兒歌〉에 "한 쌍의 눈동자가 가을물을 잘라놓은 것 같다.(一雙瞳人剪秋水)"에서 나온 말. 瞳人은 눈동자, 剪水는 물을 칼로 자른 듯 맑고 깨끗하다는 뜻.

414) 검고 얇은 비단.

415) 차가운 옥, 여도사의 얼굴이나 몸매를 비유한 말.

416) 藐姑射之山에 산다는 처녀처럼 아름다운 신선.

417) 새벽 제단에 신에게 드리는 致誠을 드리고 나서.

418) 어린 까마귀.

검고 얇은 비단으로 얼굴을 감싸고 있는 여도사 창사의 모습에 약간의 신비감마저 느껴진다. 진관 그는 현실의 근심 걱정을 모두 잊어버리고 여도사 창사에게 돌아가(歸) 아름다운 그녀와 더불어 아름다운 사랑을 나누고 싶은 욕망이 있는 것이다.

이와 풍격이 완전히 대조되는 서구시로 Ezra Pound의 〈A girl 소녀〉란 시를 읽어 비교해보자. 이 시는 아름다운 소녀를 나무의 요정에 비교하여 읊은 참신하고 순진한 시로, 위의 이백의 양귀비 묘사와 진관의 여도사 창사의 묘사와는 완전히 그 풍격을 달리한다.

> 나무가 내 손으로 들어갔다, 수액이 내 팔로 올라갔다,
> 나무가 내 젖가슴 속에 자란다. 아래쪽으로
> 나뭇가지가 나로부터 뻗친다, 팔처럼.
>
> The tree has entered my hands, The sap has · ascended my arms,
> The tree has grown in my breast. Downward,
> The branches grow out of me, like arms.
>
> 너는 나무, 너는 이끼,
> 너는 바람이 머리 위로 부는 오랑캐 꽃. 한 어린애-아주 키 큰-너는,
> 그런데 이 모든 것이 세상에선 어리석게 보이리.
>
> Tree you are, Moss you are,
> You are violets with wind above them. A child-so high-you are,
> And all this is folly to the world.

이상은의 〈항아(嫦娥)〉란 시를 읽어보자.

> 운모 병풍에 촛불 그림자 가물가물
> 은하수 차츰 사라지고 새벽별 흐릿하다.
> 항아(嫦娥)는 불사약 훔친 것 후회하리라.
> 푸른 바다 파란 하늘에서 밤마다 시름에 젖게 되었으니.

雲母屛風燭影深　운모병풍촉영심
長河[419]漸落曉星沈　장하점락효성침
嫦娥[420]應悔偸靈藥　항아응회투령약
碧海靑天夜夜心　벽해청천야야심

서왕모의 불사약을 훔쳐 달로 달아나 달의 신이 되었다는 항아(嫦娥)가 그것을 후회하며 밤마다 외로워 시름에 젖게 될 것이라고 하고 있다. 이는 시인 자신의 처지를 항아에 이입시킨 것인데, 시인 자신이 님과 떨어져 홀로 규방에서 외로이 고독감에 젖어있는 슬픔을 노래하고 있다. 님과 항상 함께 하고픈 심정이 깊게 베여있다. 이와 비슷한 宮怨詩 계열로 두목(杜牧)의 〈추석(秋夕)〉을 읽어보자.

은촉의 가을빛에 차가운 그림 병풍
가벼운 비단으로 만든 작은 부채로 반딧불을 쫓는다.
섬돌가의 밤 빛, 서늘하기가 물과 같은데
앉아서 견우성과 직녀성을 바라본다.

銀燭秋光冷畵屛　은촉추광랭화병
輕羅小扇撲流螢　경라소선박류형
天階[421]夜色涼如水　천계야색량여수
坐看牽牛織女星　좌간견우직녀성

이 시는 궁중에서 가을밤을 맞은 어느 궁녀가 느끼는 무료함과 번뇌를 읊은 작품으로, 자신을 서로가 서로를 사랑하면서도 떨어져 있

419) 은하수.

420) 后羿의 妻인데, 后羿가 西王母에게서 불사약을 얻었는데, 그녀가 그것을 훔쳐 먹고는 혼자 달나라로 도망가서 月宮에 살았다고 한다. 후에 嫦娥는 달의 代稱을 쓰였다.

421) 황궁의 石階. 일설에는 '露天의 石階'로 풀이하기도 함.

는 견우와 직녀에 견주고 있다. 님(임금)에게 내쳐 친 궁녀의 恨과 쓸쓸함이 짙게 베여있는 작품이다. 서로 사랑하면서도 떨어져 있는 견우와 직녀처럼 이제는 혼자 있기가 싫고, 그 님(임금)과 정을 서로 주고받던 옛 시절로 되돌아가고픈(歸) 심정이 작품 속에 짙게 깔려 있다. 전체적으로 차가운 분위기가 느껴지는데, '銀', '冷', '凉'이란 시어가 그것을 나타내고 있다. 宮怨詩 계열로 왕창령(王昌齡)의 〈장신추사(長信秋詞)〉 5수 중 제 3수를 읽어보자.

> 새벽에 청소하며 金殿을 열어놓고
> 둥근 부채 들고서 잠깐 동안 서성인다.
> 옥 같은 내 얼굴이 까마귀보다 못하니
> 까마귀는 그래도 昭陽宮의 아침 햇살 띠고 오는 것을.

> 奉帚[422]平明金殿開　봉추평명금전개
> 且將團扇共徘徊[423]　차장단선공배회
> 玉顔不及寒鴉色　옥안부급한아색
> 猶帶昭陽[424]日影來　유대소양일영래

반첩여(班婕妤)는 본래 한 成帝의 총애를 받았으나 뒤에 성제가 조비연(趙飛燕)을 총애하자, 그녀는 장신궁(長信宮)에 가서 太后를 侍奉하게 된다. 이 시는 바로 그 고사를 빌려 총애를 잃은 宮妃의 처량한 신세를 읊고 있는데, 더위가 가면 부채는 버림받지만 까마귀는 임금이 있는 소양궁으로 마음대로 갈 수 있다고 읊고 있다. 다시 成帝의 총애

422) '공경스럽게 빗자루를 들다.'라는 뜻으로, 장신궁을 청소하는 것을 말함.

423) 잠시 부채를 들고 배회한다는 뜻으로, 궁궐을 청소한 뒤 느끼는 宮妃의 적막한 심정으로 묘사한 것으로 班婕妤의 〈怨歌行〉의 내용을 암용하고 있다.

424) 漢 成帝와 趙飛燕 자매가 거처하던 궁궐 이름.

를 받아 함께 사랑을 나누던 옛 시절로 돌아가고픈(歸) 것이다.

중국에서 염정시, 기녀시 부류가 많이 지어진 것은 속된 현실을 떠나 기녀의 품에 안겨 그 속된 현실을 잊고 도피하려는 데에 원인이 있는 것으로 여겨지는데, 현실에 적극 참여하기보다는 도피해 기녀의 품으로 돌아가(歸) 현실을 잊고자 한 것이다. 중국에서 자연을 그 주제로 한 시(자연시, 전원시, 산수시, 한적시, 산중우거시, 은둔시, 寫景詩, 景物詩 등)가 가장 많이 지어졌다고 하면, 서구시들은 청춘남녀간의 사랑의 감정을 주로 읊은 연애시가 가장 많이 지어졌다고 할 수 있다. 그 서구의 연애시들 대부분이 청순발랄하고 순진무구하여, 중국의 閨怨詩, 妓女詩, 艶情詩, 宮怨詩 부류와는 그 풍격이 완연히 다르다.

청춘남녀 간의 연애와 사랑을 거부한 유가문화권의 중국에서는 서구시에서 가장 많은 분량을 차지하는 결혼하지 않은 청춘남녀 간의 사랑을 읊은 연애시는 지어지지 않았지만, 남녀 간의 사랑은 본질적인 것이어서 이것이 변질되어 나타난다. 아무리 서로 사랑해도 도덕적 하자가 있을래야 있을 수가 없는 부부 간의 사랑을 노래한 시(규방시·규원시·행역시), 당시 사대부 사회에서 사랑의 공용물인 기녀와의 사랑을 읊은 시(염정시·기녀시) 그리고 임금과 궁녀와의 사랑을 읊은 시(宮怨詩)로 변질되어 나타나는 것이다. 유가문화권에서처럼 기녀문학이 이렇게 발달한 나라도 없는데, 이는 결혼하지 않은 청춘남녀 간의 연애와 사랑을 거부한 유가문화가 만들어 낸 하나의 변질 현상이라고 할 수 있다.

William Shakespeare의 〈My Mistress` Eyes 내 애인의 눈은〉이란 시를 읽어보자.

> 눈이 희다면, 그럼 그녀의 젖가슴은 거무스름한 해: 머리칼이 철사라고 하면, 검은 철사가 머리 위에 자란다.
> 赤白色 다마스크 장미를 보았지만, 그러한 장미를 그녀의 뺨에서 나는 볼 수 없다.
> 그리고 어떤 향수 속엔 더 많은 기쁨이 있다. 내 애인이 내쉬는 숨결보다도
> 그녀가 말하는 것을 나는 좋아한다, 그러나 잘 알고 있다. 음악이 훨씬 더 즐거운 음향을 갖고 있음을:
> 女神이 걸어가는 것을 한 번도 본 일이 없음을 자인하지만, 내 애인은 걸을 땐, 땅위를 밟고 간다.
> 그러나 하늘에 맹세코, 나는 생각한다. 내 애인이 그릇되게 비교된 딴 어떤 여자 못지않게 빼어났다고.
> 내 애인의 눈은 조금도 태양 같지 않다. 산호가 훨씬 더 붉다, 그녀의 빨간 입술보다도.
>
> If snow be white, why then her breasts are dun. If hairs be wires, black wires grow on her head:
> I have seen roses damask`d, red and white, But no such roses see I in her cheeks;
> And in some perfumes is there more delight, Than in the breath that from my mistress reeks.
> I love to hear her speak, yet well I know, That music hath a far more pleasing sound:
> I grant I never saw a goddess go; My mistress when she walks treads on the ground.
> And yet, by heaven, I think my love as rare. As any she belied with false compare.
> My mistress` eyes are nothing like the sun; Coral is far more red, than her lips` red;

이 시는 세익스피어의 소네트 150편 중 제 130편의 작품이다. 자기 애인의 빼어남을 묘사하고 그것을 자랑한 작품인데, 중국 한시의 특징이라고 하는 비애감 소극성이 전혀 드러나지 않고, 또한 한시의 閨

怨詩, 妓女詩, 艶情詩, 宮怨詩 부류에 자주 나타나는 정서인 思, 怨, 恨, 哀愁의 감정도 없어 한시와는 그 풍격이 전혀 다르다. 유목문화(去) 지역을 기반으로 하여 발생한 서구시는 그 풍격이 농경문화(歸)를 그 기반으로 하여 발생한 한시와는 전혀 다른 것이다.

또 다른 William Butler Yeats의 〈He wishes for the cloths of heaven 하늘의 융단〉이란 시를 읽어보자.

> 금빛 은빛 무늬든, 하늘의 수놓은 융단이,
> 밤과 낮의 어스름의 파란, 침침한, 검은 융단이 내게 있다면,
> 그대의 발밑에 깔아드렸으니: 나는, 가난하여, 가진 것은 오로지 꿈 뿐;
> 그대의 발밑에 깔아드렸으니: 사뿐히 밟으소서, 그대 밟는 것 내 꿈이오니.
>
> Had I the heaven`s embroidered cloths, Enwrought with golden and silver light,
> The blue and the dim and the dark cloths, Of night and light and half-light,
> I would spread the cloths under your feet: But I being poor, have only my dreams;
> I have spread my dreams under your feet; Tread softly because you tread on my dreams.

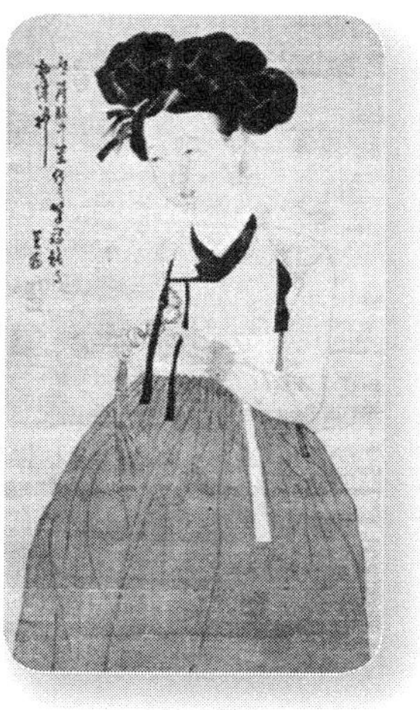

자기가 사랑하는 연인에게 가난하여 가진 것은 꿈 뿐이라고 하면서 그 꿈을 깔아 드릴테니, 연인에게 그 꿈을 사뿐히 밟고 오라고 하고 있다. 김소월의 〈진달래〉란 시를 연상케 하는데, 중국의 한시에서는 전혀 발견할 수 없는 풍격이다.

〈조선 최고의 기녀 황진이 초상화. 유가문화권에서처럼 기녀문학 염정문학이 이렇게 발달한 나라도 없는데, 이는 결혼하지 않은 청춘남녀간의 연애를 거부하는 유가문화가 만들어낸 하나의 변질 현상이라고 할 수 있다.〉

16. 〈社會詩〉·〈風喩詩〉

이 부류의 시들은 민중들의 고난과 탐관오리들의 포악함 그리고 현실의 모순을 직시하여 그것을 있는 그대로 사실적으로 묘사하고 있다. 그러나 이 부류의 시들은 민중들의 고난과 탐관오리들의 포악함 그리고 현실의 모순 그 자체를 있는 그대로 사실적으로 슬프게만 묘사할 뿐, 서구의 사회시, 참여시, 저항시에서처럼 현실의 모순을 타파하는 비전(해결책)을 제시하는 내용이 전혀 없다. 이들 중국의 사회시, 풍유시, 고발시가 현실의 모순과 민중의 고난을 그냥 슬프게만 묘사하고 있다는 점에서는 기타 한시 부류와 공통적이라 할 수 있다. 농경민족인 중국인들의 원형회귀(歸)적인 심성이 서구 사회시·참여시·저항시에서 흔히 보이는 현실의 모순을 해결하고 그 비전(去)을 제시하는 요소를 뒤로 끌어당겨 거부했으리라 여겨진다. 두보의 〈춘망(春望)〉을 읽어보자.

> 나라는 부셔져도 산하는 여전하고,
> 성에 봄이 오니 초목만 무성하구나.
> 때를 느껴 꽃을 보며 눈물 뿌리니,
> 이별을 한스러워 하는데 새가 마음을 놀라게 하는구나.
> 봉화가 3달이나 이어지고,
> 집에서 온 편지는 만금에 해당한다.
> 흰 머리는 긁어 더욱 짧아지고,
> 거의 비녀조차 이기지 못하는구나.
>
> 國破山河在　국파산하재
> 城春草木深　성춘초목심
> 感時花賤淚[425] 감시화천루

425) 눈물을 뿌리다.

恨別鳥驚心　한별조경심
烽火連三月　봉화연삼월
家書抵萬金　가서저만금
白頭搔更短　백두소경단
渾欲不勝簪　혼욕부승잠

봄에 안사의 난으로 인해 폐허가 된 곳에서 지난날을 회고하면서, 時局을 근심하고 처자들을 그리워하고 있다. 현실의 chaos 상태를 슬프게만 읊는 것은 기타 한시들과 공통적이다. 또 조송(曹松)의 〈기해세(己亥歲[426])〉 제 1수란 시를 읽어보자.

못이 많은 나라와 강산에 전쟁에 드니,
백성들이 어찌 즐겨 장작패고 풀베기를 계획하리오.
그대에게 부탁하노니 제후에 봉해지는 일 말하지 말게나.
한 장수가 무공을 세우려면 무수한 병사 죽어야 한다네.

澤國[427]江山入戰圖[428]　택국강산입전도
生民何計樂樵蘇[429]　생민하계낙초소
憑君[430]莫話封侯事　빙군막화봉후사
一將功成萬骨[431]枯　일장공성만골고

장수가 무공을 세우기 위해서는 무수한 병사를 죽어야 하니, 그대는 제후가 되길 바라지 말라고 충고하는 내용이다. 백성들을 고난에

426) 僖宗 乾符 6년(879)임.
427) 擇地가 많은 지방 즉 水鄕.
428) 전쟁이 행해지는 지역.
429) 나무하기와 풀베기. 최저 한도의 생활을 뜻함.
430) 그대에게 바란다.
431) 셀 수 없이 많은 병졸들의 목숨.

빠뜨리는 전쟁을 비난하는 사회시라고 할 수 있다. 짧은 사회시, 풍유시로 매요신(梅堯臣)(1002 - 1060)의 〈도자(陶者)〉란 시를 읽어보자.

집 문 앞의 흙은 질그릇으로 다 구워 내었건만
그대 집 지붕 위엔 기와 한 조각 없네.
열 손가락에 진흙 묻히지 않는데도
고래등 같은 기와집에 사는 이 있건만!

陶盡門前土　도진문전토
屋上無片瓦　옥상무편와
十指不霑泥[432]　십지부점니
鱗鱗[433]居大廈[434]　인린거대하

열심히 일하며 고생하는 독짓는 사람은 자신의 집 지붕 위에 얹을 기와 한 조각 없는데, 손에 진흙 한번 묻히지 않고 살아온 관리들은 고래등같은 기와집에 살고 있다고 비꼬고 있다, 이처럼 한시에는 비꼬고 풍자하고 알리는 시는 있을지 몰라도, 이런 모순을 타파하려는 적극적인 내용으로 이루어진 시는 없다고 할 수 있다. 이는 항상 순환 회귀(歸)적 삶을 살아온 농경민족 중국인들의 기본적인 심성이 모순을 해결하고 타파하며 앞으로 나가는(去) 경향을 끌어당겨 막은 것이 아닌가 한다. 또 다른 풍유시로 남송의 우국시인 유극장(劉克莊, 1187-1269)의 〈고한행(苦寒行[435])〉을 읽어보자.

432) 진흙을 묻히다.

433) 물고기 비늘이 가지런히 있는 모양. 기와 모양을 형용한 것이다.

434) 큰 집.

435) 본시 相和歌辭 淸調曲에 속하는 옛 악부 이름, 樂府舊題를 빌어 자신의 감상을 노래한 것이다.

10월의 변방은 날씨가 고약한데,
관군들 몸에 걸친 옷은 얇기만 하네.
의복 담당 특사는 올 건가 안올 건가?
밤은 길고 갑옷은 차니 잠 이루기 어렵네.
서울 성안에는 고관들이 많은데,
호화로운 대문은 해가 높이 떠도 열리지 않네.
겹겹이 포장치고 발치고 병풍까지 둘러놓고,
술 취해서 병풍 밖 추운 줄은 알지도 못하네.

十月邊頭[436]風色[437]惡　시월변두풍색악
官軍身上衣裘[438]薄　관군신상의구박
押衣勑使[439]來不來　압의칙사래불래
夜長甲冷睡難着　야장갑랭수난착
長安城中多熱官[440]　장안성중다열관
朱門[441]日高未啓關[442]　주문일고미계관
重重幃箔[443]施屛山[444]　중중위박시병산
中酒不知屛外寒　중주부지병외한

전쟁을 통해 변방 병사들이 겪는 고된 생활을 고발하고 있다. 병사들은 헐벗고 추위에 시달리며 싸우고 있는데도, 서울의 고관들은 매일 잔치나 벌이며 술에 취해 병사들의 고난 같은 것은 염두에 두지도 않

436) 변경.
437) 날씨.
438) 옷과 갖옷.
439) 의복 공급을 담당하는 임금의 특사.
440) 권세가 있는 관리.
441) 붉은 대문, 호사스러운 집을 가리킴.
442) 대문의 빗장.
443) 장막과 발.
444) 산이 그려진 병풍, 산 모양의 병풍.

고 있다고 하고 있다. 또 다른 사회시, 풍유시로 두보의 유명한 〈동관리(東關吏)〉를 읽어보자.

병사들 왜 저리 애를 쓰고 있나.
동관 길에서 성을 쌓는구나.
큰 성은 쇠보다 견고하고
작은 성도 萬丈이 더 되는 곳에 있다.
동관의 관리에게
"關 보수하는 것 오랑캐 방비하려는 것이지?"라고 묻자,
나를 말에서 내려 걷게 하고는
나에게 산모퉁이를 가리킨다.
"구름에 잇닿아 방어 목책이 줄지어 있으니
날아다니는 새도 넘어 다닐 수 없을 것입니다.
오랑캐가 와도 다만 스스로 지키기만 하면 되니
어찌 다시 西都를 근심하겠습니까?
어르신네, 저 요해처를 보시지요.
좁고 험하여 수레 하나 겨우 지나갈 뿐입니다.
어려운 상황에서 긴 창을 휘두르는 데는
영원히 한사람이면 됩니다."
슬프구나, 예전 도림(桃林)의 전장에서
백만 군대가 물고기 밥이 되었음이여.
關을 지키는 장수에게 부탁하노니
삼가 가서한(哥舒翰)의 일을 배우지 마시라.

士卒何草草[445] 사졸하초초
築城潼關道　축성동관도
大城鐵不如　대성철불여
小城萬丈餘　소성만장여
借問潼關吏　차문동관리

---

445) 애쓰는 모양. 바쁘고 허둥대는 모양.

修關還備胡[446] 수관환비호
要我下馬行 요아하마행
爲我指山隅 위아지산우
連雲列戰格[447] 연운열전격
飛鳥不能踰 비조부능유
胡來但自守 호래단자수
豈復憂西都[448] 기복우서도
丈人[449]視要處 장인시요처
窄狹容單車 착협용단거
艱難奮長戟 간난분장극
萬古用一夫 만고용일부
哀哉桃林戰[450] 애재도림전
百萬化爲魚 백만화위어
請囑防關將 청촉방관장
愼勿學哥舒 신물학가서

동관은 섬서성 화음현(華陰縣)의 동북쪽에 있다. 天寶 15년(756년)에 이곳을 지키던 가서한(哥舒翰)이 안록산의 반군이 쳐들어오자 關을 지키지 않고 나가 싸우다 대패했는데, 그 결과 장안은 반군에 의해 함락되었다. 시인은 이곳을 지나다가 성을 보수하는 사람들에게 이전에 참패했던 경험을 살려서 장안을 굳게 방비하라고 하고 있다. 두보의 또 다른 사회시인 〈신혼별(新婚別)〉을 읽어보자.

446) 여기서는 安史의 반군을 뜻한다.

447) 적을 방어하기 위한 장애물.

448) 장안.

449) 시인 자신을 가리킴.

450) 하남성 靈寶縣으로부터 서쪽의 潼關까지를 桃林이라고 하였는데, 가서한이 안록산의 반군과 치른 전쟁을 말한다.

토사(兎絲)가 쑥과 삼에 붙어사니
덩굴을 늘려도 길 수 없는 법.
출정하는 사람에게 딸을 시집보냄은
길가에 버리는 것보다 못하답니다.
머리 묶고 아내가 되었지만
그대의 침상 자리 따뜻할 새도 없이
저녁에 결혼하고 새벽에 이별을 고하니
너무나 총총한 게 아닌가요?
그대 가시는 길 비록 멀지 않다 하나
변방을 지키러 하양(河陽)에 가야할 판.
첩의 신분 아직 분명치 않으니
어떻게 시부모님께 절을 올려야 하나요?
부모님 나를 기르실 적에
밤낮으로 나를 집에 있게 하셨지만
딸을 낳으면 시집을 가는 법
닭과 개도 거느리고 가지요.
그대 이제 생사가 걸린 곳에 가시니
침통함이 창자 속까지 밀어닥쳐요.
맹세코 그대를 따르고자 하나
그러면 사정이 도리어 어렵게 되겠지요.
신혼이라는 생각은 마시고
힘써 군대 일을 보십시오.
아녀자가 군대에 있으면
병사들의 사기 떨치질 못할 겁니다.
스스로 한탄하오니, 가난한 집의 딸이
오랜만에 비단옷을 장만했지만
비단 옷 다시는 입지 않을 것이고
그대 보는 앞에서 붉은 화장을 지운답니다.
고개 들어 뭇 새들 나는 것 보니
크나 적으나 반드시 쌍쌍이 날개 짓을 합니다.
인간사 어긋나는 일이 많은 법

그대와 길이 서로 바라봅니다.

引蔓故不長 인만고부장
嫁女與征夫 가녀여정부
不如棄路傍 부여기로방
結髮爲妻子 결발위처자
席不煖君牀 석부난군상
暮婚晨告別 모혼신고별
無乃太匆忙 무내태총망
君行雖不遠 군행수부원
守邊赴河陽[451] 수변부하양
妾身未分明 첩신미분명
何以拜姑嫜[452] 하이배고장
父母養我時 부모양아시
日夜令我藏 일야령아장
生女有所歸 생녀유소귀
鷄狗亦得將 계구역득장
君今生死地 군금생사지
沉痛迫中腸 침통박중장
誓欲隨君去 서욕수군거
形勢反蒼黃 형세반창황
勿爲新婚念 물위신혼념
努力事戎行 노력사융행
婦人在軍中 부인재군중
兵氣恐不揚 병기공부양
自嗟貧家女 자차빈가녀
久致羅襦裳 구치나유상
羅襦不復施 나유부복시
對君洗紅妝 대군세홍장

451) 하남성 孟縣.

452) 시어머니와 시아버지.

仰視百鳥飛 앙시백조비
大小必雙翔 대소필쌍상
人事多錯迕 인사다착오
與君永相望 여군영상망
兎絲[453]附蓬麻[454] 토사부봉마

결혼하자마자 신랑이 출정을 하게 되어 생이별하는 신혼부부를 보고서 시인은 신부의 입장에서 이 시를 읊고 있다. 문학사에서 이 시를 대표적인 사회시라고 하나, 이 시는 현실의 고통과 비애를 그대로 사실적으로 상세하게만 그려낼 뿐, 서구 사회시, 참여시, 저항시, 혁명시에서 일반적으로 보이는 것과 같은 그런 사회적 모순을 타파하는 해결책이나 비전(去)은 제시하지 않고 있다. 서구 사회시, 참여시, 저항시, 혁명시에서 보이는 '나를 따르라.', '깃발을 높이 들어라.', '들고 일어나라.', '앞으로 나가 쳐부수어라.', '노예가 되기 싫은 자 함께 나서자', '앞으로 희망의 나라로 전진하자'와 같은 시구가 중국의 사회시, 풍유시에는 보이지 않는 것이다. 이는 24절기를 주기로 순환 회귀적인 삶을 수천 년 동안 살아온 농경민족 중국인들의 순환 회귀(歸)적 사유체계가 이렇게 사회적 모순 타파를 위한 해결책이나 비전(去)을 제시하는 것을 막은 것이 아닌가 한다.

이 〈新婚別〉은 시인 자신이 남성(두보)임에도 불구하고 그는 여성(新婦)의 입장에서 이 시를 짓고 있다. 여성의 입장에서 지은 중국의 대표적인 시들인 규방시·규원시 등의 작품들은 실은 대부분 남성에 의

453) 일년생 寄生蔓草로 실 같은 줄기로 다른 나무에 붙어 생장한다. 흔히 출가한 여성을 비유함.

454) 다북쑥과 삼에 붙다. 좋은 사람에게 시집가지 못해서 잘 의지하고 살 수 없음을 비유한다.

〈시성 두보. 안사의 난을 거치면서 그는 많은 사회시 풍유시를 남겼다.〉

하여 적혀졌다. 그러나 이와 반대로 시인 자신이 여성이면서 남성의 입장에서 지은 시들(행역시 등)은 별로 없다. 전통 중국사회에서 여성 시인이 별로 없기도 하지만, 소수의 여성 시인들 중에서도 그녀가 남성의 입장에서 지은 시가 거의 없는 것이다. 이런 것들은 중국의 한시가 그 얼마나 여성적인 정서가 많이 우러나는가를 알 수 있게 한다.

중국의 사회시 부류와 그 느낌과 풍격을 달리하는 서구시로 Hilda Doolittle의 〈The wind sleepers 바람 잠자다〉라는 시를 절록하여 읽어 그 느낌과 풍격을 비교해 보자.

> 부수어라- 우리의 제단을 부수어라. 절벽의 둥근 돌을 끌어내어라.
> 그 위에 거친 돌들을 쌓아라. 우리는 바람 때문에 더 오래 잠자지도 자신을 달래지도 않으리라.
> 결코 멈추지 않는 구슬픈 바람 속에 찬송하며 천천히 둥글게 걸어가 노래로 찬미하라.
>
> Tear- tear us an alter, Tug at the cliff-boulders,
> Pile them with the rough stones- We no longer sleep in the wind, propitiate us.
> Chant in a wail that never halts, Pace a circle and pay tribute with a song.

바람 때문에 제단이 무너지고 자신들 때문에 잠들지도 못하지만, 그래도 멈추지 않는 바람 속에서도 결코 희망을 잃지 않고 찬송가를 노래하겠다고 읊고 있다. 여기에서 바람이란 관리의 폭정을 가리키고 그런 관리들의 폭정에 제단이 무너지고 사람들이 고난스럽다고 하더라도 끝까지 희망을 잃지 않고 찬송가를 부르며 나아가겠다고 하고 있는 것이다. 중국의 사회시가 관리의 폭정 민중의 고난 등을 슬프고 처절하게 있는 그대로 묘사하는 데만 치중하고 그 해결 방법을 제시하지 않았다면, 서구의 이런 사회시, 참여시, 저항시 계통들은 이처럼 민중들에게 희망을 주거나 혹은 문제 해결의 방법을 제시하는 경향을 가지는 것이 다른 점이다. 또 다른 서구의 사회시, 저항시로 〈레미제라블〉에 나오는 프랑스 혁명 때 불렀다는 〈혁명의 노래〉를 읽고 중국의 사회시와 비교해보자.

> 민중의 노래가 들리는가? 칠흑 속에 길을 잃은 자들의 노래가!
> 이 노래는 빛을 향해 올라가는 사람들의 노래!
> 이 땅의 불쌍한 자들을 위해 꺼지지 않는 불꽃이 있으리.
> 칠흑의 밤조차 결국 끝이 나고 태양은 떠오르리라!
> 그들은 자유롭게 살 것이다.
> 주님의 정원에서 그들은 쟁기를 뒤에 끌며 걸을 것이다!
> 그리고 그들은 칼을 버리리라! 그들을 구속하던 족쇄는 부서지리! 그리고 모든 이는 합당한 대우를 받으리라.
>
> Do you hear the people sing? Lost in the valley of the night!
> It is the music of a people who are clibing to the light.
> For the wretched of the earth There is a flame that never dies.
> Even the darkest night will end And the sun will rise.
> They will live again in freedom
> In the garden of the Lord. They'll walk behind the plough share.
> They'll put away the sword. The chain will be broken.
> And all men will have their reward.
>
> 우리의 십자군에 함께 하겠는가?
> 누가 강한 자가 되고 나와 함께 서겠는가?
> 바리케이드 너머 어딘가 당신이 바라던 세계가 있지 않은가?
> 민중의 노래가 들리는가?

먼 곳에서 울리는 드럼소리가 들리는가?
내일이 오면, 그들이 미래를 가져오리라!

Will you join in our crusade? Who will be strong and stand with me?
Somewhere beyond the barricade Is there a world you long to see?
Do you hear the people sing? Say, do you hear the distant drums?
It is the future that they bring when tomorrow comes!

우리의 십자군에 함께하겠는가?
누가 강한 자가 되고 나와 함께 서겠는가?
바리케이드 너머 어딘가 당신이 바라던 세계가 있지 않은가?
민중의 노래가 들리는가? 먼 곳에서 울리는 드럼소리가 들리는가?
내일이 오면, 그들이 미래를 가져오리라! 내일이 오면!

Will you join in our crusade? Who will be strong and stand with me?
Somewhere beyond the barricade Is there a world you long to see?
Do you hear the people sing? Say, do you hear the distant drums?
It is the future that they bring when tomorrow comes!
When tomorrow comes!

힘차고 진취적인 것이 중국의 사회시, 풍유시, 고발시와는 완전히 그 풍격을 달리하고 있다는 것을 느낄 수 있다. 한시에는 민중들의 고

〈뮤지컬 레미제라블에서 〈혁명의 노래〉를 부르는 장면〉

난 사회의 모순 등을 사실적으로 세밀하게 묘사한 사회시, 풍유시, 고발시 등은 있을 지 몰라도, 그 민중들의 고난 사회의 모순을 타파하고자 하는 위와 같은 서구의 참여시, 저항시, 혁명시 같은 것은 없는 것이다. 두보는 사회시인 고발시인인지는 몰라도, 참여시인 저항시인은 아닌 것이다.

중국의 사회시, 풍유시, 고발시에 '나를 따르라.', '깃발을 들어라.', '들고 일어나라.', '앞으로 나가 쳐부수어라.', '앞으로 진격하라.'와 같은 시구가 나타나지 않는 것은 24절기를 주기로 수천년 동안 순환 회귀(歸)적 삶을 살아온 농경민족 중국인들의 삶이 이렇게 앞으로 나가는(去) 것을 막은 것이 아닌가 한다.

서구에서는 그들의 진취적인 사고(헤브라이즘의 메시아사상과 헬레니즘의 아폴론사상)로 말미암아, 그들의 시에 있어서도 수많은 모색을 통하여 수많은 Ism(고전시, 신고전시, 낭만시, 사실시, 상징시, 풍자시, 자연시, 실존시, 염세시, 허무시, 모던시)을 만들어 내었다. 그러나 중국에서는 그렇지가 않은데, 그러나 단 한 가지 주제(原型으로 回歸하여 그것과 〈더불어 하나〉되고자 하는 주제, 그리고 그 원형으로 회귀할 수 없다는 데서 느끼는 외로움과 비애감 등을 읊은 주제) 만을 가지고 근 2,000여 년 동안을 끊임없이 추구한 한시 같은 문학 장르도 전 세계문학사에 별로 없는 것으로 여겨진다.

제4장
〈歸〉의 문학 그 소재

물·달·자연·女는 회귀적 관념의 표상들이다. 물은 시냇물 - 강물 - 바닷물로 또 그것이 증발하여 수증기 - 구름이 되었다가 다시 비로 내려 시냇물 - 강물 - 바닷물로 자연의 대 순환계를 따라 물은 끊임없이 순환 회귀한다. 달은 찼다 기울어지고 다시 찼다가 기울어지기를 반복하며 한 달을 주기로 순환 회귀하고, 自然은 그 경물이 24절기를 주기로 끊임없이 순환 회귀하며, 여자는 그녀의 生理가 한 달을 주기로 순환하여 그녀의 생체리듬 즉 바이오리듬이 한 달을 주기로 순환 회귀한다. 이처럼 물과 달과 자연과 여자는 회귀적 관념의 표상들인데, 본고에서는 필자가 〈歸〉의 문학이라고 규정한 이 한시들에 이들 소재가 그 얼마나 많이 나타나고 있는가를 살펴보고자 한다.

농경민족들은 물과 달과 자연을 아주 중시하며 또한 그들의 성향은 여성적인 경향이 강하다. 농경민족 중국인들의 사유 체계를 가장 잘 대변하고 있는 사상은 유가사상이 아니라 실은 도가사상이라고 할 수 있다. 유가사상은 관직에 진출하고자 하는 사대부 계급의 남성들에게 영향을 주로 주었다고 한다면, 도가적인 사유 체계는 농경민족 중국인들에게 전반적으로 크게 영향을 주었다고 생각된다. 無爲自然으로 돌아가라(歸)고 하며 자연을 중시하고 흙을 중시하며 또한 母性性을 중시하는 이 도가문화는 전형적인 농경민족의 특성을 잘 반영하고 있는 농경문화 사상이라고 할 수 있다. 물과 달과 자연과 여성성의 중시는 농경문화의 가장 기본적인 특징이며, 이것을 가장 잘 반영하고 있는 중국의 철학이 바로 도가사상인 것이다. 이것들은 모두 순환 회귀적(歸)인 점을 공통으로 가지고 있으며, 이는 24절기를 주기로 수천 년 동안 순환 회귀적(歸) 삶을 살아온 농경민족의 사유 체계가 잘 반영된 것이라 할 수 있다. 만약 유가사상이 복고주의(歸)를 그 골간으로 하지 않았다면, 만약 불교사상이 윤회사상(歸)을 그 골간으로 하지 않았다면, 만약 도가 도교사상이 무위자연 회귀사상(歸)을 골간으로 하지 않았다면, 만약 음양오행사상이 순환 회귀(歸)적인 사상이 아니라면, 그들 사상이 수천 년 동안 24절기를 주기로 순환 회귀적(歸) 삶을 살아온 농경민족 중국인들에게 이렇게 지속적인 영향을 주지는 못했을 것이다.

농경민족들은 물을 아주 중시하는데, 이 도가사상에는 물의 특성을 중시하고 물의 德을 찬미한 구절이 많이 보인다. 물은 항상 높은 곳에서 낮은 곳으로 흘러 자기 자신을 낮추지만, 그러나 또한 모든 만물을 적셔주고 윤택하게 하여 준다고 하며 물의 덕을 찬미하며 물의 철학을 배우고자 한다. '지극한 선함은 물과 같다.(上善若水)'라고 하고 있는 것이다.

또한 도가사상은 달의 철학이라고 할 수 있다. 달은 차고 기울어지며 항상 변화하는데, 도가사상은 달의 차고 기움을 인생과 역사의 흥망성쇠에 많이 비유하기도 하고, 또한 달의 차고 기움에 바탕을 두고 유기적인 氣 순환관을 만들어 내기도 한다. 또한 농경민족 그들은 달의 운행에 맞추어 삶을 살고자 陰曆을 사용했다.

또한 무위자연을 내세우는 도가사상은 당연히 자연 특히 올바른 계절적 순환을 하는 자연을 아주 중시한다. 그들 도가사상의 추종자들은 항상 자연과 〈더불어 하나〉가 되고 싶어 하고 사람들은 자연과 구별되지 않는 그것의 일부가 되고자 노력하였다. 그들은 자연에 은거하며 정결한 삶을 유지하는 것을 중시했는데, 이 도가사상은 자연과 흙과 〈더불어 하나〉 되어 수천 년 동안 삶을 유지하여 온 농경민족에게만 나타날 수 있는 사상이지, 항상 자연을 투쟁의 대상으로 극복의 대상으로 여겨온 유목민족에게는 절대로 나타날 수 없는 사상이라고 할 수 있다.

도가사상은 여성성과 모성성을 아주 중시한다. 노자 《도덕경》에 여자의 성기를 묘사한 듯한 구절도 여러 군데 보이고, 또한 그것을 찬양하기도 한다. "텅 빈 것이 찬 것을 이긴다.", "약한 것이 강한 것을 이긴다."거나 '텅 빔(虛)'이나 '없음(無)', 그리고 '약함(弱)'을 중시하는 것은 남성성보다 여성성을 중시하는 것을 나타낸 것이다. 흙(여성성, 地母神)을 중시하고 흙과 〈더불어 하나〉 되어 살아온 농경민족 중국인들은 남성성보다 여성성을 중시하며 그들의 사유 체계에 여성적인 경향이 강하다.

예를 들어 우리의 강강수월래 같은 圓形舞曲은 농경문화 지역에서만 나타날 수 있는 춤이다. 찼다 기울어졌다 찼다 기울어졌다 하는 둥

〈강강수월래 같은 원형무곡은 농경문화 지역에서만 나타날 수 있는 춤이다.〉

근 달 아래, 밀물 썰물 밀물 썰물로 순환 회귀하는 바닷가에서, 1달을 주기로 생체리듬이 순환 회귀하는 여성들이, 둥근 치마를 입고 둥글게 원을 그리며 춤을 추는 이런 圓形舞曲은, 24절기를 주기로 순환 회귀(歸)적인 삶을 살아온 농경문화 지역에서만 나타날 수 있는 춤인 것이다. 농경민족들이 추는 춤이나 노래가 유목민족들이 추는 춤이나 노래보다 부드럽고 圓形的이며 손을 많이 이용하고 순환 회귀적인 특징을 가지고 있는데, 이는 유목민족들의 춤이나 노래가 강하고 직선적이며 발을 많이 이용하는 경향이 강한 것과는 비교된다 하겠다.

1. 물

한시에는 물이 소재로 등장하는 시들이 굉장히 많다. 雨, 水雲, 春雨, 江, 湖, 溪, 河, 露, 風浪, 池塘, 細雨, 澤, 霜, 雪, 雩, 雷, 霞, 霧, 霾, 氷, 汨, 泛, 流, 池, 瀑布 등은 모두 물의 詩語인데, 한시에는 이런 시어들이 굉장히 많이 등장하고 있다. 한시 작품 중에 이런 물의 시어가 등장하지 않는 작품은 반도 되지 않는 듯 보일 정도로 물의 시어가 많이 등장하고 있는 것이다. 그 예로 왕유(王維)의 〈청계(靑溪)〉란 시를 읽어보자.

황화천(黃花川)에 들면
매번 푸른 시냇물을 따라 간다.
산을 따라 만 번이나 돌건만
간 길은 백리도 못된다.
어지러운 돌 가운데 물소리 시끄럽고
깊은 소나무 숲속 景色이 고요하다.
물 위엔 마름 풀 떠있고

맑은 물결엔 갈대가 보인다.
내 마음 본디 한가롭고
맑은 시내도 이와 같이 투명하니
널찍한 돌 위에 머물면서
낚싯대 드리우면 그만이지 않겠는가?

言入黃花川[1] 언입황화천
每逐靑谿水 매축청계수
隨山將萬轉 수산장만전
趣途無百里 취도무백리
聲喧亂石中 성훤난석중
色靜深松裏 색정심송리
漾漾泛菱荇[2] 양양범능행
澄澄映葭葦[3] 징징영가위
我心素已閑 아심소이한
淸川澹如此 청천담여차
請留盤石上[4] 청류반석상
垂釣將已矣 수조장이의

黃花川, 靑谿水, 淸川 등처럼 물과 관련된 시어가 많이 등장하는데, 이는 물 그것이 회귀적 관념의 표상이어서 24절기를 주기로 순환 회귀적인 삶을 살아온 농경민족 중국인들의 모호한 순환 회귀적(歸)인 심성과 잘 맞았기 때문일 것이다. 가지(賈至)의 〈양루중연별왕팔원외폄장사(岳陽樓重宴別王八員外貶長沙)〉를 읽어보자.

1) '言'은 뜻이 없는 發語辭이고, '黃花川'은 섬서성 鳳縣 동북 10리 쯤 되는 곳에 있는 시내 이름.

2) 마름 풀.

3) 갈대.

4) 큰 돌.

강 길이 동으로 천리나 호수에 연하여 있고,
푸른 구름은 북으로 아득히 궁궐을 바라본다.
파릉(巴陵) 땅의 호수가 넓다고 말하지 마라.
장사(長沙) 남쪽 둔덕 더욱 쓸쓸해진다.

江路東連千里湖　강로동연천리호
青雲北望紫微遙　청운북망자미요
莫道巴陵湖水闊　막도파릉호수활
長沙南畔更蕭條　장사남반갱소조

이 시는 호수로 이어진 강 길을 따라 파릉(巴陵)을 거쳐 쓸쓸히 장사(長沙)로 귀양 가는 원외(員外) 벼슬을 한 왕팔(王八)을 위해 악양루(岳陽樓)에서 거듭 잔치를 베풀면서 읊은 시라고 한다. '江', '湖', '雲', '湖水' 같은 물과 관련된 시어가 많이 보인다. 위응물의 〈저주서간(滁州[5]西澗[6])〉을 읽어보자.

나 홀로 그윽한 풀 계곡 옆에 자라는 것 가련히 여기는데,
위에는 꾀꼬리 있어 깊은 나무에서 우네.
봄 조수에 따라온 비 늦게 내리고
들 나루터엔 사람 없어 배만 스스로 비켜있네.

獨憐幽草澗邊生　독련유초간변생
上有黃鸝深樹鳴　상유황녕심수명
春潮帶雨晚來急　춘조대우만래급
野渡無人舟自横　야도무인주자횡

위 시에서 '澗', '春潮', '雨', '野渡'처럼 물과 관련된 시어가 많이 등장한다.

---

5) 지금의 안휘성 滁縣.

6) 속칭 上馬下로 滁縣城의 서쪽에 있음.

〈한시에는 〈저주서간〉처럼 물과 관계되는 시어가 굉장히 많이 나온다.〉

또한 이 외에도 강물의 흐름을 인생과 역사의 흐름 혹은 시간의 흐름이 주는 비애를 비유해서 읊조린 시도 적지 않다. 또는 강가나 물가 혹은 나루터에서 님과의 이별을 읊조린 시도 부지기수이다. 남송의 애국시인 진여의(陳與義, 1090-1138)가 비 내리는 것을 보고 나라 잃은 시국을 걱정한 〈관우(觀雨)〉란 시를 읽어보자.

산에 사는 나그네는 형편없어 밭갈 줄도 모르고
창문열고 꼿꼿이 앉아 흐렸다 개었다하는 날씨만 보고 있네.
앞 강에서 뒤 산등성이까지 구름 기운이 통해 있고,
온 골짜기와 모든 숲에서 비 쏟아지는 소리 들려오네.
바다 같은 빗물이 댓가지 눌렀다 들어 올렸다 하고,
바람이 산모퉁이로 불어가는데 따라 흐렸다 밝아졌다 하네.
지붕이 새어 마른 곳이란 없는 것 싫어하지도 않고,
제발 여러 용이 갑옷과 무기 씻어주어 金나라 쳐부수기만 바라네.

山客龍鍾[7]不解耕　　산객용종불해경

7) 형편없는 모양, 서툰 모양.

開軒[8]危坐[9]看陰晴 개헌위좌간음청
前江後嶺通雲氣 전강후령통운기
萬壑千林送雨聲 만학천림송우성
海[10]壓竹枝低復擧 해압죽지저부거
風吹山角[11]晦還明 풍취산각회환명
不嫌屋漏無乾處 불혐옥루무건처
正要群龍洗甲兵 정요군룡세갑병

시인은 큰 비가 내리는 모습을 자세히 형용하면서 마지막에 금나라를 쳐부셔야 하는 시국을 걱정하고 있다. '前江', '雲氣', '雨聲', '海' 등이 물의 시어이다.

그러나 이와 반대로 한시에 불이 詩語로 등장하는 경우는 별로 없다. 차가운 불, 외로운 불을 의미하는 客船에서의 漁火, 燈火 외에는 불이 시어로 등장하는 경우는 거의 없다. 활활거리며 타오르는 불, 정열적인 불을 묘사하는 시는 없는 것이다. 진관(秦觀, 1049 - 1100)의 객수시 〈금산만조(金山晩眺[12])〉를 읽어보자.

西津 나루가 어귀엔 초생달이 걸려있고,
물 기운은 자욱이 위로 하늘로 닿아있네.
맑은 물가의 백사장도 어둑어둑하여 분별이 안 되지만,
다만 '등불(燈火)'만이 고기잡이 배일 것이네.

---

8) 문을 열다, 창을 열다.

9) 곳꼿이 앉아.

10) 많이 솟아지는 비를 형용한 말, 바다 같은 비.

11) 산모퉁이.

12) 금산에서 저녁에 멀리 바라보다. 금산은 지금의 강소성 鎭江 서북쪽에 있는 명승지이다.

西津[13]江口月初弦[14] 서진강구월초현
水氣昏昏[15]上接天 수기혼혼상접천
淸渚[16]白沙茫[17]不辨 청저백사망불변
只應燈火是漁船 지응등화지어선

시인이 배를 타고 장강을 지나다가 鎭江 근처에 이르러 저녁에 배를 대면서 금산을 바라보며 읊은 시로 보인다. 그 당시 금산은 장강 한가운데 있는 섬이었고, 바람이 불면 풍랑이 심하여 부옥산(浮玉山)이라고 불렀다 한다. 끝 구에 "다만 '등불(燈火)'만이 고기잡이 배일 것이네."라고 하여 등불을 읊고 있다. 그러나 이 등불은 쓸쓸한 그리고 차가운 등불이다. 서구시에서 흔히 보이는 이글이글 불타는 불과는 다른 것이다.

漁火 燈火 등 차갑고 쓸쓸한 불을 묘사한 것을 제외하고 한시에 달리 불이 詩語로 등장하는 경우는 거의 없다. 한시에는 불의 문학 즉 '불꽃의 문학' '情炎의 문학'이 등장하지 않는 것은, 불 그것이 순환 회귀적 관념의 표상이 아니어서 24절기를 주기로 끊임없이 순환 회귀적인 삶을 살아온 농경민족 중국인들의 기본적인 심성과 맞지 않았기 때문이 아닌가 한다. 그러나 이와 반대로 서구시에는 '불꽃의 문학' 즉 '情炎의 문학'이 많이 등장한다. 서구시에는 격정적인 감정 표현을 많이 한 정염의 문학이 적지 않은데, 그 예로 이글이글거리는 호랑이 눈을 묘사한 William Blake의 〈The tyger 호랑이〉란 시를 절록하여 읽어

13) 鎭江 서북쪽 9리에 있는 나룻터 이름.

14) 초생달.

15) 어둑어둑한 것, 자욱한 것.

16) 맑은 물 가.

17) 아득한 것, 어둑어둑한 것.

보자.

> 호랑아! 호랑아! 캄캄한 숲속에서 이글이글 불타는.
> 어떤 신의 손 혹은 눈이 네 무시무시한 균형 잡힌 몸매를 빚을 수 있었던가?
>
> Tyger! Tyger! burning bright, In the forests of the night,
> What immortal hand or eye. Could frame thy fearful symmety?
>
> 어떤 먼 深淵 혹은 하늘에서 네 눈의 불이 타오를 수 있었던가?
> 어떤 날개를 타고 그가 감히 솟아오르려 했던가? 어떤 손이 감히 그 불을 잡으려 했던가?
> 어떤 어깨, 어떤 기술이, 네 심장의 근육을 비틀 수 있었던가?
> 그리고 네 심장이 고동치기 시작했을 때, 어떤 두려운 손이? 그리고 어떤 두려운 발이?
>
> In what distance deeps or skies. Burnt the fire of thine eyes?
> On what wings dare he aspire? What the hand dare seize the fire?
> And what shoulder, and what art, Could twist the sinews of thy heart?
> And when thy heart began to beat, What dread hand? and what dread feet?

"캄캄한 숲속에서 이글이글 불타는" 호랑이 눈을 묘사한 작품으로 시의 표현이 굉장히 격정적인데, 이런 시들은 한시에서는 좀처럼 찾아보기 힘들다. "그대와 함께 이 불타는 밤 그 정열 함께 할 수 있기를." 같은 시구는 한시에 없는 것이다.

2. 달

또한 한시에는 달이 소재로 많이 등장한다. 밤에 달을 보며 향수에 젖어 자신의 감정을 읊조린 작품들은 서구시보다 훨씬 많다. 달밤에 고향을 그리워하고 님과 친구를 그리워하며, 또한 달밤에 술을 마시며 그 자연을 즐기는 시도 적지 않다. 또한 달의 차고 이지러지는 것을 인생과 역사의 흥망성쇠에 비유해서 읊기도 한다. 달 그것은 농경민족 중국인들에게 아주 중요한 문학적 소재로서 역할을 해온 것이다. 농경민족 중국인 그들은 달의 운행(음력)에 맞추어 삶을 살아오기도 했다. 이는 1달을 주기로 차고 기울며 순환 회귀하는 달이 24절기를 주기로 끊임없이 순환 회귀적(歸)인 삶을 살아온 농경민족 중국인들의 기본적인 심성에 잘 맞았기 때문일 것이다. 달을 소재로 한 대표작인 이백의 〈월야독작(月夜獨酌)〉을 읽어보자.

꽃 속에 한 동이 술 놓고
홀로 잔질하니 서로 친한 이 없네.
잔 들어 밝은 달을 맞이하고
그림자를 대하니 세 사람이 되었네.
달은 원래 술을 마실 줄 모르나
그림자는 헛되이 내 몸을 따르네.
잠시 달과 그림자를 벗을 삼아
즐거움은 모름지기 봄에 이르러야 하니.
내가 노래하면 달은 배회하고
내가 춤추면 그림자는 흩어지는 도다.
술 깰 때 함께 즐거움을 나누었으나
취한 후에는 각기 흩어지네.
영원히 속세를 떠난 교제를 맺고자 하여
서로 먼 은하수에서 만나길 기약하노라.

花間一壺酒　화간일호주
獨酌無相親　독작무상친
擧杯邀明月[18]　거배요명월
對影成三人　대영성삼인
月既不解飮　월기부해음
影徒隨我身　영도수아신
暫伴月將影　잠반월장영
行樂須及春　행락수급춘
我歌月徘徊　아가월배회
我舞影凌亂　아무영능란
醒時同交歡　성시동교환
醉後各分散　취후각분산
永結無情遊[19]　영결무정유
相期邈雲漢[20]　상기막운한

봄날 달밤에 홀로 술을 마시며 달과 그림자 그리고 내가 그리고 그 모든 것이 〈더불어 하나〉 되는 主客一體之感을 아주 잘 묘사하고 있다. 또 달을 소재로 한 두보의 〈월야(月夜)〉를 한 수 읽어보자.

오늘밤 부주(鄜州)의 달
규중에서 단지 홀로 보겠지.
멀리서 어린 자식들을 가련히 여기나니
장안(에 포로가 된 나)을 그리는 마음 이해 못하리.
밤안개에 아내 머리카락 젖어있을 터이고,
밝은 달빛에 옥 같은 팔 차리라.
언제나 얇은 휘장에 기대어,

18) 밝은 달을 맞이하다. 邀는 '멀리에서 일부러 모셔온다'는 뜻이 있다.
19) 달과 그림자는 사람과 같은 감정의 주체가 아니므로 이렇게 표현했다.
20) 은하수.

함께 달빛 받으며 눈물 흔적 말릴 수 있으리오.

今夜鄜州[21]月　금야부주월
閨中只獨看　규중지독간
遙憐小兒女　요련소아녀
未解憶長安[22]　미해억장안
香霧雲鬟[23]濕　향무운환습
清輝[24]玉臂寒　청휘옥비한
何時倚虛幌[25]　하시의허황
雙照淚痕乾　쌍조누흔건

〈화삼천(華三川)의 〈당인시의도(唐人詩意圖)〉 중 두보의 〈월야〉 그림. 두보의 시 〈월야〉가 옆에 적혀 있다.〉

안록산의 반군에 의해 장안에 포로로 잡혀있는 두보가 밤에 달을 쳐다보며 고향에서 자기를 기다리고 있는 아내와 아이들을 그리워하고(思) 있다.

중국 시인들은 이처럼 항상 달밤에 객지에서 달을 보며 님을 그리고 친구와 고향을 그리워하며 읊은 경우가 많았다. 고향으로 돌아가고(歸) 싶고 님과 친구가 있는 곳으로 돌아가(歸) 그들과 〈더불어 하나〉 되어 만나고 싶은 것이다. 달을 보고 상념에 잠긴 시로 왕건(王建)(767? - 830?)의 〈십오야망월기두랑중(十五夜望月寄杜郎中)〉이란 시를 읽어보자.

---

21) 지금의 섬서성 鄜縣에 있는 마을 이름.

22) 아이들이 어려 장안에 있는 시인을 그리워하는 어머니의 마음을 이해 못하리라는 뜻임.

23) '구름같은 머리쪽'으로 부인의 머리를 미화한 것임.

24) 밝은 달빛.

25) 얇은 휘장.

뜰에 달빛 뿌옇게 쏟아지고 둥지에 까마귀 깃들 무렵
차가운 이슬 소리 없이 계수나무 꽃을 적시네.
이 밤 밝은 달을 세상사람 모두가 바라볼 테지만
그 중에서도 깊은 시름에 잠기는 이는 또 누구일까?

中庭地白[26]樹棲鴉　중정지백수서아
冷露無聲濕桂花　랭노무성습계화
今夜月明人盡望　금야월명인진망
不知秋思落誰家　부지추사낙수가

또한 한시에는 이처럼 밤에 시를 읊조린 경우가 적지 않다. 그러나 서구시의 경우 밤에 지어진 작품은 한시보다 훨씬 적다. 한시에는 달밤에 봄 경치를 혹은 쓸쓸한 가을 경치를 읊은 경우도 적지 않고, 달밤에 객지에서 혹은 客船에서 술을 마시며 고향을 님을 친구를 아내를 그리며 읊은 시도 적지 않으며, 달밤에 친구와 더불어 술을 마시며 자연 경치를 즐기며 읊은 시 역시 적지 않다. 한시의 제목에 '夜', '春夜', '靜夜' 혹은 '月', '月夜', '月下', '明月' 등의 단어가 많이 나타나는 것으로도 그것을 잘 알 수 있다. 이렇게 한시에 밤에 혹은 달밤에 지어진 시가 많은 것은, 밤과 달 그리고 달밤 그것이 남성적인 성향이라기보다 여성적 성향에 가까워 중국 시인들이 밤과 달 그리고 달밤에 시를 많이 지은 것으로 보여진다.

밤에 읊조린 시로 북송사람 소옹(邵雍)의 〈청야음(淸夜吟[27])〉이란 시를 읽어보자.

달이 하늘 한가운데로 떠올랐을 무렵

---

26) 땅 위에 하얗게 비치는 달빛.

27) 樂府題 가운데 하나.

바람이 수면 위로 지나갈 때
보는 이의 마음에 맑은 밤의 운치가 일게 마련이지만
세상 사람들은 이 멋진 경치 거의 모를 듯하다.

月到天心[28]處 월도천심처
風來水面時 풍래수면시
一般淸意味[29] 일반청의미
料得[30]少人知 요득소인지

달이 하늘 한가운데로 떠오르고 바람이 수면 위로 지나가는 맑은 밤(淸夜)의 운치를 그려 내고 있다. 맹호연의 〈의공선방(義公禪房[31])〉은 밤이 아니라 저녁을 배경으로 하여 읊은 작품이다.

석양에 연이어 비가 오고
산의 그림자가 정원에 내려 어두워지네.
떠 있는 연꽃을 꺾어 바라보니,
바야흐로 (세속에) 물들지 않는 마음 알겠도다.

夕陽連雨是 석양연우시
空翠[32]落庭陰 공취락정음
看取蓮花浮 간취연화부
方知不染心 방지불염심

이 작품은 맹호연이 비가 내리는 석양에 의공(義公)의 禪房에서 연

28) 하늘 한가운데.
29) 서늘한 밤 경치를 돋구는 흥취.
30) … 한 듯하다.
31) 참선하고 있는 암자나 절.
32) 초목이 울창한 산 속의 기운.

꽃을 꺾어 바라보며 仙境에 든 것 같은 심정을 읊은 시라고 한다. 이처럼 한시에는 저녁 무렵에 읊은 시도 적지 않다. 한시에는 달을 그리고 밤에 혹은 달밤에 그리고 저녁 무렵에 읊은 시가 적지 않은 것이다.

그러나 이와 반대로 한시에 태양을 읊조린 작품은 거의 없다. 이는 태양이 순환 회귀적인 관념의 표상이 아니기 때문에, 그것이 24절기를 주기로 순환 회귀적(歸)인 삶을 살아온 농경민족 중국인들의 기본적인 심성과 맞지 않았기 때문일 것이다. 태양을 읊은 경우로 쓸쓸함을 드러내는 석양이나 저녁의 '落日'이 시구로 등장하는 경우는 어쩌다 간혹 있기는 하지만, 아침의 떠오르는 햇살이나 낮에 쨍쨍 쬐는 해를 묘사한 시는 거의 없다.

그러나 이와 대조적으로 서구에서는 태양을 소재로 한 시가 적지 않다. 그 중 한 수를 읽어보자. John Donne의 〈The sun rising 떠오르는 태양〉이란 시의 1절만 절록하여 들어본다.

> 귀찮게 간섭하는 늙은 바보, 고집불통 태양아, 왜 너는 이렇게 창문을 통해, 커텐을 통해 우리를 찾아오느냐? 네 운명에 따라 연인들의 계절이 달라야만 하느냐? 건방진 아는 척하는 자식아, 가서 꾸짖어라. 지각한 학생이나 시무룩한 徒弟를.
> 궁정 사냥꾼들에게 가서 말하라, 임금님이 사냥 가신다고, 시골 개미를 추수 일에 불러라;
> 사랑은, 모두가 똑같아, 모른다 계절도, 기후도, 시간의 토막들인 시도, 날도, 달도.

> Busy old fool, unruly sun, Why dost thou thus
> Through windows and through curtains, call on us? Must to thy motions lovers' seasons run?
> Saucy pedantic wretch, go chide. Late schoolboys and sour prentices,
> Go tell court-huntsman that the king will ride, Call country ants to harvest offices;

Love, all alike, no season knows, nor clime, Nor hours, days, months, which are the rags of time.

이 외에도 서구시에는 태양의 장엄함과 숭고함 그리고 열정 등을 읊은 시들이 있는데, 한시에서는 전혀 발견할 수 없다. "해야 해야 솟아라. 붉은 해야 솟아라."같은 시구는 한시에서 발견하기 어려운 것이다.

3. 자연

한시에서처럼 自然이 이렇게 많이 시의 소재로 등장한 문학도 그 유래를 찾아보기 힘들다. 중국의 시인치고 자연을 읊조리지 않는 시인은 단 한명도 없다고 해도 과언이 아니다. 순수하게 자연을 읊조린 자연시, 전원시, 산수시, 한적시, 산중은거시, 寫景詩, 景物詩 등의 부류뿐만 아니라, 규방시, 행역시, 사회시, 염정시 부류도 시인 자신의 심정을 자연 경물에 대비하여 읊은 경우가 굉장히 많다, 기 승에서는 자연의 경물을 읊고 전 결에 와서 그 자연 경물에 감촉되어 느끼는 시인 자신의 심정을 읊조리고 있는 것이다.

농경민족 중국인들은 특히 24절기의 계절적 올바른 순환을 아주 중시해서, 한시에는 절기적인 특징이 있는 자연 경물을 읊은 경우가 많다. 대부분의 한시에서 그 시 속에 절기를 알 수 있게 해주는 시어가 어느 정도 있어, 시인이 어느 절기 무렵에 이 시를 지었는가를 대충 알 수 있게 해준다. 이렇게 詩作에 절기성을 중시하는 것은 올바른 절기의 순환 그 자체를 매우 중시하는 농경민족 중국인들의 심성과 깊은 관련성을 가지는 듯하다. "꽃피고 새 우는 봄은 청춘의 계절, 봄을 즐기세."나 "낙엽 지는 가을 쓸쓸한 가을, 가을은 사색의 계절."같이 시

내용 중 봄과 가을에 지었다는 것만 알 수 있지 봄과 가을 중에서도 어느 무렵에 지었는지 전혀 알 수 없는 서구시에서 흔히 보이는 이런 풍격은 한시에서는 발견하기 어렵다. 한시에 절기를 전혀 가늠할 수 없는 단지 자연만을 찬양하여 읊조린 시는 별로 없는 듯하다. '매화', '복사꽃', '버들개지', '국화', '꾀꼬리', '매미', '오동나무', '서리', '큰 눈' 등의 시어가 나와 대체로 어느 절기 무렵에 지었는지를 알 수 있게 해 주는 것이다.

백거이의 〈모립(暮立[33])〉이라는 시를 읽어보자.

黃昏에 홀로 佛堂 앞에 서면,
땅 가득 槐나무 꽃이요 온 나무에 매미 울음이로다.
대저 사 계절 항상 마음은 고통스럽지만,
곧 그 중에서도 창자 끊어지는 슬픔은 가을이로다.

黃昏獨立佛堂前　황혼독립불당전
滿地槐花滿樹蟬　만지괴화만수선
大抵四時心總苦[34]　대저사시심총고
就中[35]腸斷[36]是秋天　취중장단시추천

이 시의 기 승에 나오는 '槐花'와 '蟬'이란 시어로 시인이 가을에 읊었음을 분명 알 수 있다. 이처럼 한시에는 계절을 알 수 있는 시어가 반드시 나오는 것이 하나의 특징인 듯하다. 기 승에서 자연의 경물을 읊고 그 경물을 보고 느낀 시인 자신의 슬프고 고통스러운 심정을 전

33) 저녁 무렵에 서다.

34) 사계절 언제나 고뇌하고 괴로워하다.

35) 그 가운데에서도 특히.

36) 창자가 끊어질 듯 슬프다.

곁에서 읊고 있다. 4계절의 특징을 차례대로 읊은 시로 고개지(顧愷之)의 〈신정시(神情詩)〉를 읽어보자.

봄 물은 사방 연못에 가득 차고,
여름 구름 기이한 산봉우리에 많도다.
가을 달은 빛을 드러내고
겨울 고개에 외로운 소나무 빼어나도다.

春水滿四澤　춘수만사택
夏雲多奇峰　하운다기봉
秋月揚光輝　추월양광휘
冬嶺秀孤松　동령수고송

사계절의 간략한 특징을 차례대로 읊고 있다. 이 외에도 중국의 한시에는 이렇게 계절적 특징을 읊거나 혹은 계절적 절기성을 알게 해주는 시어가 있는 것이 보통인데, 이는 올바른 계절적 절기성을 중시하는 농경민족의 특징이 은연중에 반영된 것이 아닌가 한다. 왕건(王建)의 〈십오야망월기두랑중(十五夜[37]望月寄杜郎中)〉이란 시는 가을날 달밤에 시름에 잠긴 시인 자신의 모습을 그린 작품이다.

뜰 가운데 달빛 하얗고 나무에 까마귀 깃들 무렵
찬 이슬 소리 없이 계수나무 꽃을 적시네.
오늘 밤 달 밝아 사람들 모두 (달을) 바라보겠지만
가을의 그리움 누구에게 떨어질까 모르네.

中庭地白[38]樹棲鴉　중정지백수서아
冷露無聲濕桂花　냉노무성습계화

37) 보름날 밤으로 여기서는 추석날 밤을 가리킨다.
38) 땅 위에 하얗게 비치는 달빛.

今夜月明人盡望　　금야월명인진망
不知秋思落誰家　　부지추사낙수가

이 작품은 추석날 보름달 밤에 그 달을 바라보며 시인의 감회를 읊은 작품이다. 기 승에서 달빛 하얗고 까마귀 깃들며 찬 이슬 소리 없이 계수나무 꽃을 적시는 가을밤 자연 경물을 묘사하고 있다. 그리고 전 결에서 그 경물에 느끼는 바 있어 시인은 달을 보며 고향 혹은 친구를 그리는 想念의 정에 사무치고 있다. 한시 중 규원시, 행역시, 사향시, 사우시, 유자시 등의 자연을 주제로 하지 않는 시들도, 이처럼 기 승에서 자연의 경물을 읊고 그것에 感觸되어 시인 자신이 말하고자 하는 내용을 전 결에서 읊은 경우가 많으니. 한시에서 자연 경물이 소재로 등장하지 않는 시도 별로 없다고 할 수 있다.

4. 女

1) 비애감 소극성

한시에 깔려있는 가장 보편적인 정서를 悲哀感과 消極性이라고 이야기 하는 분들이 많다. 한시를 조금이라도 지어보거나 읊어본 사람이라면 한시에 깔려있는 기본적인 정서가 비애감과 소극성이라는 것을 누구든지 느낄 수 있을 것이다. 이는 본질적으로 현재 자신이 처한 상황이 chaos(불완전한) 상태라는 것과 또한 그 상태에서 벗어나 다시 원형으로 돌아갈(歸) 수 없다는 것을 느끼는데서 오는 정서에서 근본적으로 유래된 것이라 할 수 있다. 비애감과 소극성이란 그것을 인류학적인 입장에서 볼 때, 남성적인 정서에 가깝다기보다는 이는 분명 여성적인 정서에 훨씬 가깝다. 더 더군다나 남존여비 사상으로 여성들이 많이 억눌려 살았던 유가문화권의 중국에서 비애감 소극성이란 더 더욱 여성적 정서라고 할 수 있다. 비애감 소극성의 정서가 한시에 본격적으로 나타나기 시작한 것은 漢代에 지어진 것으로 알려진 古詩 19首부터 인 것으로 여겨지는데, 고시 19수 중 그 한 수를 읽어보자.

사는 삶은 백을 채우지 못하는데,
항상 천년의 근심을 품고 있구나.
낮은 짧고 괴로운 밤은 길어
어찌 촛불 들고 놀지 않으리오.
즐기는 것은 마땅히 때에 미쳐야 하거늘
어찌 능히 오는 것을 기다리리오.
어리석은 자 쓰는 것을 아끼는데.
.모두 세상의 웃음거리가 될지니.
仙人 왕자교(王子喬)는
가이 만나기를 기약하기 어려운 것을

生年不滿百　생년불만백
常懷千歲憂　상회천세우
晝短苦夜長　주단고야장
何不秉燭遊　하불병촉유
爲樂當及時　위락당급시
何能待來玆　하능대래자
愚者愛惜費　우자애석비
俱爲塵世嗤　구위진세치
仙人王子喬[39]　선인왕자교
難可以等期　난가이등기

39) 周나라 靈王의 태자 晉을 말하는데, 《列仙傳》에 의하면 道人 浮丘公과 함께 嵩山에 올라 術法을 얻어 영생불사를 하였다고 한다.

우리네 인생이란 왕자교(王子喬)와 같이 영생불사할 수 없는 것이니, 그냥 삶을 즐기며 살라고 한 데카당스한 작품이다. 또 다른 고시 19수 한 수를 읽어보자.

가고 가고 또 가고 가서
그대와 생이별이로다.
서로 떨어진지 만여 리에
각자 하늘 한 귀퉁이에 있네.
길은 험하고 게다가 머니
만남을 어찌 가이 알 수 있으리?
오랑캐 말은 북풍에 의지하고
월나라 새는 남쪽 가지에 깃든다.
서로 떠난 것이 날로 이미 멀어
허리띠가 날로 이미 느슨해지네.
뜬 구름은 해를 가리고
나그네는 돌아오려 하지 않네.
그대 그림에 사람으로 하여금 늙게 하는데,
세월은 홀연히 이미 늦도다.
버림받았다고 다시 말하지 않을테니,
힘써 식사나 잘 하시기를.

行行重行行　행행중행행
與君生離別　여군생이별
相去萬餘里　상거만여리
各在天一涯　각재천일애
道路阻且長　도로조차장
會面安可知　회면안가지
胡馬[40]依北風　호마의북풍

40) 여기서는 몽고말을 가리킴.

越鳥[41]巢南枝　월조소남지
相去日已遠　상거일이원
衣帶日已緩[42]　의대일이완
浮雲蔽白日[43]　부운폐백일
遊子不顧返　유자불고반
思君令人老　사군영인로
歲月忽已晩　세월홀이만
棄捐勿復道　기연물복도
努力加餐飯[44]　노력가찬반

〈한시의 비애감 소극성은 후한 말 무명씨의 고시 19수부터 본격적으로 시작되는 것으로 보인다.〉

길을 멀리 떠난(去) 님을 그리는 여인네의 간절한 심정이 잘 묘사되어 있다. 그 님이 고향으로 돌아와(歸) 자신과 재회하여 옛날처럼 행복한 시절(원형상태)로 돌아갔으면(歸) 하는 심정이 시 내용 속에 숨겨져 있으며, 또한 이 시에서는 그러지 못하는데서 오는 비애감과 소극성이 그려져 있다. 이 비애감과 소극성이란 원형상태(님과의 행복한 시절)로 돌아갈(歸) 수 없다는 데서 느끼는 기본 정서인 것이다. 작품 속에 깊은 비애감을 느낄 수 있는데, 후대 한시에 나타나는 전형적인 비애감은 이렇게 한대 고시 19수에 의해 비로소 시작되고 있다고 할 수 있다.

가을의 처량함을 읊은 이하(李賀)(790 - 816)의 〈추래(秋來)〉라는 작품

41) 월나라는 지금의 광동성 지방을 가리킴. 이 두 시구의 뜻은 말이나 새도 제가 태어난 고향을 그리워하는데 사람이 어찌 고향 생각을 안 할 것인가라는 의미임.

42) 시름에 겨워 몸이 말라 전부터 매던 허리끈이 느슨해졌다는 뜻임.

43) 세상일이 일시적으로 비정상이 되었다는 뜻임. 妾이라도 생긴 듯.

44) 몸 생각하고 건강에 유의하라는 뜻.

도 비애감이 고조된 작품이다.

오동나무 바람에 마음이 놀라 男兒는 괴로운데
희미한 등잔에 배짱이는 울면서 싸늘한 베를 짜는구나.
누가 푸른 대쪽으로 엮은 이 책을 보아
좀벌레에게 먹혀 가루가 되지 않게 할 이가
그리운 생각에 얽히어 이 밤 창자 뻣뻣이 경직될 때
차가운 빗 속 아름다운 혼 찾아와 이 讀書客을 위로한다.
가을 무덤 속에서 귀신들이 포조시를 노래하며
원한에 피가 천년을 두고 흙 속에 碧玉이 되겠지.

桐風驚心壯士苦　동풍경심장사고
衰燈絡緯[45]啼寒素　쇠등락위제한소
誰看青簡[46]一編書　수간청간일편서
不遺花蟲[47]粉空蠹[48]　불유화충분공두
思牽今夜腸應直　사견금야장응직
雨冷香魂[49]弔書客　우랭향혼조서객
秋墳鬼唱鮑家詩[50]　추분귀창포가시
恨血千年土中碧[51]　한혈천년토중벽

45) 배짱이의 일종.

46) 종이가 발명되기 전 푸른 대나무 조각을 불에 쬐어 기름을 제거하고 거기에 글을 썼던 데서 유래한 말로 여기서는 書冊을 가리킴.

47) 좀벌레로 모양이 조그만 물고기와 같고 은백색을 띠고 있음.

48) 좀벌레가 좀을 먹어 가루가 되어 없어졌다는 뜻.

49) 아름다운 혼 여기서는 옛 시인의 혼을 가리킨다.

50) 남조 宋의 鮑照를 가리키는 것으로, 그의 〈代蒿里行〉과 〈代挽歌〉같은 死者의 감개를 읊은 시를 가리킴.

51) 《장자 · 외물편》과《여씨춘추 · 孝行覽篇》에 보면 周의 萇弘이 무고하게 사형 당했는데, 그 恨 때문에 그의 피가 3년 후에 碧玉으로 변했다는 고사가 있어 그 것을 암용한 것임.

이 시는 시인이 가을 밤 느낀 독서인의 허무감과 고독 그리고 비애감을 읊조린 작품이다. 시인의 처량하고 침울한 심사를 잘 그리고 있는데, '苦', '衰', '寒', '靑', '空', '思', '冷', '恨', '碧'이란 시어에서 전체적으로 차고 서글프며 한스러운 비애감을 짙게 느낄 수 있다. 온정균의 〈함양성동루(咸陽城東樓)〉를 읽어보자.

> 한번 높은 성에 오르니 만 리 밖 수심차고
> 갈대와 버들은 마치 물가 사주 같구나.
> 계곡 구름 막 일고 해는 누각에 지고
> 산에는 비내리려하고 바람은 누각에 가득 차네.
> 새가 푸른 잡초 무성한 秦苑에 내려앉고
> 매미 누런 잎 지는 가을에 漢宮에서 우네.
> 행인은 그 옛날 일 묻지 마라.
> 고국의 동쪽을 흐르는 위수는 흘러만 간다.

> 一上高城萬里愁　일상고성만리수
> 蒹葭[52]楊柳似汀洲　겸가양류사정주
> 溪雲初起日沈閣[53]　계운초기일침각
> 山雨欲來風滿樓[54]　산우욕래풍만루
> 鳥下綠蕪秦苑夕　조하녹무진원석
> 蟬鳴黃葉漢宮秋　선명황엽한궁추
> 行人莫問當年事　행인막문당년사
> 故國東來渭水流　고국동래위수류

가을날 저녁에 함양성 동쪽 누각에 올라 감회에 가득 차 있는데, 작

52) 갈대.

53) 시인 자신의 注에 의하면 함양성은 남쪽으로 皤溪에 가깝고 서쪽으로 慈福寺閣을 마주 하고 있다 하니 閣은 자복사를 말함.

54) 함양성 東樓.

품 속에서 한시 특유의 비애감을 짙게 느낄 수 있다. 과거를 회상하며 읊은 완적의 〈영회시〉도 비애적 정서가 물씬 풍긴다, 그 첫 수를 읽어 보자.

밤중에 잠 이룰 수 없어
일어나 앉아 거문고를 켠다.
얇은 휘장으로 밝은 달빛 비추오고
맑은 바람 내 옷깃에 부는구나.
외로운 기러기 바깥들에서 울고
북쪽 숲에서 기러기 우는구나.
배회하며 장차 무엇을 보고자 하나,
근심스러운 생각에 홀로 마음 상하는 도다.

夜中不能寐　야중부능매
起坐彈鳴琴　기좌탄명금
薄帷[55]鑑明月　박유감명월
淸風吹我襟　청풍취아금
孤鴻號外野　고홍호외야
朔鳥[56]鳴北林　삭조명북림
俳徊將何見　배회장하견
憂思獨傷心　우사독상심

〈완적의 〈영회시〉에도 여성적 비애감이 많이 서려있다.〉

55) 얇은 휘장.

56) 북국의 새들.

時勢를 느낀 시인의 고독과 시름을 노래하고 있다. 위진 교체기에 시인은 그 당시 시대 상황에 대한 울분의 심정을 시로 읊조려낸 것이 바로 이 영회시라고 한다. 비애적 정서가 물씬 풍긴다. 증별시 혹은 송별시라고도 부를 수 있는 두목(杜牧)(803 - 852)의 〈증별(贈別)〉이란 시도 비애적 정서가 짙게 있다.

> 다정함이 오히려 무정한 것만 같아
> 술잔 앞에 앉으니 웃는 얼굴 지을 수가 없네.
> 그런데 촛불은 이별을 아쉬워하는 마음 있음인가?
> 사람 대신 날이 새도록 제가 눈물 흘리누나.
>
> 多情却似總無情　다정각사총무정
> 惟覺尊前[57]笑不成 유각존전소부성
> 蠟燭有心還惜別　납촉유심환석별
> 替人垂淚到天明　체인수루도천명

님과 헤어지기 전날 밤 그 헤어짐의 아쉬움을 읊은 작품이다. 촛불에 촛농이 흐르는 것을 초가 시인 자신을 대신해 흘리는 석별의 눈물이라고 풀이한 것은 헤어짐에서 오는 비애가 말이나 행동으로 나타낼 수 없을 만큼 크고 절실하다는 것을 나타내고 있다. 이처럼 한시에는 석별의 아쉬움을 애절히 읊은 작품이 아주 많고, 헤어짐과 만남을 주제로 한 시도 많다. 비애적 정서가 물씬 풍긴다. 왕안석이 32세에 한식날 휴가를 얻어 金陵(지금의 남경)에 있는 부친과 형의 산소를 찾아 성묘하며 읊은 〈임진한식(壬辰寒食)〉도 한시 특유의 비애감이 짙게 서려 있다.

---

57) 술잔 앞에.

나그네 슬픔은 버들과 같아,
봄바람에 천만 가지로 일렁거린다.
더욱이 한식날 쏟은 눈물로,
冶城의 조수가 불어나겠다.
백발은 두건에서 삐져나오고,
거울 속 얼굴엔 붉은 빛 시들었다.
벼슬의 즐거움 알지 못한 채,
고기 잡고 나무하며 늙고 싶구나.

客思似楊柳　객사사양류
春風千萬條　춘풍천만조
更傾寒食淚　갱경한식루
欲漲冶城潮[58]　욕창야성조
巾髮雪爭出　건발설쟁출
鏡顏朱早凋　경안주조조
未知軒冕[59]樂　미지헌면락
但欲老漁樵　단욕로어초

부친과 맏형을 성묘하면서 느낀 슬픔을 그린 것인데, 그 슬픔은 봄바람에 일렁이는 수많은 버드나무 가지처럼, 흘리는 눈물로 양자강의 조수가 불어날 만큼, 32세의 젊은 나이에 머리카락이 하얘지고 붉은 얼굴이 시들었다고 느낄 만큼 큰 것이다.

실은 이들 작품 외에도 한시의 많은 작품들이 이처럼 비애적 정서와 소극적인 느낌을 준다. 한시의 가장 기본적인 정서라고 하는 이 비애감 소극성은 원래 남성적인 정서라기보다는 여성적인 정서에 가깝

58) 야성의 조수, 즉 양자강의 조수를 가리킨다. 야성은 옛 지명으로 남경시 중심에서 멀지 않은 곳이다. 북송 당시 양자강의 조수가 야성까지 밀려왔다.

59) '헌'은 大夫 이상의 관원이 타던 휘장을 친 수레이고, '면'은 그들이 예복을 입을 때 쓰던 모자다. '헌면'은 하나의 단어로 벼슬과 지위를 뜻한다.

다고 할 수 있다. 한시 중에서도 이런 비애적 정서가 많이 나타나는 부류로는 閨房詩, 閨怨詩와 行役詩, 邊塞詩, 님 그리는 시와 思友詩, 別離詩, 送別詩, 贈別詩, 留別詩와 遊子詩, 客愁詩와 思鄕詩, 回鄕詩 등에 두루 나타나며, 또한 詠史詩, 詠懷詩, 詠古詩, 懷古詩와 感懷詩, 感遇詩와 嘆老詩, 인생무상시 그리고 妓女詩, 宮怨詩 등에도 두루 보인다.

2) 여성적 애조 애상 - 悲, 哀, 愁, 怨, 懷, 恨, 傷, 苦, 意, 念, 情, 吟, 可憐

한시에는 서구시와는 달리 여성적인 哀調가 많이 서려있다. 한시에는 여성적 정서를 드러내는 悲, 哀, 愁, 怨, 懷, 恨, 傷, 苦, 意, 念, 情, 吟, 可憐 등의 시어가 많이 보인다. 온정균(溫庭筠)의 〈요슬원(瑤瑟怨)〉이란 시를 읽어보자.

싸늘한 대방석 은침대에서 잠들지 못하고
푸른 하늘은 물과 같고 밤 구름 가볍게 흘러간다.
기러기 소리 멀리 瀟水와 湘水를 지나가는데
十二樓에 달이 스스로 비추고 있을 뿐이로다.

氷簟[60]銀牀夢不成　빙단은상몽불성
碧天如水夜雲輕　벽천여수야운경
雁聲遠過瀟湘去　안성원과소상거
十二樓中月自明　십이루중월자명

가을날 시름에 잠긴 여인네의 마음을 노래한 시이다. 여성적인 애조

60) 서늘한 대자리.

가 시 내용 속에 깊게 스며있다. 한시에는 슬픔과 근심(悲, 哀, 愁)을 읊조린 시가 적지 않다. 님이나 친구와 함께 있지 못한다는 데서, 그리고 그 님이나 친구와 헤어진다는 데서, 떠돌아다니는 나그네 생활이나 변방생활에서, 님이 자신을 내치고 자신을 생각하지 않는다는 데서, 혹은 쓸쓸한 자연 경물을 접하고 자신의 처지에서, 혹은 따뜻한 봄 경치에 대해 반대로 자신의 처지가 쓸쓸함에서 오는 슬픔과 근심 등 한시에서는 슬픔과 근심(悲, 哀, 愁)을 읊조린 시가 굉장히 많은 것이다. 이는 모두 원형(님이나 친구 혹은 고향)과 〈더불어 하나〉 되지 못하고 또한 그 원형시절로 되돌아갈(歸) 수 없다는데서 느끼는 정서들이다. 한시의 제목 자체에도 〈ㅇㅇ愁〉 혹은 〈ㅇㅇ悲〉〈ㅇㅇ悲愁〉 등 '悲나' '哀' '愁' 자가 들어간 시가 많은데, 〈'비수'가('悲愁'歌)〉, 〈대'비'백두옹(代'悲'白頭翁)〉, 〈복'수'(復'愁')〉, 〈칠'애'가(七'哀'歌)〉, 〈'애'강두('哀'江頭)〉 등이 그것이다. 한대 오손공주(烏孫公主)가 지은 것으로 알려진 〈비수가(悲愁歌)〉를 읽어보자.

> 한나라에서 나를 하늘 한 귀퉁이로 시집보내어
> 멀리 異國의 오손왕(烏孫王)에게 기탁하게 되었구나.
> 천막으로 집을 짓고 모포로 담을 삼아
> 고기로 식량 삼고 젖으로 음료 삼는다.
> 밤낮 고향 생각에 마음 속은 상해
> 원컨대 고니 새가 되어 고향으로 돌아가기를.

> 吾家嫁我兮天一方 오가가아혜천일방
> 遠託異國兮烏孫王 원탁이국혜오손왕
> 穹廬爲室兮旃爲牆 궁려위실혜전위장
> 以肉爲食兮酪爲漿 이육위식혜락위장
> 居常土思兮心內傷 거상토사혜심내상
> 願爲黃鵠兮歸故鄉 원위황곡혜귀고향

한 무제가 서역 이민족과의 화친을 위해 오손공주(烏孫公主)를 머나 먼 서역으로 시집보냈는데, 그 공주가 고향으로 돌아가기를(歸) 원하며, 그것을 슬픔과 근심(悲, 哀, 愁)의 심정으로 읊조린 古詩이다.

〈서역으로 시집간 오손공주. 그녀의 시에는 여성적 애조 애상이 많이 서려 있다.〉

친구와의 이별을 슬퍼한 사공서(司空曙)의 〈운양관여한신별숙(雲陽[61]館[62]與韓紳[63]別宿[64])〉이란 시도 여성적 애조 애상이 드러난다.

벗과 江海에서 이별한 뒤
몇 번이나 산천에 막히었던가.
갑자기 만나니 오히려 꿈인 듯
서로 슬퍼하며 몇 년간의 일을 묻는다.
외로운 등잔불 차갑게 내리는 비를 멈추고

故人江海別　고인강해별
幾度[65]隔山川　기도격산천
乍[66]見翻[67]意　몽사견번의몽
相悲各問年[68]　상비각문년
孤燈寒照雨　고등한조우

---

61) 縣의 이름. 지금의 섬서성 涇陽縣에 있다.

62) 역참의 관사.

63) 어떤 판본에는 韓升卿이라고 했는데, 韓紳卿의 잘못인 듯하다. 韓愈에게는 韓紳卿이라는 숙부가 있었는데 일찍이 涇陽縣令을 지냈다 한다.

64) 함께 잔 후 이별하다.

65) 번.

66) 갑자기.

67) 反, 도리어.

68) 몇 년간의 일을 묻다.

사공서가 운양관에서 친구 한신경(韓紳卿)과 하룻밤을 자고 다음날 아침에 있을 이별에 대한 슬픔을 노래한 시이다. '悲', '孤', '恨', '惜' 등의 시어에서 여성적 애조 애상의 정서가 깊게 묻어나고 있다. 맹교(751-814)의 〈문침(聞砧[69])〉은 타지에서 다듬이질 소리 듣는 나그네의 애절함을 읊은 시이다.

두견새 소리도 이보다 슬프지 않고
외로운 잔나비 울음도 이보다 애절하지 않네.
달 아래 어느 집에서 다듬이질인가?
한 소리마다 창자 한 마디씩 끊기네.
방망이 소리 나그네 위하는 것 못되니
나그네 듣고는 머리 저절로 희어지네.
방망이 소리 옷 다듬기 위한 것 아니라
나그네 마음 슬프게 해주려는 것일세.

杜鵑聲不哀　두견성불애
斷猿啼不切[70]　단원제부절
月下誰家砧　월하수가침
一聲腸一絶　일성장일절
杵聲不爲客　저성불위객
客聞髮自白　객문발자백
杵[71]聲不爲衣　저성불위의
欲令游子[72]悲　욕령유자비

'哀', '斷', '切', '絶', '悲'이란 시어에서 애절하고 슬픔을 느낄 수 있다.

69) 방망이 다듬이질 소리를 듣다.

70) 애절하다.

71) 다듬이 방망이.

72) 집나간 사람, 나그네.

이런 애절하고 슬픈 정서는 여성적 정서에 가깝다고 할 수 있다.

한시에는 원망(怨)을 읊은 작품도 많으며, 또한 제목 자체에 아래에 인용할 어현기(魚玄機)의 〈추원(秋怨)〉처럼 〈ㅇㅇ원(怨)〉이라고 한 작품이 많다. 〈옥계'원'(玉階'怨')〉, 〈궁'원'(宮'怨')〉, 〈규'원'(閨'怨')〉, 〈춘'원'(春'怨')〉, 〈요슬'원'(瑤瑟'怨')〉 등이 그것이다. 이는 모두 님이 자신에게 돌아와(歸) 자신과 〈더불어 하나〉 되지 못한 심정을 원망조로 읊은 작품들이다.

스스로 탄식함은 정이 많아 족히 시름함이니
하물며 바람과 달이 정원에 가득 찬 가을임에랴.
閨房에 지겹게도 시간을 알리는 소리만 가까운데
밤마다 등불 앞에서 흰머리만 늘어가는 것을

自歎多情是足[73]愁　자탄다정시족수
況當風月滿庭秋　황당풍월만정추
洞房[74]偏[75]與更聲[76]　近동방편여경성근
夜夜燃前欲白頭　야야연전욕백두

어현기(魚玄機)의 〈추원(秋怨)〉이란 이 작품은 가을 밤 님이 떠난 텅 빈 규방에서 여인네가 홀로 쓸쓸히 잠 못 드는 밤을 지새우며 헛되이 흰머리만 늘어나는 것을 원망조로 읊고 있는 규원시라고 할 수 있다. '怨'과 '愁'의 정서가 잘 드러난 왕창령(王昌齡)(692? - 757)의 〈규원(閨怨)〉

73) '足'은 '多'와 의미가 같음.

74) 閨房.

75) 지겹게도.

76) '更'은 밤을 다섯 등분한 단위. 매 更마다 북을 쳐서 시간을 알렸다.

이란 시를 읽어보자.

규방의 젊은 아낙 근심이 무엇인지 도무지 모르고서
봄날 한껏 단장하고 비취색 누각에 올랐다가
문득 밭둔덕의 버드나무 색 새로워진 걸 보고서
제 낭군 벼슬길 떠나보낸 것 후회하네.

閨中少婦不知愁　규중소부부지수
春日凝裝[77]上翠樓　춘일응장상취루
忽見陌頭柳色新흘　견맥두유색신
悔教夫婿[78]覓封侯[79]　회교부서멱봉후

천지간에 생기가 도는 봄날에 아낙이 함께 할 남편을 벼슬길 떠나보낸(去) 것을 후회하고 있다. 규방 아낙의 모르고 남편을 떠나보낸 근심(愁)과 그런 자신에 대한 원망(怨)이 은연중에 표현되어 있다. 이백의 옥계원(玉階怨)도 쓸쓸한 궁궐에 홀로 있는 궁녀의 원망을 읊은 작품이다.

옥계단에는 흰 이슬이 내리고,
밤 깊어 비단 버선엔 찬 기운이 스민다.
도리어 수정발 내리고
영롱한 밝은 달을 바라본다.

玉階生白露　옥계생백로
夜久侵羅襪　야구침라말
却下水晶簾　각하수정렴
玦瓏望明月　영롱망명월

77) 세심하게 차려 입은 옷.

78) 남편.

79) 벼슬자리를 찾다.

〈이백의 〈옥계원〉은 외로운 궁녀의 원망을 읊은 작품이다.〉

한시에는 또한 가슴에 품음(懷)과 한스러워함(恨)을 주제로 한 시도 적지 않다. 객지나 변방에서 님이나 친구와 떨어져 있으며 고향에 돌아가지 못하고 늙은 몸으로 정처 없이 떠돌아다니는 자신의 처량한 신세를 한스러워(恨)하거나, 님과 친구를 마음에 품으며(懷) 그 感懷를 읊은 시도 부지기수로 많다. 또 어떤 사건이나 경물에 접해 자신의 처량한 감회(懷)를 읊조린 시 역시 많다. 한시 제목에도 '懷'나 '恨' 등이 쓰여져 있는 것도 많은데, 〈영'회'시(詠'懷'詩)〉, 〈술'회'(述'懷')〉, 〈여야서'회'(旅夜書'懷')〉, 〈동왕징군동정유'회'(同王徵君洞庭有'懷')〉, 〈공로감'회'(鞏路感'懷')〉, 백거이의 유명한 〈장'한'가(長'恨'歌)〉, 〈유'회'(遺'懷')〉, 〈한거감'회'(閑居感'懷')〉 등이 그것이다. 어떤 사실이나 사람(님이나 친구)을 가슴 속 깊숙이 품는다(懷)거나 혹은 자신의 슬픈 신세를 한스러워한다(恨)

는 정서 역시 인류학적인 입장에서 볼 때 이는 남성적인 정서라기보다 여성적인 정서에 훨씬 가깝다. 나그네 생활에서 오는 고독과 쓸쓸함을 가슴시리도록 품고(懷) 처량하게 읊은 시로 두보의 〈여야서회(旅夜書懷)〉를 읽어보자.

잔풀들이 미풍에 흔들리는 언덕
높다란 돛대 배에 홀로 밤을 지새는 도다.
별이 드리운 들판은 넓고
달빛 내리는 큰 강은 흘러만 가고 있구나.
명성이 어찌 문장으로 드러나오리마는
관직도 오랜 병으로 그만 두었도다.
바람 따라 유랑하는 나는 무엇과 비슷한가?
하늘과 땅 사이의 한 마리 모래 갈매기로다.

細草微風岸　세초미풍안
危檣[80]獨夜舟　위장독야주
星垂平野闊　성수평야활
月涌大江流　월용대강류
名豈文場著　명개문장저
官因老病休　관인로병휴
飄飄何所似　표표하소사
天地一沙鷗　천지일사구

이 시는 두보가 성도(成都)를 떠나 양자강을 따라 형주(荊州)로 방면되어 내려가는 도중에 느낀 시인 자신의 감회를 읊은 것이다. 만년(54세)에 다시금 방랑길에 나서야만 하는 작자의 고독과 인생에 대한 체념이 뒤범벅되어 있다. 이처럼 자신의 회포(懷)를 적은 한시는 적지 않

80) 높다란 돛대.

다. 멀리 있는 자신의 스승을 그린(懷) 시로 진사도(陳師道)(1053-1101)의 〈회원(懷遠)[81]〉이란 시를 읽어보자.

바다 저쪽으로 3년을 귀양 가 계시니,
하늘 남쪽으로 만 리나 가신 것일세.
생전의 일들은 모두 누만 되고 있으니,
돌아가신 뒤에 다시 명성을 기다려야만 할 것인가?
아직도 편안히 계신단 소식 없으니
공연히 옛 정만 그리게 되네.
훌륭한 분이 이런 처지에 계시거늘
어찌 눈물 줄줄 흘리지 않겠는가?

海外三年謫　해외삼년적
天南萬里行　천남만리행
生前只爲累　생전지위루
身後更須名　신후갱수명
未有平安報　미유평안보
空懷故舊情　공회고구정
斯人[82]有如此　사인유여차
無復涕縱橫　무부체종횡

진사도가 멀리 해남도 담주(儋州)에 귀양 가 있는 스승 소식(蘇軾)을 생각하며 지은 시이다. 훌륭한 스승이 이런 곤경에 처하여 멀리 귀양 간 것에 대해 생각하며 진사도는 눈물 줄줄 흘리며 스승의 안위를 걱정하고 있는 것이다, 이처럼 님이나 스승, 친구에 대해 자신의 가슴에 품은 회포(懷)를 읊은 한시 역시 적지 않다. 누군가를 가슴에 품고 생

81) 멀리 해남도 儋州에 귀양가 있는 스승 蘇軾을 생각하며 지은 시.

82) 훌륭한 분, 소식을 가리킴.

각한다라는 정서 역시 남성적인 정서라기보다는 여성적인 정서에 가깝다고 할 수 있다. 구양수의 〈추회(秋懷)〉라는 작품도 가을이 되어 자신의 회포를 읊은 작품이다.

계절의 풍물 어찌 좋지 않단 말인가?
가을의 회포가 어이하여 암담한가?
가을바람에 저자의 술집 깃발 나부끼고,
보슬비 속에 철만난 국화만 피어 있네.
세상일에 대한 감회로 희어진 양편 귀밑머리 슬프고,
많은 녹 먹고 지내는 것이 부끄럽네.
어느 날이나 작은 수레 몰고
潁水 동쪽 밭 있는 곳으로 돌아가게 될까?

節物[83]豈不好　절물기불호
秋懷何黯然[84]　추회하암연
西風酒旗市[85]　서풍주기시
細雨菊花天　세우국화천
感事悲雙鬢[86]　감사비쌍빈
包羞[87]食萬錢[88]　포수식만전
鹿車[89]何日駕　녹거하일가
歸去潁東田[90]　귀거영동전

---

83) 계절의 풍물, 계절에 따른 물건들.
84) 암담한 모양, 의기소침한 모양.
85) 저자에 나부끼는 술집 표시로 내걸은 깃발.
86) 양편 귀밑머리.
87) 부끄러움을 알다.
88) 만전을 먹고 지내다, 많은 봉급을 받다.
89) 사슴 한 마리를 실을 수 있는 작은 수레.
90) 潁水 동쪽 밭. 영수는 하남성 중간을 흘러 안휘성에서 淮水로 흘러드는 강물 이름.

구양수는 仁宗 때에는 참지정사(參知政事)란 부재상으로 나랏일을 보다가 神宗 때 왕안석(王安石)이 新法을 시행하자, 벼슬을 그만두고 영주(潁州)로 물러나 서호(西湖) 근처에서 육일거사(六一居士)라고 자호하며 살았다고 한다. 이 시도 그 무렵 지어진 것으로 가을이 되어 모든 벼슬 던져두고 영수(潁水)로 돌아가 살고 싶은 시인의 회포를 그리고 있다. 이처럼 한시에는 시인의 회포(懷)를 읊은 시가 적지 않다. 무언가를 직접 말하지 않고 생각을 가슴에 이렇게 품고 있다(懷)라는 것은 인류학적으로 볼 때 남성적인 정서에 가깝다기보다는 여성적인 정서에 가깝다고 할 수 있다.

이 외에도 한시에는 傷, 苦, 意, 念, 情, 吟 등의 시어가 많이 등장한다. 모두 마음 아프거나 고통스러우며 또한 생각하고 그리워하며 읊조린다는 의미를 품고 있다. 님과 친구와 고향과 〈더불어 하나〉 되지 못해 가슴 아프고(傷) 고통스러우며(苦) 또한 그런 자신의 슬픈 처지를 읊조리며(吟), 또한 그 님과 친구와 고향을 생각하고 그리워하는(意, 念, 情) 의미로 이들 시어가 많이 사용되고 있다. 심전기(沈佺期)(656 - 713)의 〈잡시(雜詩)〉를 읽어보자.

> 듣건데 황룡(黃龍)의 수자리
> 해마다 군사를 놓아주지 않네.
> 가련한 규방의 달
> 오랫동안 당나라 병영에 떠 있네.
> 어린 아낙네 올 봄의 '뜻(意)'
> 낭군의 어젯밤 '정(情)'이로다.
> 누가 능히 군사를 통솔하여
> 단번에 용성(龍城)을 취할 수 있으리.

聞道黃龍戍[91] 문도황용수
頻年不解兵 빈년부해병
可憐閨裏月 가련규리월
長在漢家營 장재한가영
少婦今春'意' 소부금춘'의'
良人昨夜'情' 양인작야'정'
誰能將旗鼓 수능장기고
一爲取龍城 일위취용성

전형적인 규원시이다. 제 5구의 少婦의 '뜻(意)'은 낭군이 빨리 수자리 생활을 마치고 돌아오기(歸)를 바라는 것이고, 이 '뜻(意)'은 바로 제 6구의 낭군 역시 바라는 '정(情)'이기도 하다. 이처럼 한시에는 '意'과 '情'이라는 시어가 많이 등장한다. 이는 함께 합쳐 〈더불어 하나〉 되고 싶어 하고 또한 떨어져 있기(去) 싫어하는 감정을 읊은 閨怨詩, 行役詩, 님 그리는 시, 思友詩, 思鄕詩, 遊子詩, 客愁詩, 別離詩, 送別詩 등이 한시에서 많이 지어졌기 때문에, 한시에는 이런 감정 즉 헤어지기(去) 싫고 돌아가(歸) 함께 있고 싶은 뜻(意)과 정(情)을 읊은 시가 많은 것이라 할 수 있다. 한시에 悲, 哀, 愁, 怨, 懷, 恨, 傷, 苦, 意, 念, 情, 吟, 可憐의 정서를 읊은 시가 많은데, 이는 분명 남성적인 정서라기보다 여성적인 정서에 훨씬 가깝다고 할 수 있다.

또한 한시에는 시인 자신이 분명 남성인데도 불구하고, 여성적인 입장에서 지은 시들이 많다. 규방시, 규원시, 염정시, 宮怨詩, 기녀시 등과 같은 여성적 입장에서 지은 시가 실은 대부분 남성에 의해 지어지고 있다. 그들은 여성의 입장에서 지은 이들 시들을, 신하가 군주를 그

91) 黃龍 지방의 군사 요새로 지금의 요녕성 開源縣 서쪽에 있음.

리워하는(思) 시로 해석하기도 하는데, 실은 이와 같이 해석할 수 있음으로 인해 남성 시인들이 여성의 입장에서 규방시, 규원시, 염정시, 宮怨詩, 기녀시 등을 마음대로 짓도록 하는데 일조를 해주었을 것으로 여겨진다. 그 예로 이백(710-762)의 〈자야오가(子夜[92]吳家)〉 제 3수를 읽어보자.

장안에 한조각 달이 떴는데,
모든 집에 옷 두드리는 소리로다.
가을바람은 불어 다하지 않으니,
모두 변방인 옥문관(玉門關)의 정이로다.
어느 날 오랑캐들을 평정하여,
님은 먼 곳에서의 정벌을 마칠까?

長安一片月　장안일편월
萬戶擣衣[93]聲　만호도의성
秋風吹不盡　추풍추부진
總是玉關[94]情　총시옥관정
何日平胡虜　하일평호로
良人[95]罷遠征　양인파원정

오랑캐들을 정벌하러 먼 변방으로 떠난 님이 돌아오기(歸)를 바라는 여인네의 심정이 잘 묘사되어 있다. 이백 그는 본명 남성임에도 불구하고 규방에 있는 여인의 입장에서 이 시를 읊고 있다. 또 다른 예로 육조시대 사조(謝朓)의 〈옥계원(玉階怨[96])〉이란 시를 읽어보자.

92) 곡 이름.

93) 다듬이질.

94) 玉門關.

95) 남편을 말함.

96) 樂府曲으로, 궁녀의 원망을 그린 시로 당나라 때 絶句의 序曲이라 평가되고

저녁 궁전에 진주 발 내리고
반딧불이 날다가 또 사려져 버린다.
긴긴밤 명주옷 짓노라니
님을 그리워함이 이 얼마나 심한가.

夕殿下珠簾[97] 석전하주렴
流螢飛復息[98] 류형비복식
長野縫羅衣 장야봉나의
思君此何極 사군차하극

사조는 분명 남성 시인임에도 불구하고 〈옥계원(玉階怨)〉 같은, 궁중 여인네의 입장에서 노래한 이런 宮怨詩를 짓고 있다. 그러나 이와 반대로 여성 시인이 남성의 입장에서 행역시·변새시 같은 것을 짓은 것은 별로 없다. 한시 그것이 그 얼마나 여성적 정서가 많이 서려있는가를 알 수 있게 한다. 한시에서 이런 여성적 애조 애상의 정서는 閨房詩·閨怨詩와 님 그리는 시 그리고 艶情詩·妓女詩·宮怨詩의 부류에 자주 보인다.

희망과 순진무구 그리고 천진 발랄한 느낌을 주는 영국 Wordsworth의 유명한 시 〈The rainbow 무지개〉를 읽어 보아 한시의 풍격과 비교를 하여보자.

하늘의 무지개를 보니 내 마음은 뛰노라. 내 생애 시작될 때 그러하였고; 나 어른이 된 뒤에도 그러하며; 나 늙어진 뒤에도 그러할 것이니, 그렇지 않을진대 나는 죽으리!
어린이는 어른의 아버지라; 바라건대 나의 하루 하루는

있다.

97) 궁녀가 총애를 잃었음을 의미함.

98) 쓸쓸하고 처량함을 나타냄.

천성의 자비로써 맺어지리라.

My heart leaps up when I behold A rainbow in the sky: So was it when my life began;
So is it now I am a man; So be it when I shall grow old, or let me die!
The child is father of the man; I could wish my days to be
Bound each to each by natural piety.

위 시는 인구에 많이 회자되는 유명한 워즈워드의 〈무지개〉라는 시인데, 한시의 일반적인 특징이라고 하는 비애감 소극성 그리고 여성적인 애조 애상이 전혀 나타나지 않는다. "무지개를 보니 내 마음은 뛰노라."라고 하여, 이 작품에서 워즈워드는 무지개를 보며 희망과 순진무구함과 천진 발랄함을 느끼고 있다. 이런 풍격의 시는 24절기를 주기로 끊임없이 순환 회귀적(歸)인 삶을 살아온 정통 농경민족 중국인들이 즐겨온 한시에는 전혀 나타날 수 없는 경향의 시라고 할 수 있다. 초지를 떠돌아다니는 유목문화(去文化) 지역에서만 쓰여질 수 있는 희망과 미래지향적인 냄새(去)가 강하게 풍기는 시인데, 서구시에는 이런 경향의 시가 많이 지어지고 있다.

3) 그리움(思)과 기다림 - 思, 憶, 想, 回想과 等, 待

한시의 기본적인 정서라고 하는 그리워한다(思), 회상한다(憶, 回想), 생각한다(想) 등의 정서는 인류학적인 입장에서 볼 때 이 역시 남성적인 정서에 가깝다기보다는 여성적인 정서에 훨씬 가깝다. 이렇게 한시에 思, 憶, 想, 回想 등의 여성적인 정서가 많이 베여있는 것은, 女 그것이 바로 회귀적 관념의 표상이라는데 있다. 생리 때문에 1달을 주기로 생채리듬 즉 바이오리듬이 순환 회귀하는 회귀적 관념의 표상인 이 여성의 정서가 한시에 많이 나타나는 것은 그것이 바로 24절기를 주기로 끊임없이 순환 회귀적(歸)인 삶을 살아온 농경민족 중국인들의 기본적인 순환 회귀적(歸)인 심성과 맞았기 때문일 것이다. 한시에는 제목 자체에 思, 憶, 想, 回想 등이 있는 시도 적지 않다. 〈구월구일'억'산중형제(九月九日'憶'山中兄弟)〉, 〈정야'사'(靜夜'思')〉, 〈춘일'억'이백(春日'憶'李白)〉, 〈월야'억'사제(月夜'憶'舍弟)〉, 〈춘'사'(春'思')〉, 〈추'사'(秋'思')〉, 〈팔월십오일야금중독직대월'억'원구(八月十五日夜禁中獨直對月'憶'元九)〉 등이 그것이다. 이 외에도 한시에는 그리움(思), 회상(憶, 回想), 생각(想) 등을 주제로 한 시는 부지기수이다.

이 중 한시에 보편적으로 깔려있는 가장 기본적인 정서는 그리움(思)이라고 할 수 있다. 閨房詩·閨怨詩·行役詩는 님에 대한 그리움(思)을 주제로 하여 읊은 시이고, 思友詩는 친구에 대한 그리움(思)을 주제로 하여 읊은 시이며, 遊子詩·客愁詩 등은 고향에 대한 그리움(思)과 그 고향으로 돌아가지(歸) 못한다는 데서 오는 비애감과 고독을 읊은 시이다. 思鄕詩는 고향에 대한 그리움(思)을 읊은 시이며, 宮怨詩·妓女詩 등은 임금이나 님에 대한 그리움(思)을 읊은 시라고 할 수 있다. 한시에서처럼 그리움(思)을 주제로 하여 읊은 시가 이렇게 많은 것도 세계문학사에서 보기 드문 것으로 여겨지는데, 이는 그리움(思) 그것이 여성적인 정서로 24절기를 주기로 끊임없이 순환 회귀적(歸)인 삶을 살아온 농경민족 중국인들의 정서에 잘 맞았기 때문일 것이다.

우리 민족이 읊은 민요나 사대부들이 지은 歌詞나 漢詩에도 그리움(思)을 주제로 한 것이 많으며, 실은 농경민족인 우리민족이나 중국인들이 주로 읊은 민요 중 가장 많은 분량을 차지하는 내용이 바로 님에 대한 그리움(思)을 주 주제로 하여 읊은 것들이다. 정철이 지은 〈思美人曲〉, 〈續美人曲〉은 말할 것도 없고, 고려 俗謠인 〈동동〉, 〈가시리〉,

〈정과정곡〉 같은 것은 모두 떠난 님에 대한 그리움(思)을 주 주제로 하여 읊은 작품이며, 우리 민족의 정서를 가장 잘 대변하고 있는 대표적인 민요인 〈아리랑〉 역시 그 주제가 대부분 님에 대한 그리움(思)이다. 그리움(思)을 주제로 한 시 중 이백의 유명한 〈정야사(靜夜思)〉를 다시 읽어보자.

침상 앞에서 달빛을 보고,
이것이 지상의 서리인가 의심했네.
머리 들어 산의 달을 바라보고,
머리 숙여 고향을 그리워하는 도다.

牀前看月光　상전간월광
疑是[99]地上霜　의시지상상
擧頭望山月　거두망산월
抵頭思故鄕　저두사고향

〈타향에서 달을 보고 고향을 그리워하는 이백의 〈정야사〉를 그린 그림. 한시에는 이처럼 그리움(思)을 읊은 시가 굉장히 많다.〉

이백은 타향에서 달을 쳐다보며 望鄕의 정에 사무치고 있다. 이와 같이 고향을 그리는(思) 시는 한시에 굉장히 많다. 또한 한시에는 님에 대한 그리움(思)을 읊은 閨房詩, 閨怨詩, 艶情詩, 妓女詩, 宮怨詩와 行役詩 그리고 임금을 그리는(思) 시 역시 부지기수로 많다.

그 중 가장 대표적인 님 그리는(思) 시인 閨怨詩로 설도(薛濤)(760 - 832)의 〈춘망사(春望詞)〉를 읽어보자.

꽃이 펴도 함께 감상할 수 없고

99) …인가 의심하다.

꽃이 져도 함께 슬퍼할 수 없네.
그리운 당신 계신 곳 물어보려 하노니
꽃피고 꽃질 때 (무슨 생각으로 보시는지요.)

花開不同賞[100] 화개부동상
花落不同悲 화락부동비
欲問相思處[101] 욕문상사처
花開花落時 화개화락시

당대 유명한 여류시인 설도의 규원시이다. 멀리 떠난 님에 대한 그리움(思)이 아주 잘 묘사되어 있다.

〈사천성 성도 망강루(望江樓)공원에 있는 설도. 그녀의 작품에 그리움(思)을 읊은 작품이 많다. 우리나라 가곡 동심초의 가사도 실은 그녀의 시에서 따온 것이다.〉

그리움(思)을 주제로 한 이백의 〈장상사(長相思)〉란 작품의 제 2수를 읽어보자.

100) 당신과 함께 감상할 수 없다.

101) 그리운 당신이 계신 곳.

해 이미 저물어 꽃은 안개 속에 있고
달은 하얗게 밝아오나 근심에 잠 못 이루네.
조슬(趙瑟)을 연주하다 鳳凰柱를 눌러 멈추고
촉금(蜀琴)을 꺼내 鴛鴦絃을 연주하려는데
이 곡에 깃들인 뜻을 전할 이 없으니
봄바람 따라 연연산(燕然山)에 부치길 바라네.
그대 생각하나 저 멀리 푸른 하늘에 격해 있으니
지난날 추파 던지는 눈에서
이제는 눈물샘이 넘쳐납니다.
첩의 애간장 녹는 것 못 믿으시겠다면
돌아와 밝은 거울 앞에 보세요.

日色已盡花含煙　　일색이진화함연
月明欲素愁不眠　　월명욕소수불면
趙瑟[102]初停鳳凰柱　　조슬초정봉황주
蜀琴[103]欲奏鴛鴦絃　　촉금욕주원앙현
此曲有意無人傳　　차곡유의무인전
顧隨春風寄燕然[104]　　고수춘풍기연연
憶君迢迢[105]隔靑天　　억군초초격청천
昔日橫波目[106]　　석일횡파목
今成流淚泉　　금성유루천
不信妾腸斷　　불신첩장단
歸來看取明鏡前　　귀래간취명경전

102) '瑟'은 현악기 이름인데, 전국시대 조나라 여자가 잘 연주했다고 하여 '趙瑟'이라고 함.

103) 司馬相如가 臨邛에 갔을 때 卓王孫의 딸 文君이 이 琴을 잘 연주해 이에 반해 사마상여가 그녀와 함께 도망갔다는 고사에서 '蜀琴'이라고 함.

104) 지금 몽골의 杭愛山으로 여기에서는 변방을 나타냄.

105) 멀리 아득한 모양.

106) 여자가 교태를 부려 눈길을 돌려 째려보는 것.

〈장상사(長相思)〉는 악부 雜曲歌에 속하는데, 대부분 이처럼 남편을 그리는(思) 애절한 정을 표현하고 있다. 변방으로 떠난 님을 그리는(思) 여인네의 애절한 심정이 너무나 간절하다. 시인 이백이 남성임에도 불구하고 여인의 입장에서 이런 시를 지은 것은 한시에 그 얼마나 여성적 정서가 깊게 배여 있는가를 알 수 있게 해준다. 이백의 〈아미산월가(蛾眉山[107]月歌)〉는 아미산에서 친구를 그리고(思) 있다.

아미산의 조각달이 가을하늘에 떠있는데,
그 그림자는 평강강에 비치어 강물과 함께 흐른다.
밤에 청계를 출발하여 삼협으로 향하노니
그대를 그리면서도 만나지 못하고 유주로 내려간다.

蛾眉山月半輪秋[108] 아미산월반륜추
影入平羌[109]江水流 영입평강강수류
夜發淸溪[110]向三峽[111] 야발청계향삼협
思君不見下渝州[112] 사군불견하투주

아미산에 조각달이 걸려 있는 맑은 가을밤, 청계(淸溪)를 지나 유주(渝州)로 떠나면서 못 만나고 떠난 친구를 그리워(思)하고 있다. 이처럼 그

107) 사천성 蛾眉縣 서남쪽에 있는데, 불교에서는 光明山, 도교에서는 虛靈洞天 또는 靈陵大妙天이라고 부르는 명산이다.

108) 半輪은 半圓의 뜻. 半輪秋는 반원 모양의 달이 가을하늘에 떠있다는 뜻.

109) 平鄕江이라고도 부르는 강물 이름. 사천성 雅安縣 북쪽으로부터 흘러 大渡河와 합쳐진다. 제갈량이 이곳에서 羌族을 물리쳤다는데서 유래된 명칭이다.

110) 사천성 成都府 資州의 內江縣 동북쪽 80리 되는 곳에 있다.

111) 사천성에서 호북성에 이르는 장강의 흐름에서 가장 물살이 센 瞿塘峽, 巫山峽, 西陵峽의 3곳을 일컬음.

112) 지금의 사천성 重慶府 治巴縣.

리움의 정서를 이렇게 많이 읊은 시도 전 세계문학사에서 찾아보기 힘든데, 그리움 그것이 여성적인 정서라는데 그 원인이 있다고 여겨진다. 이백의 〈사변(思邊)〉은 변방에 가있는 남편을 그리워(思)하고 생각하며(憶) 읊은 시이다. 한시에서 많은 분량을 차지하는 규방시·행역시가 님에 대한 그리움(思)을 읊은 시들이다.

지난해 어느 때에 당신이 나를 떠나갔던가?
남쪽 동산 푸른 풀 위에 나비가 날고 있을 때였지.
올해는 어떤 때이길래 내가 그대를 그리고 있는가?
서쪽 산에 흰 눈이 쌓였고 진땅에 구름이 덮여있기 때문이네.
옥문관은 여기서 3천리나 떨어져 있으니
편지를 부치고 싶어도 어떻게 들리게 될 수 있는가?

去歲[113]何時君別妾　거세하시군별첩
南園綠草飛胡蝶　남원녹초비호접
今歲何時妾憶君　금세하시첩억군
西山白雪暗秦雲[114]　서산백설암진운
玉關此去三千里　옥관차거삼천리
欲寄音書那得聞　욕기음서나득문

서쪽 옥문관에 수자리 간 남편을 그리워(思)하며 읊은 전형적인 규방시이다.

봄날 이백을 생각하며(憶) 그를 만나 글을 논하며 어울리기를 바라며 읊은 두보의 〈춘일억이백(春日憶李白)〉을 읽어보자.

이백은 또한 시가 무적

---

113) 지난해. 남편이 떠나갔을 때를 생각하는 것이다.

114) 진나라 땅 곧 지금의 섬서성 일대의 하늘을 덮은 구름.

표연하여 그 생각 무리들과 다르네.
淸新함은 유신(庾信)이요
俊逸함은 포조(鮑照)라.
위수 북쪽에는 봄 하늘의 나무
江東에는 해질 무렵의 구름
어느 때 한 동이 술로
다시 함께 자세히 글을 논할까?

白也詩無敵　　백야시무적
飄然思不群　　표연사불군
淸新庾開府[115]　　청신유개부
俊逸[116]鮑參軍[117]　　준일포참군
渭北[118]春川樹　　위북춘천수
江東[119]日暮雲　　강동일모운
何時一樽酒　　하시일준주
重與細論文　　중여세논문

두보는 장안에서 江東을 떠돌고 있는 이백을 생각하며(憶) 그의 시를 높이 평가하고 그와 만나 다시 한번 시를 논해 보고 싶은 심정이 잘 깃들여 있다. 이처럼 한시에는 누군가를 그리워하고(思) 생각하는(憶, 想)하는 작품이 많은데, '그리워한다' '생각한다'라는 정서 역시 이

115) 庾信으로 자가 子山, 梁 元帝 때 西魏에 사신으로 가 있는 동안 양나라가 망하여 강제로 서위의 수도 장안에 머물게 되었는데, 후에 北周에서 開府儀同三司란 벼슬을 지내 그를 庾開府라 부름.

116) 준수하고 표일하다.

117) 鮑照로 자는 明遠, 한 때 臨海王의 前軍參軍을 지냈기 때문에 포참군이라 함.

118) 위수의 북쪽으로 시인이 있던 장안 일대를 가리킴.

119) 장강의 동남쪽. 강소 절강성 일대로 여기서는 이백이 있던 곳을 가리킴.

는 여성적인 정서에 가깝다고 할 수 있다. 두보의 〈월야억사제(月夜憶舍弟)〉란 시는 달밤에 고향 아우를 생각하며(憶) 읊은 작품이다.

수자리 북소리에 사람 발길 끊어지고
변방의 가을에는 한 마리 기러기 소리.
이슬이 오늘 밤부터 희게 변하고
달은 고향에서도 밝으리라.
아우들이 있으나 모두 뿔뿔이 흩어지고
생사를 물어볼 집조차도 없네.
편지를 보내도 오래토록 전해지지 못하는 터
하물며 아직 전쟁이 끝나지 않았음에랴!

戍鼓斷人行[120] 수고단인행
邊秋一雁聲 변추일안성
露從今夜白[121] 노종금야백
月是故鄉明[122] 월시고향명
有弟皆分散 유제개분산
無家問死生 무가문사생
寄書長不達 기서장부달
況乃未休兵 황내미휴병

시인은 타향에서 백로절(白露節)을 맞아 향수에 젖고, 또한 전란 중에 뿔뿔이 흩어진 아우들을 걱정하며 생각하고(憶) 있다. 이 작품 속에는 아우들과 함께 살았던 과거시절로 돌아가고(歸) 싶은 심정이 깊게 배어 있다. 왕유(王維)가 고향의 형제들을 생각한(憶) 시로 〈구월구일억

120) '戍鼓'는 戍樓의 북. 변방 수자리하는 곳에서는 야간에 북을 울려 사람의 통행을 금지시켰다.

121) 白露節이 되었음을 뜻함.

122) "달이 고향에서도 밝다"라고도 해석하기도 한다.

산동형제(九月九日[123]憶山東[124]兄弟)〉란 시를 읽어보자.

> 홀로 타향에서 나그네 되니
> 매번 명절 때마다 가족에 대한 그리움 더욱 간절하네.
> 아련히 알건데 (올 중양절에도) 형제들 높은 산에 올라
> 두루 수유를 머리에 꽂을 때 (나) 한사람 적으리라.

獨在異鄉爲異客	독재이향위이객
每逢佳節倍思親	매봉가절배사친
遙知兄弟登高處	요지형제등고처
遍插茱萸[125]少一人	편삽수유소일인

이 시는 왕유가 17세에 지은 시로 알려져 있다. 당시 그는 장안에서 華山 동쪽인 그의 고향 蒲州(지금의 산서성 永濟)에 있는 형제들을 생각

〈우리의 대표적 민요 아리랑도 님에 대한 그리움(思)을 주로 노래하고 있다.〉

---

123) 重陽節.

124) 華山의 동쪽.

125) 수유. 향기가 나는 짙은 식물. 옛날에 중양절에 높은 산에 올라 국화주를 마시고 수유의 열매를 머리에 꽂으며 사악한 기운을 물리치는 풍습이 있었다.

하며 이 시를 지었다고 한다. 타향에서 중양절 날 홀로(獨) 보내며 고향에 있는 가족을 그리워하고(思), 형제들을 생각하고(憶) 있는 것이다. 이처럼 한시에는 그리워하고 생각하는 정서의 작품이 굉장히 많다. 그리워한다(思) 생각한다(憶)라는 정서는 인류학적인 입장에서 볼 때 이는 분명 남성적인 정서에 가깝다기보다는 여성적인 정서에 가깝다고 할 수 있다.

또한 기다림(等, 待)을 주제로 한 시로 맹호연의 〈숙업사산방대정대부지(宿業師[126]山房待丁大[127]不至)〉란 시를 읽어보자.

석양이 서쪽 봉우리 넘어가니
뭇 계곡 어느 듯 어둑해지네.
소나무에 걸린 달에서 저녁 서늘함 생겨나고
바람 스치는 샘에는 맑은 소리 가득하다.
나무꾼들은 거의 다 돌아가고
저녁 안개 속의 새들은 둥지를 막 틀었다.
그 사람 묵으러 돌아온다고 기약했으니
홀로 거문고 앉고 여라 우거진 길에서 기다려본다.

夕陽度西嶺　석양도서령
群壑倏[128]已瞑　군학숙이명
松月生夜凉　송월생야량
風泉滿淸聽　풍천만청청
樵人歸盡欲　초인귀진욕
煙[129]鳥棲初定　연조서초정

126) 스승.

127) 丁氏 집 첫째 아들.

128) 홀연히.

129) 산이나 숲에서 피워 오르는 烟霧를 말함.

之子[130]期宿來 지자기숙래
孤琴候蘿徑[131] 고금후라경

시인 맹호연이 스승의 山房인 女蘿 우거진 길에서 오기로 한 친구 정대(丁大)를 기다리며(待) 읊은 시이다. 이백의 〈조춘기왕한양(早春寄王漢陽)[132]〉은 친구가 돌아오기를 기다리는(待) 참된 우정을 그린 시이다.

봄이 돌아온다는 말을 들었으나 아직 몰라서;
일어나 찬 매화 곁으로 가서 소식을 알아보네.
어젯밤 동풍이 무양(武陽)으로 불어들더니,
길가의 버드나무가 황금빛을 띠었네.
푸른 강물은 아득하고 구름은 자욱하니,
그리운 그대 오지 않아 공연히 애끊이네.
미리 푸른 산의 한 바위를 깨끗이 만들어,
그대와 연일 술잔 들며 취하고 싶네.

聞道[133]春還未相識 문도춘환미상지
起傍寒梅訪消息 기방한매방소식
昨夜東風入武陽[134] 작야동풍입무양
陌頭[135]楊柳黃金色 맥두양류황금색
碧水渺渺[136]雲茫茫 벽수묘묘운망망

130) 시인이 기다리는 丁大를 지칭함.

131) 女蘿가 자라는 오솔길.

132) 이른 아침 漢陽 縣令은 왕 아무개에게 부친다는 뜻. 왕한양이 누구인지는 알 수 없다.

133) 말하는 것을 들었다. 道는 말하다는 뜻.

134) 장강과 漢水가 합치는 지점에 있는 武漢三津 즉 武昌 漢口 漢陽 중 武昌을 가리킴.

135) 거리, 길가.

136) 물이 질펀한 모양.

美人[137]不來空斷腸 미인불래공단장
預[138]拂靑山一片石 예불청산일편석
與君連日醉壺觴[139] 여군연일취호상

왕한양(王漢陽)이란 친구를 무작정 기다리며(待) 그가 돌아오면(歸) 함께 술을 마시려고 미리 푸른 산 위의 바위를 깨끗이 청소하려고 하고 있다. 친구를 기다리는(待) 애틋한 정이 잘 묘사되어 있다.

이처럼 한시에는 기다림을 주제로 한 시가 많다. 친구나 님을 직접 찾아나서는 것을 읊은 시는 거의 없고, 이렇게 소극적으로 기다리며 읊고 있는데, 누군가를 기다린다(等, 待)는 정서 역시 인류학적인 입장에서 볼 때 남성적 정서라기보다는 여성적인 정서에 훨씬 가깝다. 비가 와야 할 때 비가 오기를 햇볕이 쬐어야 할 때 햇볕이 쬐어주기를, 또한 비가 그쳐야 할 때 그쳐주기를 햇볕이 그만 쬐어야 할 때 그만 쬐어주기를 바라며, 항상 기다리며(等, 待) 평생을 살아온 농경민족 중국인들은, 그들이 그렇게 즐겨했던 한시에도 이처럼 기다림(等, 待)을 주제로 한 시가 많은 것이다. 농경민족 중국인들은 기다림이 이미 체질화되어 있는 것이다. 누대나 산마루에 올라 멀리 내다보며, 혹은 강가나 선창가에서 님이나 친구가 돌아오기를(歸) 기다리며(等, 待) 읊은 시가 부지기수이다. 또한 그 님을 기다리다 기다리다 기다림에 지쳐 고갯마루에서 돌이 되고 望夫石이 되었다는 전설과 시 작품도 많다.

한시에서 그리움(思)의 정서가 주로 나타나는 시로는 閨房詩·閨怨詩·行役詩, 님 그리는 시, 思友詩 그리고 思鄕詩·回鄕詩와 艶情詩

---

137) 왕한양을 가리킨다, 그리운 그대라는 뜻.

138) 미리.

139) 술병과 술잔.

妓女詩·宮怨詩 부류에서 주로 나타난다. 또한 기다림(待)의 정서를 나타내는 시는 閨房詩·閨怨詩와 님 그리는 시, 思友詩 그리고 艶情詩 妓女詩·宮怨詩 부류에 자주 보인다.

〈중국이나 한국에서는 기다리다 기다리다 기다림에 지쳐 죽어 돌이 되었다는 망부석의 전설이 많이 전해온다. 그러나 서구에는 망부석의 전설이 없다.〉

4) 아쉬움(惜)과 두려움(恐)

한시에는 '아쉬움'의 정서를 나타낸 작품이 많다. '아쉬워한다'라는 정서 역시 인류학적 입장에서 볼 때 그것은 남성적인 정서라기보다 여성적인 정서에 훨씬 가깝다고 할 수 있다. 구양수(歐陽修)의 〈풍락정유춘(豊樂亭[140]遊春[141])〉이란 시는 봄이 지나가는(去) '아쉬움'을 잘 그려내고 있다.

140) 구양수가 滁州(지금의 안휘성) 刺史를 지낼 때 교외 산에다 지은 정자 이름.

141) 음력 3월에 '踏靑'이란 절기가 있어 교외를 산책하는 풍습이 있었다.

붉게 타는 나무 푸른 산에 해는 지려고 하는데,
넓은 들판 새싹 덮여 초록이 끝이 없구나.
노는 사람들 봄이 장차 지나가려하는 것에 관여하지 않고
정자 앞을 왔다 갔다 하며 떨어진 꽃잎만 밟고 있네.

紅樹春山日欲斜　홍수춘산일욕사
長郊[142]草色綠無涯　장교초색녹무애
遊人不管[143]春將老　유인부관춘장로
來往亭前踏落花　래왕정전답낙화

이 좋은 봄날도 장차 지나가려 하는데, 사람들은 봄이 지나가는 줄도 모르고 떨어진 꽃잎만 밟으며 왔다 갔다 한다고 하며, 그 좋은 봄이 빨리 지나가는(去) 것을 못내 아쉬워하고 있다. 또 다른 봄을 보내는 아쉬움을 읊은 시로 장뢰(張耒)(1052-1112)의 〈상춘(傷春)[144]〉이란 시를 읽어보자.

뜬구름 둥실둥실 봄빛을 함께 보내고 있어,
가벼운 추위 속에 해 저무는 것 보기 겁나네.
밤새 빗소리 났으니 무엇을 어떻게 만들었을까?
새벽이 되자 온 성안의 꽃이 모두 떨어졌네.

浮雲冉冉[145]送春華　부운염염송춘화
怯[146]見輕寒日欲斜　겁견경한일욕사
一夜雨聲能幾許　일야우성능기허
曉來落盡一城花　효래락진일성화

142) 넓게 이어진 밭과 들.

143) 관계하지 않음.

144) 봄이 가는 것을 가슴 아파 하는 것.

145) 떠가는 모양.

146) 겁내다, 무서워하다.

봄밤에 빗소리 나 다음날 일어나보니 성안의 모든 꽃들이 떨어진 것을 아쉬하고 있다. 봄이 빨리 지나가는 것이 아쉬운 것이다.

〈한시에는 봄이 지나가는 아쉬움을 읊은 작품이 많다.〉

도연명의 〈위고(擬古)〉라는 작품을 읽어보자.

해는 저무는데 하늘에 구름이 없고
봄바람이 부채질하듯 부드럽고 따뜻하네.
님은 맑은 밤을 좋아하여
새벽까지 술 마시고 노래한다.
노래를 다하고 길게 한숨 쉬니
특별히 이에 많은 사람들이 감동한다.
구름 사이의 달은 교교하고
잎 속의 꽃은 눈부신데,
어찌 한 때의 아름다움이 없겠냐마는
오래가지 않으니 마땅히 어찌하리.

日暮天無雲　일모천무운
春風扇微和　춘풍선미화

佳人美淸夜　가인미청야
達曙酣且歌　달서감차가
歌竟長歎息　가경장탄식
特此感人多　특차감인다
皎皎雲間月　교교운간월
灼灼葉中華　작작엽중화
豈無一時好　기무일시호
不久當如何　불구당여하

구름 사이의 달은 밝고 잎 속의 꽃은 눈이 부시도록 아름답지만, 이 아름다움 역시 시간이 흘러감에 따라 오래가지 못할 것이라고 하면서 아쉬워하고 있다. 이처럼 한시에는 시간의 흐름에 따라 봄날의 좋은 경치 혹은 님과 함께 한 즐거운 시간 등이 변형되는데 대한 아쉬움을 읊은 시가 적지 않다. 아쉬워한다(惜)는 것은 남성적 정서라기보다는 여성적 정서에 훨씬 가깝다.

또한 한시에 '恐'이란 시어가 많이 등장하고 있다. 님이 떠나갈까, 자신이 늙을까, 님이 자신을 버릴까, 친구와 헤어질까, 고향을 떠나 나그네가 될까 하는 두려움(恐)의 정서를 읊은 작품이 굉장히 많은 것이다. 지금의 현실이 변하여 chaos(불완전 상태) 상태가 될까 두려워한다는 것인데, 이 정서 역시 인류학적인 입장에서 볼 때 남성적인 정서라기보다 여성적인 정서에 훨씬 가깝다고 할 수 있다. 중국인 그들은 고향에서 그리고 님과 혹은 친구와 더불어 자연과 전원을 즐기며 또한 늙고 시들지 않는 이 현상을 유지하며 살기를 바랬지, 그것이 변하여 고향을 떠나 님과 혹은 친구와 헤어져 님과 친구가 나를 알아주지 않는 상태에서 늙고 시든 상태가 되어버리는 것이 두려운(恐) 것이다. 그래서 가을의 조락, 강물의 흐름을 세월의 흐름으로, 혹은 달의 차고 기우는 것을 인생과 역사의 흥망성쇠에 비유하여 인생의 무상감에서 오는 비애감을 두려워하며(恐) 읊은 작품 역시 많다. 장구령(張九齡)의 〈조경견백발(照鏡見白髮)〉은 늙음 즉 시간의 흐름(去)이 가져다주는 두려움(恐)을 읊고 있다.

옛날에는 청운의 뜻을 품고 있었지만,
우물쭈물하는 사이에 백발의 나이 되었구나.
누가 생각이나 했으랴, 거울 속에서
나와 내 그림자 서로 불쌍히 여기게 되리라고.

宿昔青雲志　숙석청운지
蹉跎白髮年　차타백발년
誰知明鏡裏　수지명경리
形影自相憐　형영자상련

늙고(去) 싶지 않은 것이다. 늙음이 가져다주는 두려움(恐)을 읊고 있다. 항상 원형으로 회귀하고(歸) 싶은 농경민족 중국인들은 젊을 때 젊음을 찬양한 시를 별로 짓지 않고 항상 이렇게 나이가 든 후에 그 늙음이 주는 두려움(恐)을 읊고 있는데, 이 속에는 다시 젊은 시절(原型)로 되돌아갔으면(歸) 하는 욕망이 들어 있다. 다음은 노조린(盧照隣)의 〈곡지하(曲池荷)〉란 작품도 연꽃으로 자신을 비유해 가을이 되어 시들어 버리면 님이 나를 알아주지 못할까 두려워(恐) 하며 읊은 시이다.

(바람에) 뜬 향기 곡강지(曲江池) 언덕에 맴돌고
둥근 (연잎) 그림자 연못을 뒤덮고 있네.
항상 가을바람 일찍 올까 두려워했는데,
(연꽃이) 표표히 떨어져도 님은 알지 못하리.

浮香繚曲岸[147] 부향료곡안
圓影覆華池 원영복췌지
常'恐'秋風早 상'공'추풍조
飄零君不知 표령군부지

그는 연꽃을 그냥 읊지 않고 연꽃이 가을이 되어 떨어지면 님이 자신을 몰라줄까 두렵다(恐)고 읊고 있는데, 이는 자신을 여인에 비유해 자신의 아름다움이 사라지면 님이 자신을 내칠 것을 두려워(恐)하는 것을 비유하여 읊은 것이다. 사랑받지 못할까 내쳐질까 두려워(恐)한다는 것은 인류학적인 입장에서 볼 때 남성적인 정서라기보다 여성적인 정서에 훨씬 가깝다고 할 수 있다. 맹교(孟郊)의 〈유자음(遊子吟)〉은 길 떠나는 자식이 늦게 돌아올까 걱정하고 두려워하는(恐) 어머니의 심정을 읊은 작품이다.

자애로운 어머니의 손 안의 실로
길 떠나는 자식의 옷을 만들었지.
길 떠날 때 한 올 한 올 꼼꼼하게 꿰매는 마음
혹시나 이 자식 더디 올까 두렵기 때문이네.
누가 말하였든가 어찌 한 치 풀 같은 작은 마음으로
따뜻한 봄볕같은 어머님 은혜 갚을 수 있겠느냐고

慈母手中線 자모수중선
遊子身上衣 유자신상의
臨行密密縫 임행밀밀봉
意恐遲遲歸 의공지지귀
誰言寸草心 수언촌초심
報得三春輝 보득삼춘휘

147) 장안의 동남쪽에 있는 曲江池 언덕. 연못 가운데 연을 가득 심어놓아 풍광이 아름다운 유원지로 유명하고 많은 시인 묵객들이 이를 소재로 시를 읊었음.

길 떠나는 자식을 위해 정성들여 옷 해 입히는 어머니의 감정이 잘 묘사되어 있다. 어머니는 길 떠나는 자식이 늦게 돌아올까 걱정하며 두려워 하고(恐) 있다. 맹호연(孟浩然)의 〈춘효(春曉)〉는 밤새 비바람에 꽃이 얼마나 떨어졌을까 두려워한 작품이다.

봄잠에 새벽이 된 것도 몰랐는데,
여기저기서 새 울음소리 들려오네.
밤새 비바람 소리 났으니
꽃은 얼마나 떨어졌을까?

春眠不覺曉　춘면불각효
處處聞啼鳥　처처문제조
夜來[148]風雨聲　야래풍우성
花落知多少　화락지다소

밤새 비바람 소리에 꽃이 얼마나 떨어졌을까 두려워하고 있다. 이처럼 한시에는 아쉽고(惜) 두려움(恐)의 정서를 그린 작품이 적지 않다. 이런 아쉬움(惜)과 두려움(恐)의 정서는 한시 중에서도 別離詩·送別詩·贈別詩·留別詩와 詠史詩·詠懷詩·詠古詩·懷古詩 그리고 感懷詩·感遇詩와 歎老詩 인생무상시 부류에 많이 나타난다.

5) 외로움과 적막 처량함 - 孤, 獨, 一, 空, 無와 寂, 蕭

한시에는 외로움을 나타내는 시어인 孤, 獨, 一, 空, 無, 孤舟, 空山 등의 시어가 많이 보인다. 특히 규원시, 행역시, 사우시, 변새시, 유자시, 객수시, 별리시, 송별시, 嘆老詩 등과 같이 현재 자신이 처한 상태

148) 밤새.

를 chaos(불완전한) 상태로 보고 그 자신의 고독과 외로움을 읊은 시 속에 이런 시어가 많이 등장한다. 외로워한다는 것 역시 인류학적인 입장에서 볼 때 남성적 정서라기보다 여성적 정서에 훨씬 가깝다고 할 수 있다. 맹호연(孟浩然)의 〈송두십사지강남(送杜十四之江南)〉이란 시를 읽어보자.

荊 땅과 吳 땅은 서로 이어져 물의 마을이라 하는데
그대 가는 봄 강은 불어 바로 끝없이 넓을 터
날 저물면 그대 '외로운 배(孤舟)' 어디에 정박할까?
하늘 끝 한번 바라보니 사람 창자 끊는구나.

荊吳[149]相接水爲鄉　　형오상접수위향
君去春江[150]正淼茫[151]　군거춘강정묘망
日暮'孤舟'何處泊　　일모'고주'하처박
天涯一望斷人腸[152]　　천애일망단인장

두십사(杜十四)를 강남땅으로 송별하며(去) 지은 시로, 두십사가 강남땅으로 가면 그가 탄 '외로운 배(孤舟)'는 또 어디에 정박할까 하고 그 외로움을 슬피 노래하고 있다. 한시에는 이처럼 외로움 고독 쓸쓸함 서글픔 등의 감정을 읊은 시는 굉장히 많다. 나그네 생활의 외로움과 고독을 읊은 최도(崔塗)의 〈제야유회(除夜有懷)[153]〉란 시를 읽어보자.

아득히 먼 삼파(三巴)의 길
나그네되어 만 리 먼 길 위태로이 떠돈다.

---

149) 楚나라. 현재 강남 지방을 이름.

150) 봄이 되어 물이 불어난 강.

151) 끝없이 넓은 상태.

152) 창자가 끊어질 듯한 비통한 생각.

153) 어떤 판본애는 '巴山道中除夜書懷'라고 된 것도 있다.

어지러운 산에 잔설이 덮인 밤
고독한 타향사람이 되었다.
점점 혈육들과 멀어지고
오히려 하인들과 친해졌다.
어찌 견디랴 이 떠돌이 생활
내일이면 새해가 되는데

迢遞[154]三巴[155]路 초체삼파로
羇危[156]萬里身 기위만리신
亂山殘雪夜 난산잔설야
孤獨異鄉人[157] 고독이향인
漸與骨肉遠 점여골육원
轉[158]於僮僕親 전어동복친
那堪正飄泊 나감정표박
明日歲華[159]新 명일세화신

나그네가 되어 삼파(三巴) 먼 길을 떠도는 외로움과 고독을 절절이 읊고 있다. 이렇게 외로움과 고독을 읊은 한시는 부지기수이다. 규방에서의 여인네의 외로움을 읊은 이백의 〈오야제(烏夜啼)[160]〉란 시를 읽어보자.

154) 아득히 먼 것을 형용함.

155) 옛날의 巴東 巴西 巴郡 3지방을 일컫는 말로, 지금의 사천성 동부지방임.

156) 험난한 蜀道를 떠도는 것을 가리키는데, 나그네 길에 있어 험난한 일이 많음을 뜻한다.

157) 어떤 판본에는 '異鄉春'이라고 된 것도 있다.

158) 오히려, 더욱 더.

159) 세월.

160) 淸商曲에 속하는 악부시의 제목으로, 까마귀 밤에 운다는 것은 원래 길한 일의 前兆를 뜻하였으나, 나중에는 잠 못 이루고 님을 그리는 상사곡의 의미로 변하였다.

누런 구름이 낀 성가엔 까마귀가 깃들려고,
날아 돌아와 까악 까악 나뭇가지 위에서 우네.
베틀에서 비단을 짜며 남편 그리는 여인에게는,
푸른 窓紗는 연기 같은데, 창 저쪽에선 말소리 들려오
는 듯하네.
북 쥔 손 멈추고 창연히 멀리 있는 이 그리다가,
홀로 자는 외로운 방에는 눈물만 비 오듯 흘리네.

黃雲城邊烏欲棲　황운성변오욕서
歸飛啞啞[161]枝上啼　귀비아아지상제
機中織錦秦川女　기중직금진천녀
碧紗如煙隔窓語　벽사여연격창어
停梭[162]悵然憶遠人　정사창연억원인
獨宿孤房淚如雨　독숙고방누여우

남편을 멀리 변방으로 떠나보낸 여인네의 외로움(孤)이 절절히 표현되어 있다. 마지막에 "홀로 자는 외로운 방에는 눈물만 비오듯 흘리네." 라고 하고 있는 것이다. 유종원의 〈강설(江雪)〉이란 시를 감상해 보자.

모든 산에 새 남이 끊기고,
모든 길에 사람 종적 사라졌도다.
외로운 배 도롱이 쓴 늙은이
홀로 눈 내린 찬 강에서 낚시질하고 있다.

千山鳥飛絶　천산조비절
萬徑人蹤滅　만경인종멸

---

161) 까마귀 우는 소리.

162) 베틀의 북.

孤舟簑立翁[163] 고주소립옹
獨釣[164]寒江雪 독조한강설

이 시에서 도롱이 쓴 늙은이란 바로 시인 자신일 것이다. 시인은 모든 것이 사라져버린 고즈넉한 눈 내린 찬 강가 외로운(孤) 배에서 홀로(獨) 낚시질하고 있다. 모든 것이 눈으로 덮인 이 곳에서 오직 시인 혼자(獨)만 외로이(孤) 있는 것이다.

이처럼 나그네 생활의 외로움, 변새에서의 외로움, 멀리 떠난 님을 그리는 규방에서의 여인네의 외로움, 임금의 사랑을 잃은 궁녀의 외로움, 사랑을 잃은 기녀의 외로움 등등 혼자 있는 것을 못견뎌하는 정서의 시가 적지 않다. 고향에서 대가족이 모여 일가친척들 그리고 이웃들과 함께 어울려 농사지으며 사는 것을 가장 이상적인 삶으로 여겼던 정통 농경민족 중국인, 그들은 항상 님과 친구와 고향과 〈더불어 하나〉 되어 함께 있고 싶지 외로이 혼자 있고 싶지는 않은 것이다. 외로움이란 인류학적으로 볼 때 남성적인 정서라기보다는 여성적 정서에 훨씬 가깝다고 할 수 있다.

한시에는 적막함과 처량함과 마음아픔을 나타내는 시어가 역시 많이 등장한다. 寂, 簫, 蕭蕭, 無人, 凄然, 茫然, 寂寞, 寂廖, 傷心, 愴然 등의 시어가 그것인데, 이들 시어 역시 시인 자신의 현실을 chaos 상태로 여기면서 읊은 규원시, 행역시, 사우시, 변새시, 유자시, 객수시, 별리시, 송별시, 탄로시, 사향시 등등에 많이 보인다. 초당사람 노선(盧僎)의 思鄕詩 〈남루망(南樓望)〉을 읽어보자.

---

163) 도롱이 삿갓 쓴 늙은이.

164) '千山'과 '萬徑' 그리고 '孤舟'와 '獨釣'가 서로 대비되고 있다.

나라 떠나 삼파(三巴)까지 멀리 왔는데
누대에 올라보니 사방이 봄이로다.
'마음 아픈' 강가의 나그네
고향사람이 아니기 때문이라.

去國三巴[165]遠 거국삼파원
登樓萬里春 등루만리춘
'傷心'江上客 '상심'강상객
不是故鄉人 불시고향인

망향(歸)의 노래이다. 봄이 와도 타향에서의 나그네는 항상 마음 아파할 따름이다. 두보의 〈여야서회(旅夜[166]書懷[167])〉를 읽어보자

미풍에 파릇한 풀 돋은 강기슭
돛을 매어놓고 홀로 배에서 밤을 새우네.
별은 평평하고 넓은 들에 드리워지고
달은 흐르는 큰 강에서 솟구쳐 올라오네.
이름을 어찌 문장으로 나타내려고 했던가?
벼슬도 늙어 병들어 그만 두었네.
표표히 떠도는 것이 무엇과 같으리?
천지간에 나는 한 마리 갈매기 같구나.

細草微風岸 세초미풍안
危檣[168]獨夜舟 위장독야주
星垂平野闊 성수평야활
月湧大江流 월용대강류
名豈文章著 명기문장저

165) 지금의 사천성 保寧府 巴江 근처에 있음.
166) 나그네의 밤, 여기서는 배 안에서 새우는 밤을 말함.
167) 회포를 씀.
168) 돛을 매어 놓음.

官[169]因老病休 관인노병휴
飄飄何所似 표표하소사
天地一沙鷗 천지일사구

이 작품은 두보가 늙어 벼슬도 그만 두고 천하를 혼자 떠돌아다니다가 어느 이른 봄 낯선 客船에서 잠을 청하며 지은 시이다. 결구에서 "표표히 떠도는 것이 무엇과 같으리? 천지간에 나는 한 마리 갈매기 같구나."라고 하여 자신의 신세가 외롭고 적막 처량한 것을 한 마리 갈매기에 비유하여 읊고 있다.

〈오진(吳鎭: 1280–1354)의 〈동정오은도(洞庭傲隱圖)〉. 이 산수화에 두보의 〈여야서회〉의 시를 쓰여 있다. 시 작품 속에서 홀로 있는 외로움과 적막 처량함이 깊게 느껴진다.〉

169) 이때 두보가 嚴武의 막하에서 參謀工員部外郎이란 벼슬을 하고 있었음.

진자앙의 〈등유주대가(登幽州[170]臺歌)〉는 유주의 높은 누대에 올라 이 우주 자연 속에 자신만 홀로 있는 듯한 孤絶感을 읊조린 작품이다.

앞에는 옛사람 보이지 않고
뒤에는 올 사람 볼 수가 없네.
하늘과 땅의 아득함을 생각하니
홀로 슬퍼 눈물 흘린다.

前不見古人　전부견고인
後不見來者　후불견래자
念天地之悠悠 념천지지유유
獨愴然而涕下 독창연이체하

이 작품처럼 높은 누대 혹은 높은 산에 올라 먼 곳을 바라보며 자신의 고절감과 적막함을 읊조린 작품은 한시에 적지 않다. 높은 누대에 홀로 오르니 前人도 後人도 보이지 않고 오직 이 적막한 천지간에 자기 혼자뿐이라는 외로움에 휩싸여 있다. 그는 이 우주 자연 속에 혼자가 되기 싫고, 항상 누군가와 혹은 자연과 어울려 〈더불어 하나〉 되고 싶은 것이다. 혼자인 것은 chaos상태(불완전 상태)라고 여기고 있는 것이다. 凄然한 정서를 드러낸 또 다른 작품으로 고적(高適)(700? 706? - 765)의 〈제야작(除夜作)〉을 읽어보자.

여관의 차가운 등불 아래 홀로 잠 못 이루고
나그네 마음 무슨 일로 갈수록 쓸쓸해질까.
고향에서도 오늘 밤 천리 타향의 나를 생각하겠지.
허연 귀밑머리 내일 아침이면 또 신년이라네.

---

170) 幽州臺는 지금의 북경 근처 하북성 大興縣에 있다.

旅館寒燈獨不眠	여관한등독불민
客心何事轉[171]凄然	객심하사전처연
故鄉今夜思千里	고향금야사천리
霜鬢明朝又一年	상빈명조우일년

고적은 제야 날 타향에서 고향을 그리고(思) 있다. '寒燈', '客心', '凄然', '霜鬢' 등이 처연한 정서를 드러내고 있다. 이런 외로움(孤, 獨, 一, 空, 無)과 적막 처량함(寂, 蕭)의 정서는 한시 중에서도 閨房詩·閨怨詩와 行役詩·邊塞詩 그리고 遊子詩·客愁詩와 嘆老詩 인생무상시 그리고 妓女詩·宮怨詩 부류에 많이 나타난다. 온 가족이 함께 모여 농사지으며 사는 것을 가장 이상적인 삶으로 여겼던 농경민족 중국인들, 그들은 이렇게 홀로 외롭고 적막 처량하게 살고 싶지 않은 것이다.

5. 〈더불어 하나〉

인류학적인 측면에서 보면 여성의 중요한 특징 중의 하나에 〈同一感〉이란 것이 있다. 인류학자들은 남성의 긍정적 구조로 과학적 명증성과 정의감 등을 들고, 퇴행적 구조로는 폭력성(원시성 · 야만성)을 들고 있다. 또한 여성의 긍정적 구조로는 사랑과 동일감을 들고 있고, 퇴행적 구조로는 Egoism(利己主義)을 들고 있다. 원시 모계사회에서는 여성의 긍정적 구조와 남성의 퇴행적 구조가 함께 강력하게 나타나며, 부권사회화하면 할수록 남성의 긍정적 구조와 여성의 퇴행적 구조가 강력하게 나타난다. 여성의 긍정적 구조와 남성의 퇴행적 구조가 강력하

171) 갈수록.

게 표출되어진 원시시대에는, 남성의 퇴행적 구조인 폭력성(원시성 · 야만성)으로 말미암아 그 사회는 폭력에 의해 지배되었다. 폭력의 명수(위대한 전사, 영웅, 장수 등)들이 그 사회의 우두머리가 되었을 뿐만 아니라 그 사회는 폭력성에 의존하는 수렵생활을 주생활로 영위했다. 또한 그 당시에는 여성의 긍정적 구조인 사랑과 동일감으로 말미암아 모두가 〈더불어 하나〉 되는 원시 집단사회이고 개인의 존재와 소유가 분화되지 못한 사유재산 미분화의 사회인 원시 共産사회였으며 개개인의 인격보다는 전체 집단으로 자리매김되는 사회였다.

그러나 부계사회인 현대에 와서는 남성의 긍정적 구조인 과학적 명증성으로 말미암아 과학문명이 최고로 발달하였고, 또한 남성의 긍정적 구조인 정의감으로 말미암아 부정 · 부패와 독재 등이 소멸되어지는 민주사회가 되었다. 또한 여성의 퇴행적 구조인 Egoism으로 말미암아 개인주의의 득세로 인간이 극도로 소외되어진 사회가 되기도 했다. 여성은 본질적으로 남성보다 이기주의적인 성향이 강해 나의 것이라고 여겨지는 자기 아이, 자기 남편, 자기 식구 등에 대한 집착과 애정이 강하다. 그리고 자기적이지 않다고 생각되는 것에 대해서는 무관심한 경향이 남성보다 훨씬 강하다. 그래서 사회적 정의감 같은 것이 남성보다 부족하다.

본고에서 이야기하려는 〈同一感〉에 대해 더 부연하여 설명하면, 여성은 남성에 비해 타자 내지는 타물과 〈더불어 하나〉 되려는 욕망이 훨씬 강하며, 또한 본질적으로 남성보다 쉽게 〈더불어 하나〉 되는 능력을 가졌다. 어떤 여자가 한 남자를 사랑하게 되면, 쉽게 자기 자신을 버리고 그 남자와 〈더불어 하나〉 되어 그 남자의 일부가 된다. 여성들이 분위기에 약하다는 것 역시 주위 분위기에 빠져들어 주위 분위기와 쉽게 〈더불어 하나〉 되는 경향을 가졌기 때문이다. 멜로드라마를 보고 쉽게 감동하여 자신을 그 드라마의 여자주인공과 동일시하여 드라마

속의 남자주인공과 사랑에 빠지는 듯한 착각을 가지는 것 역시 여성의 긍정적 구조인 〈同一感〉 때문이다.

여성적 정서가 많이 서려있는 한시 역시 시인이 읊조리는 대상물과 같은 감정을 느끼려고 하는 〈동일감〉 즉 〈더불어 하나〉 되려는 욕망이 강하게 나타나 있다. 흙과 〈더불어 하나〉 되어 수천 년을 살아온 정통 농경민족 중국인들이 그렇게 즐기며 읊어 온 한시에는 '물아일체', '주객일체', '혼연일체', '情景融合', '天人合一' 등등으로도 불리는 〈더불어 하나〉의 특징을 강하게 가지고 있는 것이다.

유종원의 〈강설(江雪)〉이란 시를 감상해보자.

모든 산에 새 남이 끊기고,
모든 길에 사람 종적 사라졌도다.
외로운 배 도롱이 쓴 늙은이
홀로 눈 내린 찬 강에서 낚시질하고 있네.

千山鳥飛絶 천산조비절
萬徑人蹤滅 만경인종멸
孤舟簑立翁[172] 고주소립옹
獨釣[173]寒江雪 독조한강설

이 시에서 도롱이 쓴 늙은이란 바로 시인 자신일 것이다. 시인은 모든 것이 사라져버린 고즈넉한 눈 내린 찬 강의 겨울 풍경 속에서 그 자연과 〈더불어 하나〉 되고 있다. 눈 내린 찬 강에서 홀로 낚시질하고 있는 시인 자신은 바로 그 자연과 〈더불어 하나〉 되어 이미 자연의 일부가 된 것이다.

---

172) 도롱이 삿갓 쓴 늙은이.

173) '千山'과 '萬徑' 그리고 '孤舟'와 '獨釣'가 서로 대비되고 있다.

〈눈 내린 찬 강에서 홀로 낚시질하며 그 자연과 〈더불어 하나〉됨을 읊은 유종원의 〈강설〉〉

만당 시인 조하(趙嘏)의 〈강루서감(江樓書感)〉은 벗과 〈더불어 하나〉 되고 싶은 욕망을 그리고 있다.

> 홀로 강가 누대에 오르니 생각은 아득하고
> 달빛은 물과 같고 물은 하늘에 연이어져 있네.
> 지난해 같이 달을 즐기던 사람 어디에 있는가?
> 풍경만 여전히 지난해와 같구나.

> 獨上江樓思渺然[174] 독상강루사묘연
> 月光如水水連天 월광여수수연천
> 同來翫月人何處 동래완월인하처
> 風景依稀[175]似去年 풍경의희사거년

풍경은 여전히 지난해와 변함이 없는데 그 때 함께 달을 즐기던 사

---

174) 아득한 모양.

175) 어렴풋한 모양.

람 지금은 어디에 있느냐고 하고 있다. 시인은 지난해 함께 달을 즐기던 그 사람과 지금도 〈더불어 하나〉 되고 싶은 것이며, 또한 지금 그와 〈더불어 하나〉 되지 못한다는 쓸쓸함을 읊고 있다. 이백의 〈우인회숙(友人會宿)〉을 읽어보자.

> 千古의 시름 씻어버리고
> 머물러 연달아 100병의 술을 마신다.
> 좋은 밤 마땅히 또한 이야기에
> 밝은 달도 아직 잠들지 못했다.
> 취하여 돌아와 빈산에 누우니
> 하늘과 땅이 바로 이불이요 베개로다.

> 滌蕩千古愁 척탕천고수
> 留連百壺飮 유련백호음
> 良宵宜且談 양소의차담
> 皓月未能寢 호월미능침
> 醉來臥空山 취래와공산
> 天地卽衾枕 천지즉금침

이백은 千古의 시름을 잊어버리려고 좋은 밤에 밝은 달 아래에서 친구와 함께 忘憂物인 100병의 술을 마신다. 이에 "취하여 돌아와 빈산에 누우니, 하늘과 땅이 바로 이불이요 베개로다."라고 읊어 하늘과 땅과 〈더불어 하나〉 되고 있다고 했다. 그는 술에 취해 천지 우주와 〈더불어 하나〉 되고 있는 것이다. 소식(蘇軾)의 〈서새풍우(西塞風雨)〉란 시를 읽어보자.

> 바람 불고 가는 비 내릴 때에
> 나는 본시 집에 없으니 어디로 돌아가야 하리.
> 올려다보면 구름 낀 하늘이 바로 삿갓이요

도리어 강과 바다가 도롱이 옷 속으로 들어와 있네.

斜風細雨到來時　사풍세우도래시
我本無家何處歸　아본무가하처귀
仰看雲天眞箬笠　앙간운천진약립
旋收江海入蓑衣　선수강해입사의

바람 불고 비 내리는 날, 삿갓 쓰고 도롱이 입고 정처 없이 떠돌아다니는 소식(蘇軾)은 하늘이 바로 삿갓이고 또한 강과 바다가 자신의 도롱이 옷 속으로 들어와 있다고 표현하고 있다. 하늘과 강과 바다 그리고 그 모든 것과 〈더불어 하나〉 되고 있다. 소식의 또 다른 자연시 〈월야여객음주행화촌(月夜與客飮酒杏花村)〉도 자연과 〈더불어 하나〉된 정경을 잘 묘사하고 있다.

살구꽃은 발에 날아와 남은 봄마저 흩어버리는 듯한데,
밝은 달은 문안으로 조용히 사는 사람을 찾아주네.
옷을 걷고 달빛 아래 거닐며 꽃 그림자를 밟으니,
밝기가 흐르는 물이 푸른 마른풀을 적시고 있는 듯하네.
꽃 사이에 술자리 벌이니 맑은 향기가 발하여,
다투어 긴 가지 휘어잡으니 향기로운 꽃잎이 눈처럼 떨어지네.
이 산성의 묽은 술은 마실 만한 것이 못되니,
술잔 속의 달이나 마시라고 그대에게 권하네.
퉁소 소리도 끊이고 달빛만 밝은 속에,
달도 져서 술잔이 빌까 걱정이 되네.
내일 아침 땅을 말아올릴 듯한 봄바람이 고약하게 불면,
푸른 나뭇잎 속에 자다 남은 꽃잎들만 보이리.

杏花飛簾散餘春[176]　　행화비렴산여춘

176) 흩어지는 살구꽃잎과 함께 나머지 봄도 흩어져 버리는 듯하다.

明月入戶尋幽人[177]	명월입호심유인
褰[178]衣步月踏花影	건의보월답화영
炯[179]如流水涵[180]青蘋[181]	형여유수함청빈
花間置酒淸香發	화간치주청향발
爭挽[182]長條落香雪	쟁만장조낙향설
山城[183]薄酒[184]不堪飮	산성박주불감음
勸君且吸杯中月	권군차흡배중월
洞簫聲斷月明中	통소성단월명중
惟憂月落酒盃空	유우월락주배공
明朝卷地[185]春風惡	명조권지춘풍악
但見綠葉棲殘紅[186]	단견녹엽서잔홍

살구꽃이 만발한 봄날 밤, 달빛 아래에서 친구와 술을 마시는 소동파의 모습은 이미 이 세상 사람이 아닌 신선의 세계에 있는 듯한 느낌이 든다. 그는 그런 봄날 달밤에 친구와 더불어 술을 마시면서 이런 자연과 꽃과 달과 그리고 그 모든 것과 〈더불어 하나〉 되고 있는 것이다. 이백의 그 유명한 〈월야독작(月夜獨酌)〉을 다시 읽어보아 한시에 얼마나 〈더불어 하나〉 되려는 특징을 가지고 있는가를 살펴보자.

---

177) 조용히 숨어사는 사람.

178) 옷자락을 걷어올리는 것.

179) 빛나다, 밝게 비치다.

180) 젖다, 잠기다.

181) 수초의 일종으로, 물 위에 잎새가 떠다니는 개구리밥.

182) 끌다, 휘어잡아 당기다.

183) 徐州의 성, 이 시는 서주에 있을 때 소동파가 손님들과 술 마시며 지은 시이다.

184) 독하지 않는 묽은 술.

185) 땅을 말아올리다. 바람이 세차게 부는 모습을 형용한 것이다.

186) 지다 남은 붉은 꽃을 깃들여두고 있는 것.

꽃 사이에 한 동이 술을 두고
홀로 잔 드니 서로 친한 이 없네.
잔 들어 밝은 달을 맞이하고
그림자를 대하니 세 사람이 되었네.
달은 이미 술을 마시지 못하고
그림자는 헛되이 내 몸을 따르네.
잠시 달과 그림자를 동반하니
행락은 모름지기 봄에 미쳐야 하는 것을.
내가 노래하면 달은 배회하고
내가 춤추면 그림자 흩어지네.
술을 깨서는 함께 즐거움을 나누다가
취한 후에는 각기 흩어지네.
영원히 무정한 노님을 맺고 싶어
먼 은하수에 기약한다.

花間一壺酒　화간일호주
獨酌無相親　독작무상친
擧杯邀明月　거배요명월
對影成三人　대영성삼인
月旣不解飮　월기불해음
影徒隨我身　영도수아신
暫伴月將影　잠반월장영
行樂須及春　행락수급춘
我歌月徘徊　아가월배회
我舞影零亂　아무영영란
醒時同交歡　성시동교환
醉後各分散　취후각분산
永結無情游　영결무정유
相期邈雲漢　상기요운한

시인은 달밤에 혼자 술을 마시고 자연 속에서 시인 자신과 자신의 그림자 그리고 달이 모두 〈더불어 하나〉 되고 있다. 이 셋이 함께 〈더불어 하나〉 되어 노래하고 춤추며 봄밤을 즐기고 있는 것이다. 앞에 예를 든 소식의 〈화자유민지회구(和子由澠池懷舊)〉를 읽어보면, 시인은 삶을 초탈해 멀리서 인생을 관조할 수 있는 경지에 까지 이른다. 그는 道와 〈더불어 하나〉 되고 있는 것이다. 그 시를 읽고 있노라면 모호하게 우리가 우주의 일부분이 된 느낌이 들고, 또한 광대무변한 우주와 〈더불어 하나〉 되는 느낌마저 든다. 우주가 필자의 몸속에 들어와 〈더불어 하나〉 되고 있다. 物我一體之感인 것이다.

閨房詩, 行役詩와 님 그리는 시는 헤어진 님(아내나 남편)과 〈더불어 하나〉 되려는 욕망을 그리고 있고, 思友詩는 친구와 〈더불어 하나〉 되려는 욕망을 그리고 있으며, 別離詩, 送別詩, 贈別詩, 留別詩 등은 님이나 친구와 〈더불어 하나〉 되지 못하는 비애감을 읊조린 시이다. 또한 遊子詩, 客愁詩, 思鄕詩, 回鄕詩, 邊塞詩 부류는 고향으로 돌아가(歸) 그 고향(原型)과 〈더불어 하나〉 되려는 욕망과 또한 그렇게 고향과 〈더불어 하나〉 되지 못하는 비애감을 읊조린 시이다. 詠史詩, 詠懷詩, 詠古詩, 懷古詩 등의 부류는 과거의 사건과 역사를 회상하며 그 과거로 돌아가(歸) 〈더불어 하나〉 되고자 하는 정서가 짙게 깔려있는 시들이다. 嘆老詩, 인생무상시 등의 부류는 젊은 시절로 돌아갈(歸) 수 없다는 데서 느끼는 비애감을 읊조린 시로, 그 속에는 젊은 시절 즉 원형과 〈더불어 하나〉 되고 싶다는 욕망이 짙게 깔려있다. 自然詩, 田園詩, 山水詩, 閑寂詩, 山中寓居詩, 寫景詩, 景物詩 등의 부류는 속된 현실을 벗어나 자연 전원 산수와 〈더불어 하나〉 되어 그것을 즐기려는 욕망을 그리고 있는 시들이다. 脫俗詩, 현실에 초연한 시 등의 부류는 속된 현실을 초연히 벗어나 道의 상태로 돌아와(歸) 그 道와 〈더불어 하나〉 되어 그 道를 즐기는 삶을 그리고 있다. 艶情詩, 妓女詩, 宮怨

詩 등의 부류는 기녀나 궁녀의 품에 안기어 그들과 함께 즐기며 그들과 〈더불어 하나〉 되어 속된 현실 삶을 잊어버리려는 목적에서 지어진 것이라 할 수 있다.

또한 한시에는 이런 속된 현실을 잊어버리게 하는 매개물로 忘憂物인 술이 많이 등장하는데, 전 세계문학사에서 한시에서처럼 술이 문학의 소재로 이렇게 많이 등장하는 문학 장르도 별로 없는 것으로 여겨진다. 궁극적으로 중국인 그들은 술을 마심으로 chaos(불완전한) 상태로 인식된 현실을 벗어나 原型으로 돌아가(歸) 그 原型과 〈더불어 하나〉 되고자 한 것이다.

필자가 본고에서 순환 회귀성(歸) - 女 - 〈더불어 하나〉라는 어려운 도식을 사용하면서 까지 한시의 가장 기본적인 특성이 〈더불어 하나〉에 있다고 했지만, 그러나 이렇게 어려운 도식을 사용하지 않더라도 한시를 조금이라도 읊조리거나 감상해본 사람이라면 누구든지 그 시에서 읊은 대상과 〈더불어 하나〉 된다는 느낌을 받을 것이며, 또한 그 시에서 읊은 대상이 자신의 온 몸을 감싼 듯 그는 그것들의 일부가 되어버렸다는 느낌을 받을 것이다. 한시를 읽어보면 그것이 서구시와는 달리 분명 物我一體之感을 느낄 것이요, 主客이 一體가 되는 느낌을 가질 것이다. 한시가 즐길 수 있는 시, 생활화할 수 있는 시가 되어 중국인들로부터 근 2,000여 년 동안 끊임없이 애호를 받아왔던 것은, 본질적으로 한시에는 서구시나 현대시와는 달리 〈더불어 하나〉 되는 특성을 가지고 있기 때문인 듯하다.

현대인들은 그 누구나 소외당한 자들이다. 과학 물질문명에게 그 스스로의 주인된 자리를 물려주고 인간은 스스로 객체가 되어 과학 물질문명에게 소외되었다. 소외된 현대인들에게 도대체 〈더불어 하나〉 될 수 있는 것이란 없다. 모두가 異邦人이고, 우주에 홀로 버려진 미아일 뿐이다. 바닷가의 모래알처럼 각각 흩어져 모두가 〈더불어 하나〉 되지 못하고 소외되어 있는 것이다. 이와 같은 현대인들의 인간성 상실감, 즉 소외 현상은 본질적으로 서구의 진보주의 문화(去文化)에 그 원인이 있다고 한다. 서구인 그들은 本鄕을 떠나 앞으로 나아가기만(去) 하면 Utopia에 도달할 것이라고 믿었다. 뒤를 되돌아본다(歸)는 것은 퇴보의 징조라고 믿어왔던 서구의 관념이, 현대인들로 하여금 故鄕(원형)을 떠나게(去) 만들었었고 또한 마음의 고향인 그 고향을 잃어버리게 만들어 우주의 미아로 만들었다고 Humanist들은 말한다. 현대인들은 그 누구와도 가까이 지내면서도 실은 그 누구와도 〈더불어 하나〉 되지 못하는 '대중 속의 소외'를 느끼고 있다.

필자가 순환 회귀성(歸) - 女 - 〈더불어 하나〉라는 어려운 도식을 사용하면서 까지 한시의 가장 본질적인 특성이 〈더불어 하나〉(物我一體, 主客一體, 渾然一體, 情景融合, 天人合一)에 있다는 것을 밝히려는 이유가 바로 여기에 있는 것이다. 한시 그것이 다른 어느 나라 문학 장르보다 뛰어난 것은, 그 한시를 지음으로 혹은 읊음으로 우리는 소외되지 않고 原型과 〈더불어 하나〉될 수 있었기 때문이다. 현대와 같이 과학문명의 영향으로 대중 속의 인간 소외(〈더불어 하나〉 되지 못한 상태)가 극에 달했을 때, 한시는 정신적 빈곤에 허덕이는 현대인들에게 새로운 출로를 열어줄 수 있는 방법론을 제시해줄지도 모른다. 수천 년을 흙과 〈더불어 하나〉 되어 살아온 정통 농경민족인 중국인, 그들이 그렇게 즐기며 생활하여 온 이 한시에는 세계 어느 철학사상도 해결하지 못했던 인간 소외를 해결할 방법론을 제시해 줄 수 있을 것이다.

〈흙과 〈더불어 하나〉 되어 수천년을 살아온 정통 농경민족 중국인들이 그렇게 즐기며 생활하여 온 한시에는 〈더불어 하나〉(주객일체)의 특징을 가지고 있다.〉

6. 술(忘憂物)

한시에는 술이 문학적 소재로 많이 등장하고 있다. 달밤에 술을 마시면서 친구를 그리워(思) 하고, 님을 그리워(思) 하며, 고향을 그리워(思) 한다. 또한 술을 마시면서 님과 혹은 친구와 혹은 자연과 〈더불어 하나〉 되어 즐기는 작품도 적지 않다. 술을 마심으로 현실의 속됨을 잊어버리고 原型과 하나 되어 즐기고자 하는 것이다. 한시에서처럼 이렇게 술이 문학적 소재로 많이 등장하는 문학작품도 전 세계문학사에서 별로 없는데, 이는 술이 현실의 근심으로 잊어버리게 하는 '忘憂物'의 특징을 가지고 있어, 술을 마심으로 현실의 속됨을 잊어버리거나 도피하여 님과 친구와 고향과 자연과 〈더불어 하나〉 되어 즐기고자 하는 한시의 특징 때문이라 할 수 있다. 이백의 〈장진주(將進酒)〉 마지막 구절에 술을 마시고 "그대와 더불어 함께 인생의 영원한 시름 없애리라!(與爾同銷萬古愁)"라고 한 것처럼 술은 시름을 없애는 忘憂物로 그것을 마심으로 현실의 근심을 잊고 원형으로 회귀하여(歸) 〈더불어 하나〉 되어 즐기고자 함에 그 원인이 있다 할 것이다. 술이 소재가 된 시로 백거이의 〈문유십구(問劉十九)〉를 읽어보자.

부글부글 새 술이 이제 막 익었고,
화로에 숯불도 피워 놓았다네.
저녁인데 눈이 내리려나보네.
여보게 한 잔 어떠신가?

綠蟻新醅酒　녹의신배주
紅泥小火爐　홍니소화로
晩來天欲雪　만래천욕설
能飮一杯無　능음일배무

이 시는 백거이가 강주사마(江州司馬)로 좌천되었을 때 지은 시이다. 해 저물녘 잔뜩 찌푸린 하늘에서 금새 눈이라도 내릴 것 같은 날씨, 이런 날씨엔 세상사 잊고 친구와 술이나 나누는 것이 어떠한가? 라고 읊고 있다. 술 그것은 이렇게 온갖 속세의 근심을 잊게 하고(忘憂物) 친구와 자연과 〈더불어 하나〉 되게 해 주는 매개물인 것이다.

술을 마심으로 허무한 인생을 잊어버리고 그냥 즐기자는 시나, 술을 마심으로 속세를 벗어나 자연으로 돌아가(歸) 자연을 즐기며 읊은 자연시 부류나, 술을 마심으로 현실을 도피해 기녀의 품에 안겨 인생을 즐기자는 염정시·기녀시 부류나, 술을 마심으로 과거로 돌아가(歸) 그 과거를 회상하는 회고시 부류나 모두 술을 매개로 삼아 늘 chaos 상태로 인식되어온 현실을 벗어나고 있다. 한시에서 이렇게 술이 시의 소재로 많이 등장하는 가장 본질적인 이유는, 술이 늘 chaos 상태로 모호하게 인식되어온 현실(속세)을 잊게 해 주는(忘憂物) 매개물이라는데 있다. 우업(于鄴)의 〈권주(勸酒)〉를 읽어보자.

그대에게 황금 술잔을 권하니
가득 채워도 모름지기 사양하지 마시게.
꽃이 피면 비바람에 흩날리듯
사람 삶도 헤어지기 마련이라네.

勸君金屈巵　권군금굴치
滿酌不須辭　만작불수사
花發多風雨　화발다풍우
人生足別離　인생족별리

사람 삶이란 언제나 헤어지기 마련이니 너무 섭섭해 하지 말고 그냥 술이나 마시며 잊어버리자고 한다. 忘憂物인 술을 마심으로 헤어짐의 애닯음을 잊어버리고 그냥 자연을 즐기자는 것이다. 전원시인 도연명은 아예 〈음주(飮酒)〉란 제목의 시 20수를 짓기도 했다. 그 중 한 수를 읽어보자.

옛 친구들이 나를 반기어
술병 들고 함께 왔다네.
소나무 밑에 허술한 자리 깔고
몇 잔 술에 이미 다시 취하네.
어르신네들은 두서없이 떠들고
술잔도 순서 없이 돌아가네.
내가 있는 것조차도 깨닫지 못하니
어찌 물건이 귀한 줄 알겠는가?
아득히 혼미함 속에 머무르니
술 속에 깊은 맛이 있네.

故人賞我趣[187] 고인상아취
挈壺相與至 설호상여지
班荊坐松下 반형좌송하
數斟已復醉 수짐이부취
父老雜亂言 부노잡난언
觴酌失行次[188] 상작실항차
不覺知有我 불각지유아
安知物爲貴[189] 안지물위귀
悠悠迷所留 유유미소류
酒中有深味 주중유심미

도연명은 "아득히 혼미함 속에 머무르니, 술 속에 깊은 맛이 있네." 라고 했다. 친구와 함께 술을 마셔 속세의 티끌을 잊어버리고 마냥 전원생활을 즐기고 있는 것이다. 두보의 전원시적 성격에 가까운 〈낙일(落日)〉이란 시를 읽어보자.

떨어지는 해는 주렴 발고리에 걸렸고
시냇가에는 봄 일이 한가하다.
언덕 밭에는 꽃이 향기로운데
여울가의 배에는 저녁밥을 짓는다.
지저귀는 새들은 가지를 다투다 떨어지고
나르는 벌레들은 뜰에 가득 헤엄친다.
누가 너에게 탁주를 갖다 주었는가?
한 잔 술에 모든 시름 흩어진다.

落日在簾鉤 낙일재렴구
溪邊春事幽 계변춘사유

187) 은퇴한 생활태도와 高雅한 취향을 즐김.

188) 순서.

189) 외적인 모든 사물을 귀하게 여김.

芳菲緣岸圃　방비연안포
樵爨倚灘舟　초찬의탄주
啅雀爭枝墜　탁작쟁지추
飛虫滿院游　비충만원유
濁醪誰造汝　탁료수조여
一酌散千憂　일작산천우

봄 날 저녁 무렵에 밭 갈고 꽃피는 한가한 전원 풍경을 그리고 있다. 결구에서 "누가 너에게 탁주를 갖다 주었는가? 한 잔 술에 모든 시름 흩어진다."라고 하여, 술을 마심으로 온갖 시름이 흩어진다라고 하고 있다. 이처럼 한시에서는 서구시와는 달리 술이 시의 소재로 많이 등장하는데, 농경민족 중국인 그들은 忘憂物인 술을 마심으로 속세의 온갖 시름 근심을 잊어버리고 자연과 님과 그리고 고향과 〈더불어 하나〉 되어 즐기고자 했던 것이다. 술을 소재로 한 이백의 〈객중작(客中[190]作)〉을 한 수 읽어보자.

난릉의 좋은 술 울금향 풍기고,
옥잔에 채우면 호박빛 나네.
단지 주인이 객을 능히 취하게 해 준다면,
어느 곳이 타향인지 알지 못하리로다.

蘭陵[191]美酒鬱金香[192]　난릉미주울금향
玉椀盛來琥珀[193]光　옥완성래호박광
但使[194]主人能醉客　단사주인능취객

---

190) 여행 도중.

191) 술의 산지로 알려진 산동성의 지명.

192) 향료가 되는 풀 이름. 여기서는 향기로운 술을 뜻함.

193) 송진이 화석화한 황색 광물.

194) 단지 … 하기만 한다면.

不知何處是他鄕　　부지하처시타향

타향에서 술을 마심으로써 고향으로 돌아가지(歸) 못한 슬픔을 잊고자 하고 있다. 타향에서 떠돌아다니는(去) 자신의 처지를 불운한 상태로 여기고 그 현실을 잊게 해 주는 매개물로 忘憂物인 술이 등장하고 있는 것이다. 술을 마시면 "어느 곳이 타향인지 알지 못하리로다." 라고 하고 있다. 이백의 〈산중여유인대작(山中與幽人[195]對酌)〉이란 시를 읽어보자.

두 사람이 마주하고 술을 마시니 산꽃이 피었고
한 잔 한 잔 또 한 잔
나는 취해서 잠이 오니 그대 먼저 돌아가게나.
내일 아침 생각 있거든 거문고 안고 오게나.

兩人對酌山花開　　양인대작산화개
一杯一杯復一杯　　일배일배복일배
我醉欲眠卿[196]且去[197]　　아취욕면경차거
明朝有意抱琴來　　명조유의포금래

친구와 더불어 忘憂物인 술을 마셔 현실의 근심에서 벗어나 자연과 〈더불어 하나〉 되어 즐기고 있다. 현실에 집착하지 않고 자연 속에서 술을 마시며 유유자적하게 살고 싶어 한다. 이백의 그 유명한 〈장진주(將進酒)〉란 시에서도 이백은 술을 마셔 함께 취해 모든 걱정 근심 잊어버리고(忘憂物) 즐기자고 노래하고 있다. 또 다른 이백의 시 〈독작(獨酌)〉을 읽어보면 한시에서 술의 의미가 무엇인지를 알 수 있다.

---

195) 속세를 떠나 숨어사는 사람.

196) 성인 남자 사이에서 상대방을 높여 부르는 말.

197) 다른 일을 미루어 두고 우선 가다.

하늘이 만약 술을 좋아하지 않는다면,
술 별이 하늘에 있지 않을 테고,
땅이 만약 술을 좋아하지 않는다면,
술 샘이 땅에 없어야만 하리라.
하늘과 땅도 술을 좋아하니,
술 좋아하는 것은 하늘에 부끄러울 것 없네.
예로부터 맑은 술은 성인에 비겼고,
또 탁주는 어진 사람 같다고 일러왔네.
어진 사람과 성인 같은 사람도 이미 마셔왔으니,
꼭 신선되기 바랄게 무엇 있으랴?
석 잔을 마시면 위대한 道에 통하고,
한 말을 마시면 자연과 합치되네.
다만 취중의 취향을 얻은 것이니,
술 안 먹는 자에겐 전할 것도 없는 거네.

天若不愛酒　천약불애주
酒星[198]不在天　주성부재천
地若不愛酒　지약불애주
地應無酒泉　지응무주천
天地旣愛酒　천지기애주
愛酒不愧天　애주불괴천
已聞淸比聖[199]　이문청비성
復道濁如賢　부도탁여현
賢聖[200]旣已飮　현성기이음
何必求神仙　하필구신선

198) ≪晉書 · 天文志≫에 "軒轅(별 이름) 오른쪽 모퉁이 남쪽의 세 별을 酒旗라 한다. 酒官의 旗로써 잔치할 적의 음식을 주관한다. 五星酒旗를 지키면 온 천하가 술을 마시게 된다."라고 하였다.

199) 맑은 술을 聖人에 비겼다.

200) 탁주와 청주.

三盃通大道[201] 삼배통대도
一斗合自然[202] 일두합자연
但得醉中趣[203] 단득취중취
勿爲醒者[204]傳 물위성자전

이백은 "석 잔을 마시면 위대한 道에 통하고, 한 말을 마시면 자연과 합치되네."라고 하고 있다. 술을 마심으로 속세의 근심을 모두 잊어버리고(忘憂物) 우주 자연의 위대한 도와 통할 수 있고, 술을 마심으로 인간 본연의 아무런 욕망도 없는 순박한 상태 즉 자연상태로 되돌아갈(歸) 수 있다는 것이다. 애써 수도하여 속된 세상을 초월하여 신선이 되려고 애쓸 필요가 없고, 간단히 술 속에서 신선의 경지를 얻을 수 있다고 이백은 노래하고 있다.

〈술잔 들어 달을 노래한 이백의 모습. 한시에는 이처럼 술이 시의 소재로 많이 등장한다. 술로 속세의 근심을 잊고자한 것이다.〉

201) 도가에서 말하는 우주의 본체가 되는 위대한 도.

202) 인간의 모든 욕망이나 감정을 잊고 사람 본연의 순박한 상태로 되돌아가는 것.

203) 취중의 취향.

204) 술에 취하여 있지 않은 사람. 즉 술을 마실 줄 모르는 사람.

서구시에는 이와 반대로 술이 소재로 등장하는 작품은 거의 없다. 괴테, 세익스피어, 마리아나 릴케 등 그 어느 서구 시인의 작품에도 술이 소재로 등장하는 경우는 별로 없다. 또한 그들이 술 마시고 시를 지었다는 기록도 별로 없다. 아마 전 세계에서 한시에서 처럼 술이 시의 소재로 이렇게 많이 등장한 예는 그 유래를 찾아보기 힘들 것이다. 이는 모호하게 속세 혹은 chaos 상태로 인식된 시인 자신의 현실을 술을 매개로 하여 그것을 잊어버리고 다시 원형으로 회귀하여(歸) 그것을 즐기고자하는 농경민족 중국인들의 기본적인 심성 때문이라고 할 수 있다.

또한 한시에는 속된 현실 혹은 님과 떨어져 있는 현실을 벗어나고자 꿈이 그 매개물로 등장하는 경우가 많다. 꿈에 님을 만나고, 꿈에 타향을 떠나 고향에 돌아가는 것을 읊은 시가 적지 않다. 잠참(岑參)(715-770)의 〈춘몽(春夢)〉도 봄꿈에 님을 만나는 것을 그리고 있다.

그윽한 새색시 방에 지난 밤 봄바람이니,
님 생각은 멀리 상강 가로 달린다.
베갯머리에 잠시 봄꿈을 꾸노라면,
강남 수천 리를 두루 돌아다닌다.

洞房[205]昨夜春風起　동방작야춘풍기
遙憶美人湘江水[206]　요억미인상강수
枕上片時春夢中　침상편시춘몽중
行盡江南[207]數千里　행진강남수천리

---

205) 그윽하고 깊은 방. 후세에는 花燭洞房이라 하여 신부의 방을 주로 가리킨다.

206) 湘水. 옛부터 瀟水와 함께 여기에 내리는 비는 쓸쓸하기로 유명하다.

207) 님이 가있는 장강 이남 지방, 그리운 님을 좇아 수천 리 강남땅을 두루 돌아

님과 만나기 위해 꿈속에서 님이 가있는 강남땅을 두루 돌아다니고 있다. 현실에서 만날 수 없는 님을 꿈속에서 만나고 싶은 것이다. 그러나 이와 반대로 서구시에서 읊은 꿈은 대체로 희망(dream)과 기대를 의미하는 경우가 많다. 그 예로 Edger Allen Poe(1809-1849)의 〈dreams(꿈)〉이란 시를 읽어보자.

> 원의 광선이 아침을 가져올 때까지
> 내 정신이 잠깨지 않았다면,
> 그렇다! 오랜 꿈이 절망적인 슬픔의 것이라도,
> 마음이 태어날 때부터 아름다운 지상에서 깊은 열정의 혼돈이었고
> 그래야만 하는 자에게는, 깨어있는 삶의 차가운 현실보다는 나은 것이다.
> 그러나 그 꿈이 과연 내 어린 시절의 꿈이 그러했듯 영원히 계속된다면,
> 그렇게 된다면 더 높은 하늘을 바램은 어리석은 일이 되리라.
> 해가 여름하늘에 빛날 때
> 나는 생동하는 빛과 아름다움의 꿈속에 빠졌고,
> 내 마음은 자신의 집을 떠나 스스로 상상하는 풍토에 내 스스로의 상념이 만든 존재들과 함께 있었으니,
> 더 이상 무엇을 보았으랴!
> 한때, 오직 한때였지만
> 그 이상의 시간은 내 기억으로부터 사라지지 않으리라, 어떤 힘 또는 마력이 나를 묵었던 것이다.
> 밤사이 차가운 바람이 덮쳐 그 심상을 내 정신에 남겼다.
> 혹은 한 밤중에 높이 솟은 달이
> 내 잠을 너무 차갑게 비추었다.
> 혹은 별들이 그랬던가,
> 어쨌든 그 꿈은 밤바람을 탔던 것이다.
> 이쯤 해두자. 단지 꿈이었으나 나는 실로 행복했다.

다닌다는 뜻.

행복했다. 그러기에 이런 생각을 즐기는 것이다.
꿈은 인생을 선명히 채색해준다.
겉모습과 현실의 덧없고 허망하고,
희미한 싸움 속에, 열띤 눈에,
젊은 희망이 가장 환한 시간에 본 것보다
이 아름다운 시간에 본 것보다
이 아름다운 천국과 사랑의 사물들을 고스란히 가져다준다.

Oh! that my young life were a dream!
My spirit not awak`ning till the beam
Of an eternity should bring the morrow.
"I1were better than the cold reality
Of waking life, to him whose heart must be,
And hart been still, upon the lovely earth.
A chaos of deep passion, from his birth.
But should it be - that dream eternally
Continuing - as dreams have been to me
In my young boyhood- should it thus be given,
"I1were folly still to hope for highter heaven
For I have reveled, when the sun was bright
In summer sky, in dreams of living light
And loveliness - have left my very heart
In climes of mine imagination, apart
From mine own home, with beings that have been
Of mine own thought - what more could I have seen?
"I was one - and only once - and the wild hour
From my remembrance shall not pass - some pow1r
Or spell had bound me - It was the chill wind
Came o1er me in the night, and left behind
Its image on my sprit- or the moon
Shone on my slumbers in her lofty noon]
Too coldly - or the stars - howe`er it was,
The dream was on that night wind - let it pass.
I have been happy - and I love the theme:
Dream! in their vivid coloring of life,

As in that fleeting, shadowy, misty strife
Of semblance with reality which brings
To the delirious eye, more lovely things
Of paradise eye, and love - and all our own!
Than young hope in his sunniest hour hath known.

Edger Allen Poe는 젊은 날의 꿈이 영속되기를 바라고 있다. 한시에서의 꿈(夢)이 불완전한 현실을 벗어나게 해주는 매개체라는 것과는 많이 다르다. 서구시에 바다로 나가 고래잡는 꿈을 꾸는 시가 있고, 미지의 세계로 나가 낯선 곳에 대한 설레임을 꿈꾸는 시가 있는 것과는 한시는 다른 것이다.

7. 기타

1) 이동, 머뭄, 전송 그리고 만남의 소재

한시에는 이동과 머뭄, 전송 그리고 만남을 나타내는 동사가 서구시의 그것보다 훨씬 많이 쓰인다. 오다(來), 가다(去, 跡, 行, 之, 征), 돌아오다 돌아가다(還, 返, 回, 廻, 歸, 到), 만나다(逢, 合), 떨어지다(落), 오르다(登, 登高, 登樓), 떠돌아다니다 흘러가다(遊, 游, 流, 徘徊), 들어가다(入, 込), 나가다(出), 건너다(度, 渡, 渡江, 渡船), 헤어지다(離, 別, 離別, 留別), 이르다(至, 及), 거처하다 머물다(居, 泊, 宿, 宿泊, 棲), 보내다 전송하다(送), 지나가다 거쳐가다(過) 바라보다(望) 등등의 시어가 그것인데, 한시에는 이런 시어가 굉장히 많이 보인다. 이는 한시에 변방생활(邊塞詩)과 나그네 생활(遊子詩, 客愁詩)의 고독과 또한 고향으로 돌아가(歸) 님이나 친구를 만나고 싶은 심정과 그렇게 될 수 없는 비애감을 읊조린 시(閨怨

詩, 閨房詩, 行役詩, 思鄉詩, 回鄉詩), 님 그리는 시(思友詩)가 많기 때문이다. 또한 한시에는 헤어짐(離, 別, 離別, 留別, 送)의 아쉬움을 읊은 시(別離詩, 送別詩, 贈別詩) 역시 적지 않으며, 자연 전원 산수로 돌아가(歸) 그것을 즐기는 시(自然詩, 山水詩, 田園詩, 閑寂詩, 山中寓居詩) 역시 굉장히 많다.

이 중 시인 자신에게로 가까워지거나 만남 그리고 머뭄을 나타내는 시어인 오다(來), 돌아오다 돌아가다(還, 返, 回, 廻, 歸, 到), 만나다(逢, 合), 들어가다(入, 込), 이르다(至, 及), 거처하다 머물다(居, 泊, 宿, 宿泊, 棲) 등의 의미는 대체로 시인 자신에게 긍정적인 의미로 많이 사용되어 있고, 시인 자신에게서 멀어지거나 헤어짐 그리고 떠남을 나타내는 시어인 가다(去, 跡, 行, 之, 征), 떨어지다(落), 오르다(登, 登高, 登樓), 떠돌아다니다, 흘러가다(遊, 游, 流, 徘徊), 나가다(出), 건너다(度, 渡, 渡江, 渡船), 헤어지다(離, 別, 離別, 留別), 보내다 전송하다(送), 지나가다 거쳐가다(過) 등의 의미는 대체로 시인 자신에게 부정적인 의미로 많이 사용되어지고 있다. 중국 시인들은 오고 돌아오고 만나고 머물고 싶지, 떠나고 헤어지고 보내고 싶지는 않은 것이다. 항상 만나 〈더불어 하나〉 되어 살고자 한 농경민족 특유의 원형회귀적(歸)인 심성이 그대로 반영된 것이다. 우무릉(于武陵)(810 - ?)의 〈객중(客中)〉이란 시를 읽어보자.

초나라 사람 죽지곡(竹枝曲)을 노래하면
'떠돌아다니는(遊)' 나그네 눈물 옷깃을 적시네.
낯선 땅에서 오랫동안 나그네 되어
찬 밤에 자주 '돌아가는(歸)' 꿈꾸네.
한 통의 편지 '돌아오지 않고(未返)'
모든 나무에서 잎사귀 모두 떨어졌네.
남쪽으로 동정호를 '지나가면(過)'
응당 더욱 소식 드물어지리.

楚人歌竹枝[208] 초인가죽지
'遊'子淚沾[209]衣 '유'자누첨의
異國[210]久爲客 이국구위객
寒宵頻夢'歸' 한소빈몽'귀'
一封書'未返' 일봉서'미반'
千樹葉皆飛 천수엽개비
南'過'洞庭水 남'과'동정수
更應消息稀 갱응소식희

우무릉이 남방 초 지방으로 逼適되어 가는 와중에 읊은 客愁詩이다. 위 시에서 2구의 "떠돌아다니는(遊)"과 5구의 "돌아오지 않고(未返)"와 7구의 "지나가면(過)"은 모두 시인 자신의 입장에서 부정적인 의미로 쓰이고 있으나, 4구의 "돌아가는(歸)"만 시인 자신의 입장에서 긍정적인 의미로 쓰이고 있다. 시인은 이런 遊子생활(去)을 청산하고 고향으로 돌아가고픈(歸) 것이다. 한시에서는 대부분 이처럼 돌아오다 만나다 머물다 등등은 긍정적인 의미로 많이 쓰이고, 떠나다 헤어지다 보내다 등등은 부정적인 의미로 많이 사용되고 있다. 또 다른 시인 온정균(溫庭筠)의 〈상산조행(商山[211]早行)〉을 읽어보자.

새벽에 일어나 말방울 움직이며 '가려할 때(征)'
나그네는 '떠나면서(行)' 고향을 슬퍼한다.
닭소리 들리고 초가 주막에 달 걸리니

---

208) 가곡의 이름. 그 지방 풍물을 노래하여 哀調를 띠고 있음.

209) 적시다.

210) 초나라를 가리킴.

211) 지금의 섬서성 商縣 동남쪽에 있는 산 이름으로 楚山이라고도 하였다. 漢 初에 東園公, 綺里季, 夏黃公, 用里先生 4인이 이곳에 은거하여 수염과 눈썹이 모두 희어졌다 하여 이들을 '商山四皓'라고 불렀다 한다.

서리 내린 판자다리 위에 사람이 '지나간 자국(迹)' 나 있다.
떡갈나무 산길에 '떨어져 있고(落)'
탱자나무 꽃 주막집 담장을 밝히는구나.
하염없는 생각에 고향 장안 꿈을 꾸니
들오리와 기러기 굽어진 연못에 가득 차 있으리라.

晨起動'征'鐸[212] 신기동'정'탁
客'行'悲故鄉 객'행'비고향
鷄聲茅店[213]月 계성모점월
人'迹'板橋霜 인'적'판교상
槲葉[214]'落'山路 곡엽'낙'산로
枳花[215]明驛牆 지화명역장
因思杜陵[216]夢 인사두릉몽
鳧雁[217]滿回塘[218] 부안만회당

이 시는 시인이 상산(商山)에서 아침 일찍 다시 객지로 떠나면서 그 때 느끼는 쓸쓸한 감정과 그리고 고향을 그리는 마음을 함께 읊은 작품이다. 1구의 "가려할 때(征)"와 2구의 "떠나면서(行)" 그리고 4구의 "지나간 자국(迹)" 등은 모두 시인의 입장에서 부정적인 의미로 사용되고 있다.

---

212) 역마차나 말의 목에 다는 방울.

213) 띠 지붕을 얹은 시골 객주집.

214) 잎이 크고 겨울에도 나뭇가지에 그대로 매달려 있다가 이듬해 봄 새싹이 돋을 때 비로소 지기 시작하는 나무인 떡갈나무.

215) 탱자나무 꽃. 봄에 흰 꽃이 핀다.

216) 長安 동남쪽에 있는 한 宣帝의 릉. 시인의 고향이 그 근처에 있다.

217) 물오리와 기러기.

218) 굽어진 연못.

한시에는 길과 관련된 시어(路, 徑, 道)나 강이나 배와 관련된 시어(船, 舟, 江, 河, 水, 柳, 泊) 그리고 객사와 관련된 시어(店, 酒店, 客店, 客舍, 驛, 宿)가 많이 등장한다. 모두 떠남(去)이나 떠돌아다님(去, 遊)에 대한 비애감과 고독을 읊조리고 있다는 공통점이 있으며, 또한 항상 타지의 객사(店, 酒店, 客店, 客舍, 驛, 宿)에서 자신의 유랑하는 처지를 슬퍼하며 고향이나 님 그리고 친구를 그리고(思) 있다는 공통점을 가지고 있다. 이런 시들은 대개 시기적으로 가을이나 겨울을 배경으로 하여 읊은 경우가 가장 많은 듯하다. 가지(賈至)의 〈송이시랑부상주(送李侍郎赴常州)〉란 시를 읽어보자.

> 눈 개이고 구름 흩어지니 북풍이 더욱 찬데
> 楚와 吳지방의 산과 물, '길(道路)'은 더욱 험난하구나.
> 오늘 그대 보내나니 모름지기 마음껏 취하라.
> 내일 아침이면 서로 그리워해도 '길(路)'만 아득하리.

> 雪晴雲散北風寒　설청운산북풍한
> 楚水吳山'道路'難　초수오산'도로'난
> 今日送君須盡醉　금일송군수진취
> 明朝相憶'路'漫漫　명조상억'노'만만

시인이 이시랑(李侍郎)을 지금의 강소성인 상주(常州)로 전송하며 읊은 시로 보내기(去) 싫은 마음이 한껏 들어 있다. 2구의 길(道路)과 4구의 길(路)은 친구가 가야할 길이며 그 길로 가면 다시 언제 돌아올(歸) 지 모르는, 혹은 영원히 돌아오지(歸) 못하는 아득한 길이다. 이런 別離詩, 贈別詩, 留別詩 등에도 길이나 강 혹은 떠나가는 배가 많이 등장한다. 遊子詩 계열로 장적(張籍)의 〈야도어가(夜到漁家)〉란 시를 읽어보자.

어부 집은 '강어귀(江口)'에 있고
'밀물(潮水)'은 사립문까지 들어오네.
지나가는 나그네 '들어가서 자고(投宿)' 갈까 하는데
주인은 아직 돌아오지 않았네.
대숲은 깊고 '마을 길(村路)'은 멀어
달이 떴는데 '낚싯배(釣船)' 드무네.
멀리 모래사장 언덕을 바라보니
봄바람에 도롱이가 흔들리는구나.

漁家在'江口' 어가재'강구'
'潮水'入柴扉 '조수'입시비
行客欲'投宿' 행객욕'투숙'
主人猶未歸 주인유미귀
竹深'村路'遠 죽심'촌로'원
月出'釣船'稀 월출'조선'희
遙見尋沙岸 요견심사안
春風動草衣 춘풍동초의

나그네가 떠돌아다니다 한 어부 집에 하루를 묵고자 하나 주인이 없어 그 주인을 기다리는 모습을 읊고 있다. 1구의 강어귀(江口), 2구의 밀물(潮水), 3구의 들어가서 자고(投宿), 6구의 낚싯배(釣船) 등은 모두 움직이고 떠나가는 것이라 시인은 이런 시어를 읊음으로 항상 떠돌아 다닐(去) 밖에 없는 나그네의 슬픔과 비애를 느끼게 하고 있다. 맹호연(孟浩然)의 〈송두십사지강남(送杜十四之江南)〉도 客船에서의 나그네의 외로움을 읊은 시이다.

荊땅과 吳땅은 서로 이어져 물의 마을이라 하는데
그대 가는 봄 강은 불어 바로 끝없이 넓을터
날 저물면 그대 '외로운 배' 어디에 정박할까?

하늘 끝 한번 바라보니 사람 창자 끊는구나.

荊吳[219]相接水爲鄕　형오상접수위향
君去春江[220]正淼茫[221]　군거춘강정묘망
日暮'孤舟'何處泊　일모'고주'하처박
天涯一望斷人腸[222]　천애일망단인장

두십사(杜十四)를 강남땅으로 송별하며(去) 지은 시로, 두십사가 강남땅으로 가면 그가 탄 '외로운 배(孤舟)'는 또 어디에 정박할까 하고 그 외로움을 슬퍼 노래하고 있다. 한시에는 이처럼 舟, 船, 客船, 孤舟 등을 타고 외롭게 떠돌아다니는 나그네의 슬픔을 읊은 시가 부지기수로 많다. 왕안석의 〈박선과주(泊船瓜洲)[223]〉 역시 배에 몸을 의탁해 강 언덕에 정박시키고 있는 나그네의 심정을 쓸쓸히 읊은 시이다.

경구(京口)에서 과주(瓜洲) 사이는 강물 하나 사이,
종산(鍾山)은 오직 몇 겹 산 저쪽일세.
봄바람은 또 강 언덕 푸르게 하는데,
밝은 달은 어느 때 다시 내가 돌아가는 모습 비추리.

京口[224]瓜洲一水間　경구과주일수간
鍾山[225]只隔數重山　종산지격수중산

---

219) 楚나라. 현재 강남 지방을 이름.

220) 봄이 되어 물이 불어난 강.

221) 끝없이 넓은 상태.

222) 창자가 끊어질 듯한 비통한 생각.

223) 熙寧 8년(1075) 2월 왕안석이 2번째로 재상이 되어 汴京으로 올라가면서 지은 시. 과주는 지금의 강소성 江都縣 남쪽 장강의 북쪽 기슭.

224) 강소성 鎭江, 경구에서 장강을 건너 단숨에 과주로 간 것이다.

225) 지금의 남경 紫金山. 왕안석은 젊어서 아버지를 따라 江寧(지금의 남경)에 머물러 산 인연으로 첫 번째 재상에서 물러나 이곳 종산에 와서 살았다.

春風又綠江南岸　　춘풍우록강남안
明月何時照我還　　명월하시조아환

다시 재상으로 발탁되어 서울 변경(汴京)으로 배를 타고 올라가면서 읊은 것인데, 그 내용상 재상이 된 기쁜 마음으로 읊었다기보다는 외로운 나그네 된 심정으로 끝 구에 "밝은 달은 어느 때 다시 내가 돌아가는 모습 비추리."라고 하며 읊고 있다. 이는 배를 타고 간다는 그 자체가 쓸쓸하고 외로운 나그네와 동격으로 느껴져 재상이 되었음에도 불구하고 기뻐하지 않았기 때문이라 여겨진다. 세상에 대한 호기심과 진취적 기상을 느끼게 하는 서구의 항해시와는 그 느낌이 다른 것이다.

〈왕안석의 〈박선과주〉를 그린 그림. 한시에는 만남과 머묾은 긍정적 의미로 헤어짐과 떠남은 부정적 의미로 많이 사용되고 있다.〉

한시에는 누대를 나타내는 시어(樓, 閣, 臺, 欄, 軒)나 높은 곳을 나타내는 시어(登, 上, 高, 山, 陵)가 많이 쓰이는데, 앞의 누대는 그 곳에 올라 멀리 고향을 바라보거나 혹은 그 곳에서 님이나 친구를 그리며(思) 눈물짓는 경우를 읊은 시에 많이 등장하고, 또한 그 누대에서 잔치를 베풀어 시를 읊조리거나 혹은 권세가들이 백성들의 고난은 아랑곳없이 그 누대에서 잔치만 베푼다고 읊은 시들에 많이 쓰인다. 또한 뒤의 높은 곳(登, 上, 高, 山, 陵)은 대개 그 곳에 올라 고향을 바라보거나 님이나 친구 생각을 하며 지은 시에 많이 등장한다. 두보의 유명한 〈등악양루(登岳陽樓[226])〉를 읽어보자.

> 옛날에 동정호 소문을 들었는데,
> 오늘에야 '악양루에 오르는구나(上岳陽樓).'
> 吳와 楚는 동과 남으로 터졌고,
> 하늘과 땅은 밤낮으로 떠 있구나.
> 친척과 친구에게선 한 통의 편지 없고
> 늙어 병들었는데 오직 외로운 배만 있다.
> 軍馬는 關山의 북에 있어
> '난간에 기대니(憑軒)' 눈물과 콧물만 흐른다.

> 昔聞洞庭水[227] 석문동정수
> 今'上岳陽樓' 금'상악양루'
> 吳楚東南坼 오초동남탁
> 乾坤[228]日夜浮 건곤일야부
> 親朋無一字 친붕무일자
> 老病有孤舟 로병유고주
> 戎馬關山[229]北 융마관산북
> '憑軒'涕泗流' 빙헌'체사류

226) 동정호 근체에 있는 누각.

227) 호남성에 있는 중국 제일의 호수 동정호.

228) 하늘과 땅 또는 삼라만상.

229) 關所가 있는 산. 경계를 이루는 산.

2구의 "악양루에 오르는구나.(上岳陽樓)"와 8구의 "난간에 기대니(憑軒)"에서, 시인은 악양루에 올라 사방을 바라보면서 안사 전란에 고향을 떠나 유랑하며 고향 소식 하나 듣지 못하는 자신의 신세를 생각하며 난간에 기대어 눈물만 흘린다고 하고 있다. 이처럼 한시에는 누대나 높은 곳에 올라 고향이나 님 친구를 그리며 읊은 시가 적지 않다.

2) 한시에 보이는 색깔 - 白, 素, 淸, 玉, 靑, 蒼, 碧, 翡翠, 寒, 冷과 紅, 綠, 黃

한시에는 색깔을 나타내는 시어로 白, 淸, 碧, 翡翠, 靑, 蒼, 寒, 冷 등이 많이 사용된다. 이 중 '白'과 '淸'이란 시어가 더욱 많이 사용되는 것으로 보이는데, 이는 극도로 〈淨心에의 추구〉를 하는 사상인 참선을 위주로 하는 선불교와 폭포수 밑이나 동굴에서의 수행을 중시하는 수련도교, 無 · 無爲自然을 중시하는 도가사상, 內丹의 단학, 인격도야·정신수양·도덕함양 등을 중시하는 성리학 등등의 영향으로 '맑고 깨끗한 것'을 선호하는 당시 중국인들의 심성이 반영된 것으로 보인다. 또한 이들 시어가 계절적으로는 가을과 겨울에 읊은 시, 나그네의 객수나 변방에서의 생활을 읊은 시, 혹은 閨怨詩 · 行役詩 · 宮怨詩 · 思友詩 등 시인 자신이 객지에 떨어져 있어 님과 친구와 함께 하지 못하는 상황을 읊은 시 속에 많이 등장한다. 시인 자신이 인정하든 인정하지 않든 자신의 처지가 chaos 상태에서 자신의 고독과 슬픔 비애감 등등을 읊조린 시에서 '흼(白)'과 '맑고 깨끗함(淸)'이란 시어가 많이 보이는 것이다. 이 '白'과 '淸'은 '孤', '獨', '寒', '孤寂', '愁', '哀', '冷', '閑', '恨' 등등의 시어와 함께 어울려 사용되는 경우도 적지 않다. 또한 嘆老詩 계열의 시에서도 白髮 白頭 등의 용어로 '白'자가 많이 쓰이며,

또한 禪詩나 한적시·산중우거시·은둔시 등등에도 '白'과 '淸'이란 시어가 많이 보인다. 이 때 사용된 '白'과 '淸'이란 시어에는 속세에 물들지 않은 '맑고 깨끗하며 정결하다'는 의미가 내포되어져 있는 경우가 많다. 중국인들이 극도로 중시한 〈淨心에의 추구〉 때문에 한시에 淸新, 高雅, 孤高, 淸淨, 高潔, 觀照, 淸陰 등 맑고 깨끗하며 가볍고 淸新한 정서를 드러낸 작품이 굉장히 많다. 그러나 이와 반대로 한시에는 '黑(검음)'이나 '濁(탁함)'이란 시어가 등장하는 경우는 별로 없다. 위양(韋驤)의 〈매계(梅溪)〉란 시를 읽어보자.

맑은 그림자 차가운 물에 드리우고
그윽한 향기 저녁 바람을 다툰다.
알아주는 사람 이미 멀어졌지만
시냇가에서 스스로 무더기로 향기롭다.

淸影寵寒水　청영총한수
幽香逐晚風　유향축만풍
和羹[230]人已遠　화갱인이원
谿上自芳叢　계상자방총

시냇가에 핀 매화를 칭송한 작품이다. 매화는 "알아주는 사람 이미 멀어졌지만, 시냇가에서 스스로 무더기로 향기롭다."라고 하고 있다. '淸影', '寒水', '幽香', '晚風', '谿上' 같은 시어가 대체로 맑고 서늘하며 그윽하다는 느낌을 주고 있다. 시 작품 전체가 차가운 느낌을 주는 두목의 〈추석(秋夕)〉을 읽어보자.

230) 殷나라 高宗 때 傅說이라는 사람을 후대인들이 '和羹鹽梅'라고 칭송하였는데, 식초를 쳐서 국 맛을 고르게 잘 맞춘다는 뜻으로 나라의 정치를 잘 보좌하는 재상을 비유한 말.

은촉의 가을 빛에 차가운 그림 병풍
輕羅의 작은 부채로 반딧불이를 쫓는다.
섬돌가의 밤 빛, 서늘하기가 물과 같은데
앉아서 견우성과 직녀성을 바라본다.

'銀'燭秋光'冷'畵屛[231] 은'촉추광'랭'화병
輕羅[232]小扇撲流螢 경라소선박유형
天階[233]夜色'凉'如水 천계야색'량'여수
坐看牽牛織女星 좌간견우직녀성

'銀', '冷', '凉' 같은 시어가 전체적으로 차고 서늘한 느낌을 준다.

맑고 깨끗한 느낌을 주는 禪詩 계열로 상건(常建)의 〈파산사후선원(破山寺[234]後禪院)〉이란 시를 읽어보자.

맑은 새벽 옛 절로 들어가니
갓 떠오른 햇살 높이 자란 숲을 비춘다.
굽은 길은 그윽한 곳으로 통하고
선방 둘레엔 꽃과 나무 우거졌다.
산 빛은 새의 마음을 기쁘게 하고
연못그림자 사람의 마음을 비우게 한다.
온갖 소리 여기서는 다 고요한데
종소리 풍경소리만 은은히 들려온다.

淸晨入古寺 청신입고사
初日照高林 초일조고림
曲徑通幽處 곡경통유처

231) 그림이 그려진 병풍.

232) 가벼운 비단.

233) 皇宮의 돌계단. 일설에는 露天의 돌계단으로 풀이한다.

234) 興福寺라고도 함. 지금의 강소성 常熟縣 虞山에 있음.

禪房花木深　선방화목심
山光悅鳥性　산광열조성
潭影空人心　담영공인심
萬籟[235]此皆寂 만뢰차개적
惟餘鐘磬音　유여종경음

'淸晨', '高林', '幽處', '深', '山光', '潭影', '空', '寂' 등의 시어에서 맑고 깨끗함을 느낄 수 있다. '맑고 깨끗한' 느낌을 주는 시로 왕유(王維)의 〈죽리관(竹籬館[236])〉이란 시를 읽어보자.

홀로 그윽한 대숲 속에 앉아
거문고 퉁기다가 다시 길게 휘파람분다.
깊은 숲이라 사람들은 알지 못하는데
밝은 달이 찾아와 비추어준다.

獨坐幽篁裏　독좌유황리
彈琴復長嘯　탄금복장소
深林人不知　심림인부지
明月來相照　명월래상조

맑은 달빛 비치는 대숲 속에서의 한적한 삶을 읊고 있다. 한시에는 이처럼 '맑고 깨끗함'을 느끼게 하는 시가 적지 않다. 송나라 철학자 소옹(邵雍)(1011-1977)이 지은 〈청야음(淸夜吟)〉이란 시를 읽어보자.

달은 하늘 가운데 떠있고,

---

235) 온갖 소리. 籟는 원래 구멍에서 나오는 소리를 뜻하나 일반적으로 그냥 소리의 의미로도 씀.

236) 대숲 속의 별채. 輞川 20景의 하나. 대나무 숲 속에 위치하고 있기 때문에 붙여진 이름이다.

수면엔 소슬바람이 잔물결 일으킨다.
이처럼 청신한 맛,
아는 사람 적을 것이다.

月到天心[237]處　월도천심처
風來水面時　풍래수면시
一般[238]淸意味　일반청의미
料得[239]少人知　요득소인지

읊은 내용이 맑고 깨끗하며 청신하다. 한시에는 이런 정서의 시가 많다.

〈소옹의 〈청야음〉을 써넣은 접시. 淨心에의 추구와 탈속 은둔문화의 발달로 중국 한시에는 이처럼 맑고 깨끗한 시어가 많다.〉

또한 한시에는 격정적인 표현보다는 평담한 표현이 눈에 많이 띈다. 매요신(梅堯臣)의 〈잡시(雜詩)〉를 읽어보자.

강물을 건너 나는 고추잠자리가

---

237) 하늘 한가운데.

238) 모든, 이러한의 뜻.

239) 마음 속으로 헤아리는 것.

사람을 따라서 팔랑팔랑 날고 있네.
오직 배를 따르는 것이 가볍다는 것만 알았지
배가 멀리 간다는 것을 모르고 있네.

度水紅蜻蜓[240] 도수홍청정
傍人[241]飛款款[242] 방인비관관
但知隨船輕 단지수선경
不知船去遠 부지선거원

고추잠자리가 배를 따라 팔랑팔랑 날고 있는 모습을 평담하게 그리고 있다. 한시에는 이처럼 관조하듯이 평담한 심정으로 그린 작품이 많다. 감정을 주체하지 못해 격정적인 표현을 일필휘지로 그려낸 천재 시인 이백은 그런 면에서 본다면 한시 시인 중 아주 드물고 독특하다 하겠다.

또한 한시에는 붉은 색깔 계열의 '紅', '赤'이나, 누른 색깔 계열의 '黃'보다는 푸른 색깔 계열인 '碧', '翡翠', '靑', '蒼' 등이 훨씬 많이 등장한다. '紅'은 염정시나 기녀시 등에서 여인네의 아름다움이나 화장 등을 묘사할 때나 봄날의 아름다운 경치를 묘사할 때 주로 보이고, 또한 '黃'은 黃昏 黃泉이란 단어에서만 주로 보인다. 이렇게 푸른색 계통의 시어가 많이 사용되는 것은 그것 자체가 맑고 깨끗함을 나타내며, 또한 눈이 부시게 푸르거나 짙푸른 것은 그것 자체가 서글픔과 비애감을 자아내게 하는 것이니, 한시의 기본적인 정서인 悲哀感과 여성

240) 잠자리.

241) 사람을 따라.

242) 홀로 즐기는 모양, 천천히 움직이는 모양, 팔랑팔랑.

적 哀調 등등과 잘 맞아 한시에 '碧', '翡翠', '靑', '蒼' 등의 시어가 많이 사용되는 것이 아닌가 한다. 또한 한시에는 '白'과 반대되는 '黑'이란 시어는 아예 발견조차도 하기 어렵다.

제5장 結論

필자는 중국인들이 지으며 읊으며 생활화하여 온 한시의 성격을 규명하려는 대담한 시도를 진행시켰다. 고대 중국인들의 의식 구조를 깊게 지배하여온 유가사상(복고주의), 불교사상(윤회사상), 도가 도교사상(무위자연 회귀사상)의 이른바 3대사상과 음양오행사상은 본질적으로 〈歸〉의 특성을 그 사상들 깊숙이 지니고 있다. 중국인들이 이렇게 〈歸〉의 사상을 기본적으로 가지게 된 것은 올바른 계절적 순환을 아주 중시하여 그 절기에 맞추어 立春부터 大寒까지 24절기를 주기로 순환 회귀적(歸) 삶을 수천 년 동안 살아온 정통 농경민족이었기 때문이라 생각한다.

그런 입장에 비추어 본고에서는 한시의 모든 주제를 들어 그 한시 깊숙이 내재해 있는 〈歸〉의 특성을 찾아내어 순환 회귀적(歸) 사고 체계가 그 얼마나 한시 깊숙이 들어있는 지를 밝히고자 했다. 閨房詩·閨怨詩에는 멀리 떠난 님이 돌아와(歸) 그 옛날 아름다운 사랑을 이룬 시절로 돌아가고(歸) 싶다는 정서가 깊게 배여 있고, 行役詩는 그 반대로 고향의 님에게로 돌아가(歸) 그 님과 만나 아름다운 사랑을 이룬 옛 시절로 돌아가고(歸) 싶은 정서가 짙게 배여 있다 하겠다. 別離詩·送別詩·贈別詩·留別詩는 떠남(去)의 슬픔을 읊은 시이고, 遊子詩·客愁詩는 고향을 떠난(去) 나그네 생활의 외로움 슬픔 등을 읊은 시이다. 또한 思鄕詩·回鄕詩는 고향을 그리며(思) 그 고향으로 돌아가기(歸)를 원하며 읊은 시이다. 邊塞詩는 행역시와 비슷하게 변방 지방의 외로움을 읊은 시인데 그 밑에 짙게 깔려있는 정서는 그 변방 생활을 청산하고 고향으로 돌아가고(歸) 싶은 것이다. 詠史詩·詠懷詩·詠古詩·懷古詩 등 과거를 회상하며(歸) 읊은 시가 부지기수로 많으며, 또한 歎老詩·人生無常詩처럼 늙음을 한탄하며 젊은 시절(원형)로 돌아갈(歸) 수 없다는 비애감과 인생무상을 읊은 시도 많다. 한시에서 가장 많은 분량을 차지하는 것이 自然詩·山水詩·田園詩·閑寂詩·山中寓居詩·隱遁詩 등 자연을 찬양하며 즐긴 시들로, 농경민족 중국인 그들은 항상 자연으로 돌아가(歸) 그 자연과 〈더불어 하나〉 되어 살고자 한 것이다. 脫俗詩와 현실에 초연한 시는 현실(속세)를 벗어나 인생을 관조하는 道의 상태로 돌아와(歸) 읊은 것이며, 艷情詩·妓女詩 부류는 그들이 속세라고 매도한 현실을 도피하여 잊어버리고 기녀의 품에 안겨 읊은 시이다. 社會詩·諷諭詩 부류는 서구의 사회시·참여시·저항시와는 달리 미래의 비전 내지는 해결책(去)을 제시하는 내용은 없이 오직 현실의 고난과 민중들의 도탄 등을 사실적으로 슬프게 묘사만 하고 있는데, 이는 24절기를 주기로 끊임없이 순환 회귀적 삶을 살아온 농경민족 중국인들의 〈歸〉적 사고방식이 이런 미래 지향인 비전이나 해결책(去)을 제시하는 것을 끌어당겨 막은 것이 아닌가 한다, 이렇게 보면 한시의 모든 주제들이 대부분 〈歸〉라는 관점에서 해석되어지고 있다.

근 2,000년 동안 수많은 시인 묵객들이 즐겨온 그 많은 한시들 모두가 철저하게 모두 〈歸〉의 관점에서 해석되어질 수 있는 것은 아니지만, 그러나 많은 경우 〈歸〉의 관점에서 해석되어지고 적어도 한시에 〈去〉의 관점에서 해석되어지는 작품은 별로 없다고 할 수 있다. 서구시에 흔히 보이는 여행의 즐거움을 읊은 시나 개척시·행진시·항해시와 미래의 희망을 노래한 작품들은 한시에 별로 보이지 않는다. 또한 동화 동시도 별로 지어지지 않았다. 그리고 청춘남녀의 사랑을 노래하고 젊음을 찬양한 시도 없으며, 순진무구하고 청순발랄함을 읊은 시도 없는 것이다. 이는 근본적으로 24절기를 주기로 수천 년 동안 끊임없이 농경일지적 순환 회귀(歸)적 삶을 살아온 농경민족이었기 때문이라 생각한다. 이런 순환 회귀(歸)적인 농경민족의 삶이 진보적·진취적(去) 사고를 막아 서구시에서 흔히 보이는 이런 성향의 시를 짓지 못하게 만든 것이다.

또한 한시의 소재 면에 있어서도 회귀적 관념의 표상이라고 일컬어져온 水 - 月 - 自然 - 女가 많이 등장하고 있다. 한시에는 물과 관련된 시어가 굉장히 많이 등장하는데, 이와 반대로 불과 관련된 시어가 한시의 소재로 등장한 예는 별로 없다. 이른바 불꽃의 문학, 정염의 문학이 한시에 등장하지 않는 것은 불 그것이 회귀적 관념의 표상이 아니어서, 24절기를 주기로 순환 회귀적 삶을 살아온 농경민족 중국인들의 기본적인 심성에 맞지 않았기 때문이라 생각한다, 또한 한시에는 회귀적 관념의 표상인 달이 시의 소재로 많이 등장하지만, 해가 시의 소재로 등장 경우는 별로 없다. 또한 밤에 혹은 달밤에 읊은 시도 부지기수이다. 자연의 경물이 시의 소재로 등장하는 경우는 이루 매거할 수 없을 정도인데, 自然詩·山水詩·田園詩·閑寂詩와 같이 자연을 주제로 한 시가 아니라 할지라도, 대부분의 한시에 기 승에서 자연의 경물을 읊고 거기에 感觸되어 전 결에서 자기가 말하고 싶어하는 주제를 읊고 있으니 도대체 한시에 자연의 경물이 소재로 등장하지 않는 시가 그 얼마나 되나 할 정도이다. 자연을 너무나 사랑하고 그 자연과 〈더불어 하나〉 되어 살고자 한 농경민족 중국인들의 심성이 반영된 결과라고 생각한다. 또한 한시는 회귀적 관념의 표상인 여성적 정서가 매우 강하다. 한시의 가장 일반적인 정서라고 하는 비애감 소극성 역시 여성적 성향이고, 또한 한시에는 悲, 哀, 愁, 怨, 懷, 恨, 傷, 苦, 意, 念, 情, 吟, 可憐 같은 여성적 애조 애상이 강하게 나타나고 있다. 또한 思, 憶, 想, 回想과 等, 待과 같은 그리움과 기다림 그리고 아쉬움(惜)과 두려움(恐) 외로움과 적막 처량함을 읊은 작품이 한시에 많은데, 이들 정서 역시 인류학적으로 볼때 남성적인 정서라기보다는 여성적 정서에 훨씬 가깝다고 할 수 있다.

또한 한시에는 술이 소재로 많이 등장하는데, 이는 현실(속세)의 근심을 잊어버리고 원형(님 친구 고향 자연 등)으로 돌아가(歸) 그들과 혹은 그것과 〈더불어 하나〉 되어 살고자 한 농경민족 중국인들이 그 현실의 근심을 잊게 해 주는 매개물로 忘憂物인 술을 마시며 시를 지었기 때문이 아닌가 한다.

특히 한시는 다른 어느 나라 문학 장르도 소유하지 못하고 있는 〈더불어 하나〉 되는 특징을 가지고 있었다. 이를 물아일체, 주객일체, 혼연일체, 情景融合, 天人合一 등등으로 여러 가지로 표현하고 있는데, 한시가 근 2,000년 동안 끊임없이 중국인들의 사랑을 받아온 것은 이 〈더불어 하나〉의 특징 때문이라고 생각한다, 흙과 〈더불어 하나〉 되어 수천 년을 살아온 정통 농경민족 중국인 그들이 그렇게 즐기며 생활하여온 한시에는 이렇게 서구시가 갖지 못한 〈더불어 하나〉의 특징을 가지고 있는 것이다. 이 〈더불어 하나〉의 특징은 서구의 진보주의 문화(去文化)가 가져다준 현대인의 소외감과 인간성 상실을 극복할 수 있는 새로운 희망의 지평을 열어 주리라 확신한다.

과거의 에덴동산은 사라지고 미래에 언젠가 예수님이 이 지상에 재림하여 지상의 악을 쓸어버리고 미래의 지상천국을 이룩할 것이라는 진취적(去)인 서구에서는, 태양을 노래한 시가 있고, 개척시가 있으며 행진곡이 있고, "무지개를 보니 내 마음은 뛰노라.", "북방에서 백마 타고 온 기사 있어 이 광야에 홀로 드날리리라.", "호수같은 그대의 눈동자 나 배 저어가오." 같은 시구가 있으며, 젊은 남녀 간의 연애시가 서구시의 주류를 이루는 것과는, 한시는 그 내용과 풍격이 판연히 다른 것이다.

중국 漢詩의 이해

〈歸〉의 문학

부록

1. 24절기를 주기로 한 정통 농경민족 중국인들의 순환 회귀(歸)적 농경일지 삶

1) 立春

양력 2월 4일경이며 태양의 황경이 315도에 와 있을 때인데 봄으로 접어드는 절기이다. 음력으로는 정월의 절기로 동양에서는 이 날부터 봄이라고 본다. 입춘 전날을 절분(節分)이라고 하는데, 이것은 1년의 마지막이라는 뜻으로 이날 밤을 해넘이라고도 부르며 붉은 콩이나 팥을 방이나 문에 뿌려서 악귀를 쫓고 새해를 맞는다. 입춘은 새해를 상징하는 절기로서 이날 여러 가지 민속적인 행사가 벌어진다. 그 중 하나가 입춘첩(立春帖)을 써 붙이는 일이다. 이것을 춘축(春祝) 입춘축(立春祝) 혹은 춘련(春聯)이라고 하며, 각 가정에서 대문기둥이나 대들보 천장 등에 좋은 뜻의 글귀를 써서 붙이는 것을 말한다. 글씨를 쓸 줄 아는 사람은 손수 입춘축을 쓰거니와, 쓸 줄 모르는 사람은 남에게 부탁해서 써 붙이기도 한다. 다만 상중에 있는 집에서는 입춘축을 붙이지 않는다. 한편 궁중에서는 설날에 내전 기둥과 난간에다 文臣들이 지은 연상시(延祥詩) 중에서 좋은 것을 뽑아 써 붙였는데, 이것을 춘첩자(春帖子)라고 불렀다. 사대부집에서는 흔히 입춘첩을 새로 지어 붙이거나 옛날 사람들의 아름다운 글귀를 따다가 쓴다. 입춘일은 농사의 기준이 되는 24절기의 첫 번째 절기이기 때문에 보리뿌리를 뽑아보고 농사의 풍흉을 가려보는 농사 점을 행한다. 또 오곡의 씨앗을 솥에 넣고 볶아서 맨 먼저 솥 밖으로 튀어나오는 곡식이 그 해 풍작이 된다고 하는 풍습이 있다. 가장 널리 쓰이는 춘련(春聯)은 '입춘대길(立春大吉)', '건양다경(建陽多慶)', '국태민안(國泰民安) 등과 같은 것들이다.

〈1년의 시작인 입춘 때 〈立春大吉〉, 〈建陽多慶〉이라는 춘련을 붙이는 모습〉

2) 雨水

입춘과 경칩 사이에 있으며, 입춘 15일 후인 양력 2월 19일 또는 20일 정도가 된다. 흔히 양력 3월에 꽃샘추위라 하여 매서운 추위가 잠시 기승을 부리지만, 이맘 때가 되면 날씨가 많이 풀리고 봄기운이 돋고 초목이 싹튼다. 태양의 황경이 330도에 올 때 우수입기일(雨水入氣日)이 되는데, 음력으로는 정월 중기쯤 된다. 옛 중국인들은 우수입기일 이후 15일 동안의 기간을 삼후(三候)라고 하여 5일간씩 세분하여 그 특징을 나타내고 있다. 즉 첫 5일간은 수달이 물고기를 잡아다 늘어놓고, 다음 5일간은 기러기가 북쪽으로 날아가며, 마지막 5일간은 초목에 싹이 튼다고 하였다. 우수 무렵이 되면 수달은 그동안 얼었던 강이 풀림과 동시에 물 위로 올라오는 물고기를 잡아 먹이를 마련한다. 원래 추운 지방의 새인 기러기는 봄기운을 피하여 다시 추운 북쪽으로 날아간다. 그렇게 되면 봄은 어느새 완연하여 마지막 5일간 즉 말후(末候)에는 풀과 나무가 싹이 튼다.

3) 驚蟄

우수와 춘분 사이에 들어 있으며, 태양의 황경(黃經)이 345도에 해당될 때이다. 음력으로는 2월경 양력으로는 3월 5일경이 된다. 경칩은 글자 그대로 땅 속에 들어가서 동면을 하던 동물들이 깨어나서 꿈틀거리기 시작하는 무렵이다. 개구리들은 번식기인 봄을 맞아 물이 괸 곳에 알을 까놓는데, 그 알을 먹으면 허리 아픈데 좋을 뿐 아니라 몸을 補한다고 해서 경칩에 개구리 알을 먹는 풍속이 전해오고 있다. 지방에 따라서는 도롱뇽 알을 건져 먹기도 한다. 또 경칩에는 흙일을 하면 1년 내내 탈이 없다고 해서 흙으로 벽을 바르거나 담을 쌓기도 한다.

〈개구리가 잠에서 깨어난다는 경칩. 완연한 봄이다.〉

4) 春分

태양의 중심이 춘분점(春分點) 위에 왔을 때이며, 음력 2월 양력 3월 21일경이다. 태양은 적도 위를 똑바로 비추고 지구상에서는 낮과 밤의 길이가 같다. 춘분점은 태양이 남쪽에서 북쪽을 향하여 적도를 통과하는 점이다. 춘분을 전후하여 철 이른 화초는 파종을 한다. 그리고 아울러 화단의 흙을 일구고 씨를 뿌릴 준비를 한다. 춘분에 즈음하여 농가에서는 농사 준비에 바쁘다. 특히 농사의 시작인 초경(初耕)을 엄숙하게 행하여야만 한 해 동안 걱정 없이 풍족하게 지낼 수 있다고 믿었다. 또 음력 2월중에는 바람이 많이 분다. “2월 바람에 김치독이 깨진다.”, “꽃샘에 설늙은이 얼어 죽는다.”라는 속담이 있듯이, 2월 바람은 동짓달 바람처럼 매섭고 차다. 이는 풍신(風神)이 샘이 나서 꽃을 피우지 못하게 바람을 불게 하기 때문이라 하는데, 그래서 이를 ‘꽃샘추위’라고 부른다.

5) 淸明

음력 3월 양력 4월 5일경으로, 태양의 황경이 15도에 있을 때이다. 이 날은 한식의 하루 전날이거나 때로는 한식과 같은 날이 된다. 대부분의 농가에서는 청명을 기하여서 봄 일을 시작하므로 이 날에 특별한 의미를 부여하였다. 농사력으로는 청명 무렵에 논 밭둑의 손질을 하는 가래질을 시작하는데, 이것은 특히 논농사의 준비 작업이 된다. 다음 절기인 곡우 무렵에는 못자리판도 만들어야 하기 때문에 농사를 많이 짓는 경우에는 일꾼을 구하기가 어려워서, 청명과 곡우 무렵이면 서둘러 일꾼을 구하기도 하였다. 《동국세시기(東國歲時記)》 청명조에 “대궐에서 느릅나무와 버드나무에 불을 일으켜 각 관청에 나누어 주었는데, 이것은 중국의 주나라 이래 당나라 송나라에서도 행하여지던 예로부터 있던 제도이다.”라고 하였다. 《열양세시기》에서는 이와 같이 불을 나누어 주는 일을 한식조에만 기록하고 있고, 청명조에서 이에 대한 언급이 없다. 불은 한식과 밀접한 관계를 가지고 있으니 한식조에 기록하고 있는 것이다.

6) 穀雨

태양의 황경이 30도에 해당할 때이다. 음력 3월 양력 4월 20일경이 되며, 이때부터 본격적인 농경이 시작된다. 곡우 때쯤이면 봄비가 잘 내리고 백곡이 윤택해진다. 그래서 '곡우에 가물면 땅이 석자가 마른다.'고 하여 그 해 농사를 망친다는 말이 있다. 옛날에는 곡우 무렵이면 농가에서는 못자리를 하기 위해 볍씨를 담갔는데, 이 때 볍씨를 담가두었던 가마니는 솔가지로 덮어두며 밖에서 부정한 일을 당했거나 부정한 것을 본 사람은 집 앞에 와서 불을 놓아 악귀를 몰아낸 다음에 집안에 들어오고 또한 들어와서도 볍씨를 보지 않는다고 했다. 만일 부정한 사람이 볍씨를 보게 되면 싹이 잘 트지 않고 농사를 망치게 된다는 俗信이 있다. 곡우 무렵은 나무에 물이 가장 많이 오르는 시기이다.

〈기름진 비가 내린다는 곡우. 이 때 곡우물이라 하여 고로쇠물이 많아 채취가 가장 활발하다.〉

7) 立夏

음력으로는 4월 양력으로는 대개 5월 6일 전후에 해당된다. 태양의 황경이 45도에 이르렀을 때이다. 이맘때면 곡우에 마련한 못자리도 자리를 잡아 농사일이 좀 더 분주해진다. 여름이 다가온 것을 알리는 입하는 신록을 재촉하는 절기이다. 입하가 되면 농작물도 자라지만, 아울러 해충도 많아지고 잡초까지 자라서 이것들을 없애는 작업도 많이 한다.

8) 小滿

음력 4월 양력 5월 21일께로, 태양이 황경 60도의 위치에 올 때이다. 이때부터 여름 기분이 나기 시작하며 식물이 성장한다. 소만 무렵에는 모내기 준비에 바빠진다. 이른 모내기와 가을보리 베기 작업과 밭농사의 김매기 등이 줄을 잇게 된다. 모판을 만들면 모내기까지 모의 성장기간이 옛날에는 45 - 50일이 걸렸으나, 지금의 비닐모판에서는 40일 이내에 충분히 자라기 때문에 소만에 모내기가 시작되어 1년 중 제일 바쁜 절기로 접어들게 된다. 옛날 중국에서는 소만입기일(小滿入氣日)로부터 망종까지의 시기를 다시 5일씩 삼후(三候)로 등분하여, 초후(初候)에는 씀바귀가 뻗어 오르고, 중후(中候)에는 냉이가 누렇게 죽어가며, 말후(末候)에는 보리가 익는다고 했다. 씀바귀는 꽃상추과에 속하는 다년초로서 뿌리나 줄기 잎은 이 무렵부터 식용으로 널리 쓰인다. 또 초후를 전후하여 즐겨 시식하는 냉잇국도 늦봄 내지는 초여름의 시절식으로 예로부터 유명하다. 보리는 말후를 중심으로 익어 밀과 더불어 여름철 주식을 대표한다. 소만 무렵 심하게 가무는 경우가 있으므로 이에 대비하여 저수지에 물 준비를 부지런히 해두기도 한다.

〈소만 무렵에 주로 모내기를 한다.〉

9) 芒種

음력 4 - 5월, 양력 6월 6 - 7일께로, 태양의 황경이 75도에 달한 때이다. 망종이란 벼 보리 등 수염이 있는 까끄라기 곡식의 종자를 뿌려야할 적당한 시기라는 뜻이다. 이 시기는 옛날에는 모내기와 보리 베기에 알맞은 때였다. 그래서 '보리는 익어서 먹게 되고, 볏 모는 자라서 심게 되니 망종이요.', '햇보리를 먹게 될 수 있다는 망종'이라는 말도 있다. '보리는 망종 전에 베라.'는 속담이 있듯이 망종까지는 모두 베어야 논에 벼도 심고 밭갈이도 하게 된다. 망종을 넘기면 바람에 쓰러지는 수가 많기 때문이다. 특히 모내기와 보리 베기가 겹치는 이 무렵이 보리농사가 많았던 곳일수록 매우 바쁜 농번기에 해당한다.

10) 夏至

음력으로 5월 양력으로 6월 21일께로, 북반구에 있어서 낮이 가장 길며 정오의 태양 높이도 가장 높고 일사 시간과 일사량도 가장 많은 날이다. 동지에 가장 길었던 밤 시간이 조금씩 짧아지기 시작하여 1년 중 낮 시간이 가장 길게 된다.

11) 小署

음력 6월 양력 7월 7일 - 8일께로, 태양이 황경 105도의 위치에 있을 때이다. 예전에는 한 절기 앞선 하지 무렵에 모내기를 끝내고, 모를 낸 20일 뒤인 소서 때는 논매기를 했다. 팥 콩 조들도 가을보리를 한 하지 무렵에 심고, 소서 무렵에 김을 매준다. 또 이때 퇴비 장만과 논두렁의 잡초를 깎기도 한다. 소서를 중심으로 본격적인 더위가 시작되므로 온갖 과일과 소채가 풍성해지고 밀과 보리도 먹게 된다. 특히 음력 5월 단오를 전후하여 시절식으로 즐기는 밀가루 음식은 이맘때가 가장 맛이 나며, 소채류로는 호박, 생선류는 민어가 제철이다.

12) 大署

음력 6월 양력 7월 23일께로, 태양의 황경이 120도가 되는 때이다. 이 시기는 대개 중복 때이며 더위가 가장 심한 시기이다. 옛날에는 논과 밭의 김을 매어주고 논두렁 밭두렁의 잡초 베기와 퇴비 장만 등이 이 무렵에 계속된다. 옛날 중국에서는 대서입기일(大暑入氣日)로부터 입추까지의 기간을 5일씩 끊어서 삼후(三候)로 하였는데, 초후(初候)에는 썩은 풀이 변하여 반딧불이 되고, 중후(中候)에는 흙이 습하고 무더워지며, 말후(末候)에는 큰 비가 때때로 내린다고 하였다.

13) 立秋

음력 7월 양력 8월 8일경으로, 태양의 황경이 135도에 있을 때이다. 여름이 지나고 가을에 접어들었다는 뜻으로, 화성(火星)은 서쪽으로 흘러가고 미성(尾星)은 중천에 떠 있다. 어쩌다 늦더위가 있기도 하지만, 칠월칠석을 전후하므로 밤에는 서늘한 바람이 불기 시작한다. 따라서 이때부터 가을채비를 시작하여야 한다. 특히 이때에 김장용 무 배추를 심고 9 - 10월 서리가 내려 얼기 전에 거두어서 겨울 김장에 대비한다. 김매기도 끝나가고 농촌도 한가해지기 시작하니 '어정 7월 건들 8월'이라는 말이 전해져 온다.

14) 處暑

음력 7월 양력 8월 23일경이 된다. 태양의 황경이 150도에 있을 때이다. 여름이 지나 더위도 가시고 선선한 가을을 맞이하게 된다고 하여 처서(處暑)라고 불렀다. 처서가 지나면 따가운 햇볕이 누그러져서 풀이

〈처서 무렵에 우리 조상들은 산소를 돌보고 벌초를 한다.〉

더 자라지 않기 때문에 논두렁이나 산소의 풀을 깎아 벌초를 한다. 여름 동안 장마에 젖은 옷이나 책을 햇볕에 말리는 포쇄(暴灑)도 이 무렵에 하며, 아침 저녁으로 선선한 기운을 느끼게 되는 절기이다.

15) 白露

음력 8월 양력 9월 9일경이다. 태양의 황경이 165도에 올 때이다. 이 때쯤이면 밤에 기온이 내려가고, 대기 중의 수증기가 엉켜서 풀잎에 이슬이 맺혀 가을 기운이 완전히 나타난다. 옛 중국 사람들은 백로입기일(白露入氣日)로부터 추분까지의 시기를 5일씩 삼후(三候)로 나누어 그 특징을 말하였는데, 초후(初候)에는 기러기가 날아오고, 중후(中候)에는 제비가 강남으로 돌아가며, 말후(末候)에는 뭇 새들이 먹이를 저장한다고 하였다. 또 백로 무렵이면 고된 여름 농사를 다 짓고 추수까지 잠시 일손을 쉬는 때이므로 가까운 친척을 방문하기도 한다.

16) 秋分

음력 8월 양력 9월 23일경이다. 이날 추분점에 이르러 낮과 밤의 길이가 같아진다. 추분점이란 천구상(天球上) 황도(黃道)와 적도(赤道)의 교점 가운데에서 태양이 북쪽으로부터 남쪽으로 향하여 적도를 통과하는 점으로 적경(赤經)과 황경(黃經) 모두 180도, 적위(赤緯)와 황위(黃緯) 모두 0도이며, 현재는 사자자리와 처녀자리의 중간에 위치한다. 추분도 다른 24절기들과 마찬가지로 특별한 절일(節日)로 여겨지지는 않는다. 다만 춘분과 더불어 낮과 밤의 길이가 같으므로 이날을 중심으로 계절의 분기점 같은 것을 의식하게 된다. 즉 추분이 지나면 점차 밤이 길어지므로 비로소 여름이 가고 가을이 왔다는 사실을 실감한다. 추분 즈음이면 논밭의 곡식을 거두어들이고, 목화를 따고 고추도 따서 말리는 등 잡다한 가을걷이 일이 있다. 호박고지 박고지 깻잎 호박순 고구마순도 이맘때 거두어들여야 하지만, 산채를 말려 묵은 나물로 준비해 두기도 한다.

17) 寒露

음력으로 9월 양력으로 10월 8일경이다. 공기가 점점 차가워지고, 말뜻 그대로 찬이슬이 맺히는 절기이다. 세시 명절 중의 하나인 중양절(重陽節: 重九)과 거의 겹치는 때이다. 중양절에는 특별한 민속행사가 있으나 한로에는 이렇다 할 행사는 없다. 하지만 한로를 전후하여 국화전을 지지고 국화술을 담그며, 한가하여 온갖 모임이나 놀이가 농촌에서 성행한다. 한편 이 무렵 머리에 수유를 꽂거나, 타향에 있는 사람들은 높은 곳에 올라가 고향 쪽을 바라보기도 한다. 한시에 국화주를 마시며 높은데 올라가 고향을 그리는 시가 많다. 두보의 "내년 이

〈한로는 중양절과 거의 겹치는 시기로 이 때 국화주 국화차 국화전을 먹는 풍습이 있다.〉

모임에 누가 건재할지 아는가? 얼큰히 취한 눈으로 수유를 쥐고 자세히 들여다보네."라는 시가 유명하다. 이 무렵 높은 산에 올라가 수유 열매를 머리에 꽂으면 잡귀를 물리칠 수 있다고 믿었는데, 이는 수유 열매가 붉은 자줏빛으로 붉은색이 辟邪力을 가지고 있다고 믿었기 때문이다. 한로 즈음에는 찬 이슬이 맺힐 시기여서 기온이 더 내려가기 전에 추수를 끝내야 하므로 농촌에는 타작이 한창인 시기이다.

18) 霜降

음력 9월 양력 10월 23 - 24일에 해당한다. 태양의 황경이 210도가 되는 때이다. 이때에는 쾌청한 날씨가 계속되며 밤에는 기온이 매우 낮아지므로 수증기가 지표에서 엉겨 서리가 내리는 늦가을의 절기이다. 옛날의 중국 사람들은 상강으로부터 입동 사이의 기간을 5일씩 삼후(三候)로 세분하여, 초후(初候)에는 승냥이가 산 짐승을 잡고, 중후(中候)에는 초목이 누렇게 떨어지며, 말후(末候)에는 겨울잠을 자는 벌레가 모두 땅에 숨는다고 하였다. 말후에 가서 벌레가 이미 겨울잠에 들어간다고 한 것으로 보아 절기적으로 추울 때이다. 이는 농경 시필기(始畢期)와도 관련되는데, 봄에 씨 뿌리고 여름에 가꾸어서 가을에 거두어 겨울을 나는 것이 농경인들의 생활인 것처럼, 9월 들어 시작된 추수는 상강 무렵이면 마무리가 된다.

19) 立冬

음력 10월 양력 11월 8일경으로, 태양의 황경이 225도에 이를 때이다. 입동을 특별히 절일(節日)로 여기지는 않지만 우리의 겨울 생활과 상당히 밀접한 관계에 있다. 겨울 동안의 김치를 장만하는 김장은 입동을 기준해서 하기 때문이다. 김장은 입동 전 혹은 입동 직후에 하여야 제 맛이 난다. 입동이 지난 지가 오래면 얼어붙고 싱싱한 재료가 없으며 일하기가 어려워지기 때문이다. 이때가 되면 시장에는 무 배추가 가득 쌓이고, 또한 옛날에는 냇가에서 부녀자들의 무 배추 씻는 풍경이 장관을 이루기도 하였다.

20) 小雪

음력 10월 양력 11월 22일 - 23일경이다. 태양의 황경이 240도에 오는 때이다. 이때부터 살얼음이 잡히고 땅이 얼기 시작하여 점차 겨울 기분이 든다고도 하지만, 한편으로는 아직 따뜻한 햇볕이 간간이 내리쬐어 소춘(小春)이라고도 불렀다. 옛날부터 중국 사람들은 소설로부터 대설까지의 기간을 5일씩 삼후(三候)로 구분하여, 초후(初候)에는 무지개가 걷혀서 나타나지 않고, 중후(中候)에는 천기(天氣)가 올라가고 지기(地氣)가 내려오며, 말후(末候)에는 폐색이 되어 겨울이 된다고 하였다. 소설 무렵 대개 음력 10월 20일께는 관례적으로 바람이 심하게 불고 날씨가 차갑다.

21) 大雪

음력 11월 양력 12월 7 - 8일경이다. 태양의 황경이 225도에 도달한 때이다. 이 시기에 눈이 많이 내린다는 뜻에서 대설이라는 이름을 붙였는데, 이것은 원래 재래 역법의 발생지이며 기준 지점인 중국 화북지방의 상황을 반영하여 붙여진 것이다. 중국에서는 대설로부터 동지까지의 기간을 다시 5일씩 삼후(三候)로 나누어서, 초후(初候)에는 산박쥐가 울지 않고, 중후(中候)에는 호랑이가 교미하여 새끼를 치며, 말후(末候)에는 여지가 돋아난다고 하였다. 한편 이날 눈이 많이 오면 다음해 풍년이 들고 푸근한 겨울을 난다는 믿음이 있다.

22) 冬至

일 년 중에서 밤이 가장 길고 낮이 가장 짧은 날이다. 하지로부터 차츰 차츰 낮이 짧아지고 밤이 길어지기 시작하여 동짓날에 이르러 극에 도달하고, 다음날부터는 차츰 차츰 밤이 짧아지고 낮이 길어지기 시작한다. 고대인들은 이날을 태양이 죽음으로부터 부활하는 날로 생각하고 축제를 벌여 태양신에 대한 제사를 올렸다. 중국 주(周)나라에서 동지를 설로 삼은 것도 이날을 생명력과 광명의 부활이라고 생각하였기 때문이며, 주역에서 복괘(復卦)를 11월, 즉 자월(子月)이라 해서 동짓달부터 시작한 것도 동지와 부활이 같은 의미를 지닌 것으로 판단하였기 때문이다. 동짓날에 천지신과 조상신에게 제사를 지내고, 신하들의 조하(朝賀)를 받는다. 《동국세시기》에 의하면, 동짓날을 '아세 (亞歲)'라 했고 민간에서는 흔히 '작은 설'이라 하였다고 한다. 태양의 부활을 뜻하는 큰 의미를 지니고 있어서 설 다음 가는 작은설로 대접을 받은 것이다. 그 유풍은 오늘날에도 여전해서 '동지를 지나야 한살 더 먹는다.' 또는 '동지팥죽을 먹어야 진짜 나이를 한살 더 먹는다.'는 말이 있다. 동짓날의 팥죽은 시절식(時節食)의 하나이면서 신앙적인 뜻을 지니고 있다. 즉 팥죽에는 축귀(逐鬼)하는 기능이 있다고 보았으니, 집안의 여러 곳에 뿌려놓는 것은 집안에 있는 악귀들을 모조리 쫓아내기 위한 것이고, 사당 안에 놓는 것은 새로운 것을 바치는 천신(薦新)의 의미가 있다. 팥은 색이 붉어 양색(陽色)이므로 음귀(陰鬼)를 쫓는 데에 효과가 있다고 믿었으며 민속적으로 널리 활용되었다. 동짓날에도 애동지에는 팥죽을 쑤지 않는 것으로 되어 있다. 동짓달에 동지가 초순에 들면 애동지, 중순에 들면 중동지, 그믐께 들면 노동지라고 하였다. 동지팥죽은 이웃에 돌려가며 서로 나누어 먹기도 한다. 동짓날 팥죽을 쑤게 된 유래는, 중국의 《형초세시기(荊楚歲時記)》에 의하면, 공공씨(共工氏)의 망나니 아들이 동짓날에 죽어서 역신(疫神)이 되었다고 한다. 그 아들이 평상시에 팥을 두려워하였기 때문에 사람들이 역신을 쫓기 위하여 동짓날 팥죽을 쑤어 악귀를 쫓았다는 이야기를 기록하고 있다. 동짓날에 궁 안에 있는 내의원(內醫院)에서는 소의 다리를 고아, 여기에 백강(白殭) 정향(丁香) 계심(桂心) 청밀(淸蜜) 등을 넣어서 약을 만들어 올렸다 한다. 이 약은 악귀를 물리치고 추위에 몸을 補하는데 효과가 있다고 믿었다.

〈동짓날 팥죽을 조상신에게 올린 모습. 붉은 팥죽은 액운을 물리친다는 의미가 있다.〉

23) 小寒

음력으로는 12월 양력으로는 1월 5일 - 6일 경이다. 태양의 황경이 285도일 때이며 동지와 대한 사이에 있으면서 한겨울의 추위가 매섭게 찾아든다. 옛사람들은 소한 15일간을 5일씩 3후(候)로 세분하여, 초후에는 기러기가 북쪽으로 돌아가고, 중후에는 까치가 집을 짓기 시작하고, 말후에는 꿩이 운다라고 하였다.

24) 大寒

음력 12월 양력으로는 1월 20일경이며, 태양의 황경이 300도되는 날이다. 대한은 음력 섣달로 24절기의 매듭을 짓는 절기이다. 원래 겨울철 추위는 입동에서 시작하여 소한으로 갈수록 추워지며 대한에 이르러서 최고에 이른다.

2. 자연(흙)과 〈더불어 하나〉 되어 살아온 정통 농경민족 중국인들의 人이 天(자연의 법칙, 올바른 계절의 변화)에 합일하려는 天人合一 사상

天人合一說은 天人相關說 혹은 天人相與說 등등으로도 불리는 사상으로, 天象(자연의 법칙과 올바른 계절의 변화)을 人事에 그대로 '적용'시켜, 자연의 법칙, 올바른 계절의 변화에 그대로 '따라' 인간의 삶을 살고자하는 고대 특유의 사상이다. 이 천인합일설의 근본 원리는 만고불변의 법칙들은 모두 天象(자연의 법칙과 올바른 계절의 변화)에 있다는 것으로, 그래서 인간들은 모든 人事에 그 天象을 그대로 '모방' 하여야 한다고 주장한다. 서구에서는 이를 pas pro toto 사유방식이라고 하는데, 그러나 중국은 서구보다 더욱 철저하게 자연의 법칙과 올바른 계절의 변화에 순응하며 살고자 했다. 이는 중국 민족이 농경민족이었기 때문이라 생각하는데, 농경민족 중국인들은 24절기라는 올바른 계절의 변화에 아주 철저하게 적응하며 수천 년 동안 농경일지적 삶을 살아온 것이다.

고대에는 봄철에 집단 혼례를 행한 경우가 많았는데, 이는 모든 만물이 봄에 낳고 소생하는 고로, 그런 봄의 자연현상을 그대로 '모방'하여 생산하려는 이유 때문이었다. 또한 고대 중국의 젊은 부부들은 봄에 안개가 자욱하게 끼고 비가 오는 날 새벽에, 들판에 나가 성행위를 하였다는 거의 시적인 기록이 《예기(禮記)》에 전해져 온다. 이는 풍요의식의 일종으로, 하늘이 땅에게 비를 내려 만물을 소생시키듯이, 그런 자연현상을 그대로 '모방'하여 정력이 왕성한 젊은 남편이 젊은 아내에게 정액을 내려준다. 그들은 자연 현상을 그대로 '모방'한 이런 풍요의식을 거행함으로써, 봄철에 곡식의 풍요를 기원했던 것이다. 이런 행위는 무속에서 전형적으로 보이는 모방주술의 일종이라 할 수 있다.

고대 중국에서는 궁궐의 위치를 정하는데도, 북두칠성의 별자리 모양 즉 국자 모양을 그대로 '모방'하여 여러 궁궐 건물들의 위치를 배치하였다. 또한 하늘의 축 혹은 핵심으로 여긴 북극성을 그대로 '모방'하여, 고대 천자들은 지상에서 축의 역할을 하였다. 하늘에서 북극성이 모든 별들의 중심에 있고 뭇 별들이 북극성을 중심으로 회전하듯이, 지상에서 천자는 모든 사람들의 중심에 서서 지상의 모든 현상을 제어하는 중심으로서의 역할을 한 것이다. 또한 천자가 거주하는 수도는 천상의 북극성을 그대로 '모방'하여 만들었었다.[1]

농경민족 중국인들이 그 얼마나 철저하게 계절의 변화(24절기의 변화)에 맞추어 그들의 삶을 살아왔는지 농경일지를 주로 기록한《예기・월령》을 살펴보면, 立春 때는 입춘 절기에 맞는 농경일지적 삶을 살았고, 雨水에도 또 우수 절기에 맞는 농경일지적 삶을 살았으며, 또한 驚蟄에는 驚蟄 절기에 맞게, 春分에는 春分 절기에 맞게 농경일지적 삶을 산 것으로 기록되어 있다. 농사꾼인 중국인들은 이 24절기 그 계절적 변화에 철저하게 '적응하여' 살고자 한 것이다.《예기・월령》은 각 달마다 천자를 중심으로 한 사람들이 어떻게 살고 행동할 것인가를 적어놓은 책인데, 천자는 달마다 그 절기에 '맞게' 明堂의 거주지를 옮겼다. 孟春에는 靑陽 左个[2]에, 仲春에는 靑陽 太廟[3]에, 季春에는 靑陽 右个[4]로 거주를 옮기며 정치를 행하였다. 孟夏에는 明堂 左个[5]에, 仲夏에는 明堂 太廟[6]에, 季夏에는 明堂 右个[7]로 거주를 옮기며 정치를 행하였다. 孟秋에는 總章 左个[8]에, 仲秋에는 總章 太廟[9]에, 季秋에는 總章 右个[10]로 거주를 옮기며 정치를 행하였다. 그리고 孟冬에는 玄堂 左个[11]에, 仲冬에는 玄堂 太廟[12]에, 季冬에는 玄堂 右个[13]로 거주

1) 이상 케언즈의《동양과 서양의 만남》- 우주와 인간 역사의 목표와 의미 - 제 8장 〈중국 사상에 있어서 유기적인 순환사관〉 164쪽에서 174쪽까지 참조.

2) 明堂 동쪽 방에 딸린 北室을 가리킴.

3) 明堂의 동쪽 방임.

4) 明堂 동쪽 방에 딸린 南室을 가리킴.

5) 明堂 남쪽 방에 딸린 東室을 가리킴.

6) 明堂의 남쪽 방임.

7) 明堂 남쪽 방에 딸린 西室을 가리킴.

8) 明堂 서쪽 방에 딸린 南室을 가리킴.

9) 明堂의 서쪽 방임.

10) 明堂 서쪽 방에 딸린 北室을 가리킴.

11) 明堂 북쪽 방에 딸린 西室을 가리킴.

12) 明堂의 북쪽 방임.

를 옮기며 정치를 행하였다. 천자는 계절이 변하는 법칙을 그대로 '모방'하여, 자신의 거주지를 옮기며 정치를 행한 것이다. 또한 천자는 해당되는 달의 성격에 '맞게' 행동하고 명령을 내리며 정치를 행하였다. 그럼 여기에서 孟秋의 예 한 가지만 들어 그 얼마나 철저하게 계절의 변화에 적응하며 살고자 한 것인가를 살펴보고자 한다.

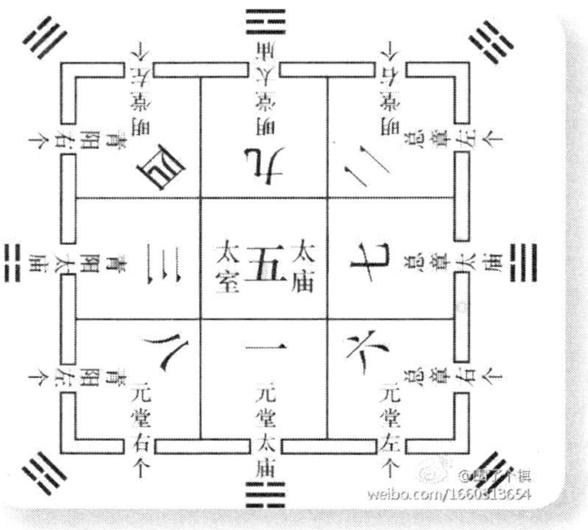

〈계절에 따라 그 계절에 '맞게' 천자가 거주지를 옮겨가며 정치를 행한 明堂九室圖〉

"孟秋의 달에는 辰이 角星에 있다. 저녁에는 牽牛星이 남방의 중앙에 있고, 아침에는 觜觿星이 남방의 중앙에 있다. 그 날은 庚과 辛에 '해당'하고, 그 帝는 少皞, 그 신은 蓐收, 그 동물은 毛族, 그 음은 商調, 그 律은 南呂, 그 수는 九, 그 맛은 辛, 그 냄새는 腥에 '해당'한다. 그 제사는 門神이며 제사를 지낼 때는 먼저 肝을 바친다.

서늘한 바람이 이르고 흰 이슬이 내리며 찬 매미 울고, 매가 새를 제사

---

13) 明堂 북쪽 방에 딸린 東室을 가리킴.

지내고[14], 처음 刑戮[15]을 시행한다. 이 달에 입추가 있으므로, 입추 삼일 전에 太史가 천자를 뵙고 고한다. '모일이 입추입니다. 성대한 덕이 金에 있습니다.'한다. 천자는 곧 재계한다. 입추 날 천자는 천히 三公 九卿 諸侯 大夫를 거느리고 西郊로 가서 가을을 맞이한다. 조정으로 돌아와 軍帥와 武人에게 시상을 한다. 또 천자는 장수들에게 명하여 군사를 선발하여 훈련시켜 공 있는 자를 임명하여 불의한 자를 정벌케 하고 포악한 자를 나무라고 죽여서, 좋고 나쁜 것을 밝혀 저 먼 곳의 오랑캐까지 순종케 만든다.

이 달에 有司에게 명하여 法制를 고치고 감옥을 수리하며 족쇄와 수갑을 갖추게 한다. 간통을 금지하고 죄를 범한 자는 신중히 죄를 주고 포박하는데 힘쓴다. 또 옥리에게 명하여 매질해서 심문한 죄인의 피부 상처를 보게 하고, 살의 깊은 상처를 살피고 뼈가 부서진 자를 살펴 치료하도록 하고, 자세히 소송을 판결하여 정직 공평하게 하여, 죄 있는 자는 반드시 죽여 형벌을 재판함에 있어 반드시 엄정하게 한다. 하늘과 땅이 처음으로 쌀쌀해지기는 하지만, (이때는) 아직 약간의 (따뜻함도) 남아 있다.

이 달에는 농부가 햇곡식을 진상하는데, 천자가 햇곡식을 맛보기 앞서 먼저 寢廟[16]에 바친다. 百官에게 명하여 처음 (세금을) 거두어들이도록 하고, 제방을 완전하게 하며 옹벽을 수리하여 물의 범람에 대비한다. 궁궐을 수리하고 담장을 고치며 성곽을 보수한다. 이 달은 제후를 봉하거나 大官을 임명하지 않고, 땅을 분봉하거나 사신을 보내 폐백이 나가지 않게 한다.[17]"(孟秋之月, 日在翼, 昏牽牛中, 旦觜觽中. 其日庚辛, 其帝少皞, 其神蓐收. 其蟲毛, 其音商, 律中南呂, 其數九, 其味辛, 其臭腥. 其祀門. 祭先肝. 涼風至, 白露降, 寒蟬鳴, 鷹乃祭鳥, 用始行戮. 是月也, 以立秋, 先入秋三日. 太史謁之天子曰 某日入秋, 盛德在金. 天子乃齊, 入

---

14) 매는 새를 잡아먹으려 할 때에는 먼저 새를 죽여 이를 늘어놓고 잠깐 먹지 않는 모습이 마치 사람이 제사를 지내는 모습과 비슷하다고 하여 생겨난 말.

15) 사형 집행을 의미함.

16) 조상의 묘당.

17) 옛날에 사신을 파견하게 되면 많은 선물을 함께 가지고 갔는데 그것을 폐백이라고 함.

秋之日, 天子親師三公九卿諸侯大夫, 以迎秋於西郊, 還反賞軍帥武人於朝, 天子乃命將率 選士厲兵簡練桀俊 專任有功, 以征不義, 詰誅暴慢, 以明好惡, 順彼遠方. 是月也, 命有司, 修法制, 繕囹圄, 具桎梏, 禁止姦愼罪邪, 務搏執, 命理傷, 察創視折, 審斷決獄訟必端平, 戮有罪嚴斷刑, 天地始肅, 不可以贏. 是月也, 農乃登穀, 天子嘗新, 先薦寢廟. 命百官始收斂, 完堤防, 謹壅塞, 以備水潦, 修宮室坏垣牆, 補城郭. 是月也, 毋以封諸侯立大官, 毋以割地行大使出大幣.)

위 내용을 보면 孟秋에는 그 절기에 '맞는' 帝(少皞)와 신(蓐收)을 모셔야 하며, 덕도 그 절기에 '맞는' 金德[18]을 쓰며, 十干도 庚辛[19]을, 五蟲에서는 毛[20]를, 五音에서는 商[21]을, 五味에서는 辛[22]을, 五臭에서는 腥[23]을, 五祀에서는 門神[24]을, 五臟에서는 肝[25]을 사용해야 한다고 했는데, 이는 모두 가을의 성질과 '맞기' 때문에, 그 자연의 법칙을 그대로 '모방'하여 人事에 '적용'시켰다. 천자는 그 계절에 '맞게' 明堂의 서쪽 방인 總章의 北室에 거주하며, 서쪽 교외에 가서 가을을 맞이한다. 천자는 이때 가을의 성질과 '맞아' 장수와 武人들에게 시상을 한다. 또한 군사훈련도 전쟁도 이때에 시작해야 한다. 왜냐하면 그것이 가을의 성질과 '맞기' 때문이다. 형벌을 주고 심문하며 감옥에 가두는 것도 이

---

18) 봄은 木, 여름은 火, 중앙은 土, 가을은 金, 겨울은 水에 '해당'된다.

19) 봄은 甲乙, 여름은 丙丁, 중앙은 戊己, 가을은 庚辛, 겨울은 壬癸에 '해당'된다.

20) 봄에는 鱗, 여름에는 羽, 중앙에는 贏, 가을에는 毛, 겨울에는 介가 '해당'된다.

21) 봄에는 角, 여름에는 徵, 중앙에는 宮, 가을에는 商, 겨울에는 羽가 '해당'된다.

22) 봄에는 酸, 여름에는 苦, 중앙에는 甘, 가을에는 辛, 겨울에는 鹹이 '해당'된다.

23) 봄에는 羶, 여름에는 焦, 중앙에는 香, 가을에는 腥, 겨울에는 朽가 '해당'된다.

24) 봄에는 戶, 여름에는 竈, 중앙에는 中霤, 가을에는 門, 겨울에는 行神이 '해당'된다.

25) 봄에는 脾, 여름에는 肺, 중앙에는 心, 가을에는 肝, 겨울에는 腎이 '해당'된다.

때에 시작하는데, 이는 쌀쌀한 가을의 성질과 '맞기' 때문이다. 농작물을 거두어들이는 가을의 성질에 '맞게' 이때에 비로소 처음 백성들에게서 세금을 거두어들인다. 이때에는 땅을 분봉하거나 사신을 파견해 폐백이 나가도록 해서는 안 된다. 왜냐하면 그것은 거두어들이는 가을의 성질에 '맞지'않기 때문이다. 이때에 제방 성곽 궁궐 옹벽을 수리하고 보수하는데, 이는 쌀쌀한 가을에 대비하기 위한 것이다. 필자는 여기에서 孟秋의 경우만 예로 설명했지만, 그 외 모든 절기에 대해서도《예기 · 월령》에 이와 같이 설명되어 있다. 중국인들이 그 얼마나 계절이 변화하는 자연의 법칙에 그대로 적응하여 24절기를 주기로 순환 회귀적으로 살고자 한 것인가를 잘 알 수 있다. 한마디로 고대 중국인들은 24절기를 주기로 변하는 자연의 법칙을 그대로 '모방'하여 농경일지적 삶을 순환 회귀적(歸)으로 살고자 한 것이다.

계절이 변화하는 자연의 법칙에 그대로 '따라' 살고자 하는 이런 사고방식은 고대 어느 나라에서나 있어왔던 사고방식이지만, 그러나 고대 중국인들은 더 더욱 이런 사고방식을 강하게 가졌었다. 그것은 철저하게 24절기 계절의 변화에 순응하여 삶을 살고자 한 정통 농경민족이라는 데에 그 근본적인 이유가 있다고 할 수 있다. 그들 농경민족 중국인들은 더 더욱 철저하게 天(天象, 자연의 법칙, 올바른 계절의 변화)을 모방하고 그대로 따라 순응하며 살고자 했던 것이다.

天象을 그대로 '모방'하여 人事를 '설명'하고, 또한 그것을 人事에 '적용'시키려는 중국인의 사고방식은 먼 옛날부터 있어왔지만, 이것을 하나의 '설'로 세련되고 고급스럽게 이론화시킨 저서는 동중서(董仲舒)의《춘추번로》이다.《춘추번로(春秋繁露) · 인부천수(人副天數)》에 보면;

"이런 까닭으로 머리가 크고 둥근 것은 하늘의 얼굴을 '모방'했기 때문이다. 머리털은 별과 星座를 '모방'했다. 귀와 눈이 찬란한 것은 해와 달을 '모방'했다. 코와 입으로 호흡하는 것은 바람의 기운을 '모방'했다. 가슴 속의 통달한 지혜는 神明을 '모방'했다. 배와 자궁이 불렀다 꺼졌다하는 것은 수백의 만물을 '모방'했다. … 몸은 하늘과 '같은데', 몸의 수는 하늘과 서로 '일치'하여, 따라서 생명은 하늘과 서로 '연결'되는 것이다. 역년을 채우는 날들의 수와 더불어 하늘은 사람의 몸에 형상을 주었다. 고로 366개의 작은 마디들은 일수에 '해당'되며, 큰 12개 마디는 월수에 '해당'된다. 몸 안의 오장은 五行數에 '해당'되며, 몸 바깥의 사지는 四時에 '해당'된다. 눈을 감고 뜨는 것은 낮과 밤에 '해당'되고, 剛과 柔는 겨울과 여름에 '해당'된다. 哀와 樂은 음양에 '해당'된다. 마음에 계산과 생각이 있는 것은 度數에 '해당'된다. 행위에 윤리가 있는 것은 하늘과 땅에 '해당'된다. 이는 모두 살갗이 몰래 몸에 붙어있는 것과 같다. … 모두 하늘과 합치되는데 '해당'된다."(是故人之身, 首妢而員, 象天容也. 髮, 象星辰也. 耳目戾戾, 象日月也. 鼻口呼吸, 象風氣也. 胸中達知, 象神明也. 腹胞實虛, 象百物也. … 身猶天也, 數與之相參, 故命與之相連也. 天以終歲之數, 成人之身, 故小節三百六十六, 副日數也. 大節十二分, 副月數也. 內有五臟, 副五行數也. 外有四肢, 副四時數也. 乍視乍瞑, 副晝夜也. 乍剛乍柔, 副冬夏也. 乍哀乍樂, 副陰陽也. 心有計慮, 副度數也. 行有倫理, 副天地也. 此皆暗膚着身 ….皆當同而副天一也.)

그는 인체의 구조와 인간의 행위를 철저하게 우주 자연의 구조에 '적용'시켜 설명하고 있다. 머리가 크고 둥근 것은 하늘의 얼굴을 '모방'했고, 머리털은 별과 星座를 '모방'했으며, 귀와 눈이 찬란한 것은 해와 달을 '모방'했다고 설명하고 있다. 또한 코와 입으로 호흡하는 것은 바람의 기운을 '모방'했고, 가슴 속의 통달한 지혜는 神明을 '모방'했으며, 배와 자궁이 불렀다 꺼졌다하는 것은 수백의 만물을 '모방'했다는 것이다. 사람 몸의 366개 작은 마디들은 일수에 '해당'되고, 큰 12개 마디는 월수에 '해당'되며, 몸 안의 오장은 五行數에 '해당'되고, 몸

바깥의 사지는 四時에 '해당'되며, 눈을 감고 뜨는 것은 낮과 밤에 '해당'되고, 剛과 柔는 겨울과 여름에 '해당'되며, 哀와 樂은 음양에 '해당'되고, 마음에 계산과 생각이 있는 것은 度數에 '해당'된다는 것이다. 이는 모두 살갗이 몰래 몸에 붙어있는 것과 같다고 하며, 모두 하늘(天)과 합치된다고 하고 있다. 지금의 입장에서 보면 그의 논리가 너무 허무맹랑한 것 같지만, 어쨌든 그는 철저하게 人을 天과 합일시켜 설명하고 있는 것이다.

이런 인체 구조에 대한 설명은 한의학에서의 인체 구조에 대한 설명의 기본 골격을 이루게 했다. 한의학에서는 인체를 대우주를 철저하게 그대로 '모방' 축소한 소우주로 보고 있다. 또한 모든 우주 자연이 인체 속에 '모방' 축소된 것처럼, 인체를 더 '모방' 축소한 것이 손이고 발이며 귀이기도 하다. 그래서 병이 나면 그 몸에 '해당'되는 손이나 발 혹은 귀에 침을 놓는다. 예를 들어 머리가 아프면 가운데 손가락 끝에, 배가 아프면 손바닥 가운데에 침을 놓는데, 한의학에서 이를 手指針이라고 한다. 이는 인체를 우주 자연이 축약된 존재로, 그리고 손을 그 인체가 더욱 축약 정화된 형태로 보려는 사유 체계 때문이다. 또한 이외에도 발 혹은 귀가 인체를 '모방' 축약시킨 형태로 보기도 하는데, 그래서 몸에 병이 나면 그것에 '해당'되는 발이나 귀 부위에 침을 놓는데, 이를 한의학에서는 足針 耳針이라고 부른다.

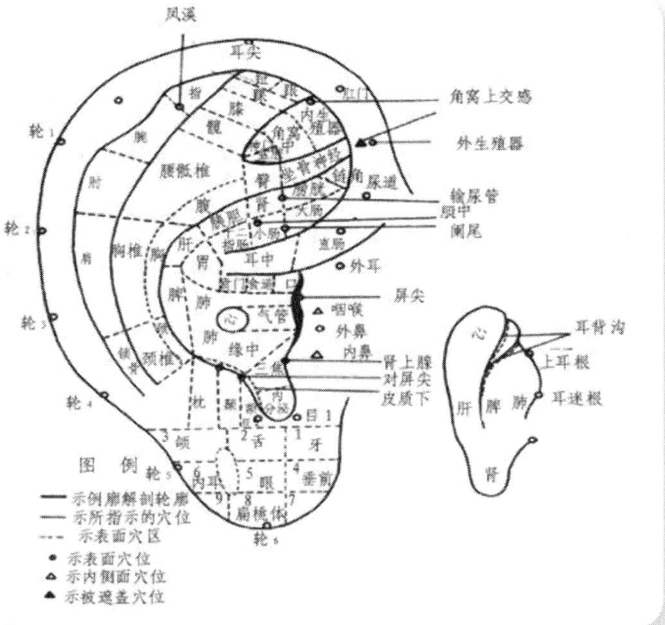

〈耳針圖 귀를 인체가 축소한 것으로 보고 있다.〉

동중서의 改制論 역시 철저하게 천인합일설의 기반 위에서 설명하고 있다. 예를 들어 한 왕조는 土德을 숭상하였기 때문에, 土德이 가지고 있는 성질을 그대로 '모방'하여 人事에 '적용'시켜야 한다는 것이다. 제도 율령 역법 정치형태는 말할 것도 없고, 복식의 색깔, 수레바퀴 수 등등에 있어서도 土德이 나타내는 것을 하나도 남김없이 철저하게 '모방' '적용'시키고 있다.

동중서(董仲舒)는 《춘추번로》에서 천인합일설을 이처럼 인문과 자연현상, 인체 구조, 改制論 등에 철저하게 '적용'시키고 있을 뿐만 아니라, 또한 인간이 행하여야 할 행위에 대해서도 이를 철저하게 '적용'시켜 이론을 전개하고 있다. 《춘추번로》에서는 개인의 행위에 대해서도 언급하고 있지만, 이보다 천자 혹은 국가와 천과의 '감응'에 대해 더욱 상세하게 언급하고 있다. 대우주를 철저하게 '모방' 축약시켜 놓은 인간은 대우주의 법칙(天象)을 철저하게 '모방'하여 지켜야 한다.

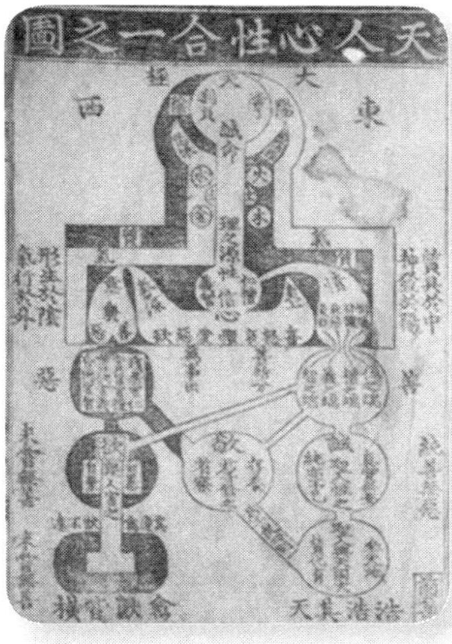

〈권근의 《입학도설(立學圖說)》 중에서 천인심성합일지도(天人心性合一之圖). 유가에서 인간은 반드시 天에 합일해야 한다고 주장한다.〉

天의 아들로 자처하는 天子는, 그 아버지 천의 뜻을 더욱 '따라야 한다'. 천자는 天意(천명)를 그대로 '모방'하여 행해야 하는 막중한 임무를 지고 있다. 만약 천자가 天意에 따르지 않고 자기 멋대로 정치를 하여 有德함을 잃어버리면, 하늘은 그에게 災異로써 경고를 한다. 자연계에는 홍수, 한발, 일식, 지진, 또는 혜성이나 운석, 서리, 벼락, 메뚜기 등의 곤충해, 寒暑가 순조롭지 못한 이상 기후 등과 같은 갖가지 이변 현상이 가끔 일어난다. 이러한 심상치 않은 이변을 분류하여 작은 것을 '災', 큰 것을 '異'라고 하며, 이를 이용하여 天意를 무시한 천자의 전횡과 월권을 억제한다. 예건데 천자가 天意를 거스르면 하늘은 우선 '災'를 내려 꾸짖고, 그리하여도 천자가 여전히 逆天하면 그 다음으로 '異'를 내려 위협하며[26], 그러고도 여전히 逆天하면 하늘은 결국 그 천자에게서 천명을 빼앗아 망하게 한다.[27] 이는 천자가 天意를 어겨 失政을 하게 되면, 천도 그것을 그대로 '모방'하여 災異를 보여준다는 것인데, 이 災異說은 철저하게 천인합일의 기반 위에 전개된 사상이다. 단지 이 재이설의 논리 전개가 앞의 예와 차이가 있다면, 앞의 예는 天象을 그대로 '모방'하여 人事에 '적용'시켜 해석하고 설명한 것이라면,

〈이런 일식현상도 하늘에 인간에게 내리는 경고라고 생각했다〉

26) '災'를 내려 꾸짖는 것을 天譴이라 하고, '異'를 내려 위협하는 것을 天威라고 한다.《春秋繁露 · 必仁且智篇》참조.

27)《漢書 · 董仲舒傳》: "臣謹案『春秋』之中, 視前世已行之事, 以觀天人相與之際, 甚可畏也. 國家將有失道之敗, 而天乃先出災害以譴告之. 不知自省, 又出怪異以警懼之, 尚不之變, 而傷敗乃至. 以此見天心之仁愛人君, 而欲止其亂也."

이 재이설은 人事가 철저히 天象에 '모방'되어져 나타난다는 것이다. 天과 人이 서로 상관 상응하고 있다. 그래서 한대의 서적을 보면 天象에 나타난 재이 현상을 많이 기록하고 있다. 《한서(漢書)·예문지(藝文志)》에는 〈잡재이(雜災異)〉 25편, 〈재이맹씨경방(災異孟氏京房)〉 66편이 六禮略의 易 부분에 실려 있는데, 저서의 제목으로 보아 재이에 대한 기록임을 알 수 있다.

천자에게 경고를 주는 災異說과 마찬가지로, 제왕의 자격을 갖춘 이가 있어 천하의 사람이 그에게 돌아간다면, 天도 그 人事를 그대로 '모방'하여 천명이 그에게 있다는 상서로움을 天象에 보여준다. 이것을 受命의 符라고 하는데, 예컨데 武王이 紂를 伐했을 때 물고기가 왕의 배에 뛰어들어 天象의 상스러움을 보여준 것이 그 예이다. 위에서 보는 것처럼, 인간은 대우주를 모방한 소우주이기 때문에, 그 행위는 대소 선악을 가릴 것 없이, 천에 감응하여 나타나는데, 天象에 감응을 잘 하였느냐 못하였느냐에 따라 각기 天賞과 天罰이 수반되는 것이라 보고 있는 것이다.

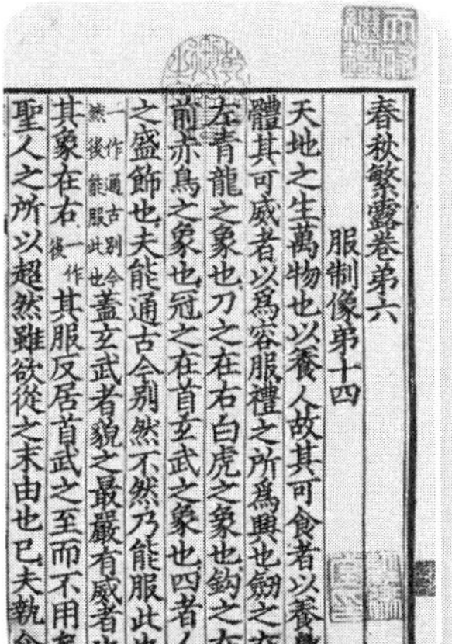
春秋繁露卷第六
服制像第十四
天地之生萬物也以養人故其可食者以養身
體其可威者以爲容服禮之所爲興也劒之在
左青龍之象也刀之在右白虎之象也鉤之在
前赤鳥之象也冠之在首玄武之象也四者人
之盛飾也夫能通古今別然不然乃能服此也
一作通古今別然後能服此也 蓋玄武者貌之最嚴有威者也
其象在右 一作後 其服反居首武之至而不用矣
聖人之所以超然雖欲從之末由也已夫執介

〈동중서의 〈춘추번로〉 제14 〈응제상(服制像)편〉. 여기에 천인감응에 대한 내용이 상세하게 전개되어 있다.〉

이런 災異說과 受命論은 이미 《시(詩)》와 《서(書)》에서 산견되어지니, 동중서에서 비롯된 것은 아니지만, 동중서에 이르러 그 論이 더욱 정밀해져서, 이후 왕조가 바뀌는 역성혁명이 있을 때마다 天의 상서로움이 나타났다 라든가, 혹은 왕조가 어지러울 때마다 하늘에서 災異 현상을 나타냈다든가 하는 사서의 기재가 끊이지 않았다. 《사기(史記)》 이후 모든 사서에 〈천문지(天文志)〉와 〈지리지(地理志)〉가 있는데,

이들 기록에는 거의 천문과 지리에 나타난 상서로움과 재이를 기록하고 있다. 이는 모두 人事의 정당성을 天象에서 구했고, 또한 그 법칙에 '따라' 그대로 삶을 살고자한 天(자연의 법칙, 올바른 계절적 순환)과 人이 서로 상관하는 사상이, 그 후에도 지속적으로 계속되었음을 나타내고 있다.

3. 5·7언시의 생성

중국학자들에 의해 5 · 7언 시체가 어떻게 생성되었는가를 밝히려는 수많은 논문이 쓰여진 이유는 확실하다. 이는 5 · 7언 시체가 중국에서 가장 정통적인 시체이기 때문에, 이의 생성을 밝히려는 수많은 논문이 쓰여진 것은 너무나 당연하다 하겠다. 이 방면에 대해서는 새로운 자료가 출현하지 않는 이상, 더 이상 考究해 볼 여지가 없을 정도로 많은 논문이 쏟아졌지만, 5 · 7언 시체의 생성에 대해 정확한 답을 주었다고는 할 수 없을 것이다. 이의 근본 원인은 문학연변 과정에 대한 정확한 인식 부족과 문헌에만 매달리는 중국학자 특유의 문헌지상주의 사고방식 때문인 것으로 여겨진다.

5언시가 언제 발생하였느냐에 대해서는 시경 혹은 서경에 보이는 한 두 구절의 다섯 자로 된 시구를 가지고 주대에 이미 5언시가 있었다고 주장하는 학자도 있다. 그러나 이는 5언시의 기원을 가능하면 과거로, 그것도 이상정치가 행해졌다고 믿어온 周代로 끌어올리고 싶어하는 중국인들의 잠재적 욕망의 표출이라고 밖에는 볼 수 없다. 대부분의 고대 전적들이 한대에 와서 다시 문자로 정착되었다는 점과 또한 그 과정에서 傳者 編者의 입장에서 자신의 의식에 맞게 약간 수정을 가해 정착시켰을 가능성이 있다는 점을 충분히 감안한다면, 시경 혹은 서경에 비록 다섯 자로 이루어진 시구가 발견되었다 할지라도, 그것을 가지고 주대에 이미 5언시가 있었다고 하는 것은 무리이다. 설령 주대에 다섯 자로 이루어진 시구가 있다할지라도, 그것은 여러 시체의 시구 중 극히 예외적이고 우연한 현상에 불과한 것으로 밖에는 볼 수 없다. 또한 그 때의 다섯 자로 이루어진 시구는 글자 수만 다섯이지 후대의 5언시와는 그 내용과 풍격이 완전히 달라 5언시의 남상으로 보기 힘들다.

楚辭의 제 작품에서 5언시의 기원을 찾으려는 노력도 있었다. 〈이소(離騷)〉의 앞머리에 "名余曰正則兮, 字余曰靈均."이라는 구절이 보이고, 뒤에도 "屈心而抑志兮, 忍忙而攘詬." 등의 5언에 가까운 시구가 보인다. 또한 초사의 대표적인 시형인 "○○○之○○兮, ○○之○○○."나 〈구가(九歌)〉에 보이는 "○○○兮○○, ○○○兮○○."에서 '之'나 '兮' 같은 虛辭를 빼버린다면 5언이 된다. 그러나 이것 역시 5언에 가까운 시형이 '우연히' 나타난 현상이라 할 수 있을 뿐이지, 5언의 생성에 영향을 주었다고 까지는 말할 수 없다고 여겨진다.

어떤 문학형태이든지 간에 그 문학형태가 한 두번 문헌에 보인다고 하여 그 문학형태가 그 시대에 이미 시작되었다고는 볼 수 없다. 그것은 여러 문학형태 중 그런 문학형태가 정말로 우연하게 기록되어진, 정말로 우연한 하나의 사건에 불과한 것으로 보아야 할 것이다. 문학형태의 생성은 그런 문학형태가 언제부터 '어느 정도 본격적으로' 지어졌는가가 중요하다. 이런 면에서 본다면 5언시의 발생은 한대인 것만은 확실하다.

한대인들은 민간에서 구전되어진 잡언체 민가를 문자로 정착시키는 과정에서 그들의 의식에 따라 차츰 차츰 5언으로 정착시켰다. 한대

중에서도 그 언제부터 5언시가 등장하는 가로 볼 것인가에 대해서는 학자에 따라 의견이 구구하다. 기존의 5언시 생성 연구는 이 점에 대한 연구가 다였다고 해도 과언이 아니다.

어떤 문학형태이든지 간에 일시에 또는 일개인에 의해 獨創되는 경우는 없다. 비록 문헌상에 일시에 일개인에 의해 독창된 것처럼 나타나있다 할지라도, 그것을 가지고 그 때 그 개인에 의해 그 문학형태가 독창되었다고 주장하는 것은, 문학연변 과정을 모르는데서 기인하는 잘못이라 생각한다. 그런 문학형태가 그 이전에도 존재했는데, 단지 문헌상에 기록되지 않아 모를 수도 있겠고, 또는 그런 문학형태가 '문헌상에' 그 때 그 개인에 의해 처음 지어진 것처럼 '우연히' 기록되었다 할지라도, 실제로는 그 훨씬 후에 '어느 정도 본격적으로' 지어지기 시작했을 수도 있기 때문이다. 문학형태의 시원은 그런 문학형태가 '어느 정도 본격적으로' 지어지기 시작하느냐가 중요하며, 5언시의 생성도 이런 관점에서 고찰해야 한다고 여겨진다.

필자는 5언시가 '어느 정도 본격적으로' 지어지기 시작한 것은 후한 班固時代 무렵부터 인 것으로 여긴다. 반고 자신이 직접 5언의 〈영사시(詠史詩)〉를 짓고 있고, 또한 그의 《한서》에 5언시가 많이 실려 있기 때문이다. 5언시의 기원을 전한으로 끌어올리려는 학자들은 전한시대 작으로 알려진 〈척부인가(戚夫人歌)〉 6구와 〈이연년가(李延年歌)〉 5구를 들고 있다. 또한 成帝 때 가요로 알려진 5언 〈장안가(長安歌)〉도 든다. 그러나 이 작품들은 모두 '후한시대의 저술'인 《한서》에 실려 있다. 이들 노래가 원래는 5언이 아니었는데, 반고가 문자로 정착시키면서 5언으로 가지런하게 정리했을 가능성을 전혀 배제하지 못한다. 이 점은 필자의 이전 저서인 《巫와 중국문학》에 나오는 〈한대 시인의 작가 의식〉을 참고하면 충분히 그럴 수도 있는 일이다. 또한 이들 노래가 구전되어 전해오다가, 반고가 그 노래를 듣고《한서》에 5언으로 기록했을 가능성도 있다. 설령 이들 작품들이 前漢代에 5언으로 기록되었다 할지라도 이 작품 외에 5언시라 할 만한 것이 없으니, 전한시대에 5언시가 '어느 정도 본격적으로' 지어졌다고는 보기 힘들다. 또한《문심조룡(文心雕龍) · 명시편(明詩篇)》에 "武帝가 글을 좋아하여 백량대(栢梁臺)에서 連句의 시를 짓게 했는데, 엄기(嚴忌) 사마상여(司馬相如)의 무리들이 글을 짓는데 구애됨이 없었다. 成帝에 이르러 삼백여 편을 품평하고 모았다. 여기에는 朝野의 詞藻를 다 망라했으나, 작가들이 남긴 작품에는 5언이 보이지 않는다."(孝武愛文, 柏梁列韻, 嚴馬之徒, 屬辭無方. 至成帝品錄, 三百餘篇, 朝章國采, 亦云周備, 而辭人遺翰, 莫見五言.)라고 하여, 전한 성제 당시에는 5언이 없다고 분명히 말하고 있다. 이로 보아도 전한 당시에 5언이 '어느 정도 본격적으로' 지어졌다고 볼 수는 없다.

그리고 무엇보다도 중요한 것은 이들 5언의 작품이 기록되어져 있는《한서》가 '후한대의 저작'이라는 그 자체가 중요하다고 여겨진다. 반고 자신이 직접 5언의 〈영사시(詠史詩)〉를 짓고 있고, 또한 반고와 거의 동시대인인 부의(傅儀)의 〈고죽(孤竹)〉이 5언시인 것으로 보아, 반고시대에 '어느 정도' 5언시가 지어진 것 같다. 또한 반고보다 약간 후대인으로 여겨지는 장형(張衡)의 〈동성가(同聲歌)〉, 신연년(辛延年)의 〈우림랑(羽林郎)〉, 채옹(蔡邕)의 〈음마장성굴행(飮馬長城窟行)〉, 송자후(宋子侯)의 〈동교요(董嬌饒)〉, 진가(秦嘉)의 〈증부시(贈婦詩)〉, 역염(酈炎)의 〈견지(見志)〉, 조일(趙壹)

高帝紀第一 班固 漢書一
秘書監上護軍琅邪縣開國子顏師古注
高祖沛豐邑中陽里人也
姓劉氏
母媼
嘗息大澤之陂
夢與神遇
是時雷電晦冥

〈반고의 〈한서〉에 5언시가 많이 채록되어 있는 것으로 보아 이 당시부터 '어느 정도 본격적으로' 5언시가 지어지기 시작한 것을 보인다.〉

의 〈질사(疾邪)〉, 고표(高彪)의 〈청성(淸誠)〉 등이 후한시대 문인시작으로 전해내려 오는 것으로 보아, 그 시대에는 '어느 정도 본격적으로' 5언시가 지어지고 있다. 그러나 이 5언시의 '본격적인' 詩作은 건안시대 삼조(三曹)와 건안칠자(建安七子)에 의해서 시작된다 하겠다.

그럼 여기에서 중국의 가장 대표적인 시체가 5언인 이유가 무엇이며, 또한 그것이 한대에 생성되기 시작한 이유가 무엇인가를 반드시 살펴볼 필요가 있다. 다시 말해 3언, 4언, 6언, 8언, 9언 등등의 시체가 정통적인 시체가 되지 못하고, 하필 한 구절이 다섯 자로 이루어진 5언이 정통적인 시체가 된 내재적인 이유가 무엇이며, 그 5언이 주대, 수대, 당대, 송대 혹은 원대에 시탐되어 문인시체로 정착하지 않고, 하필 한대에 시탐된 내재적인 이유가 무엇인가를 살필 필요가 있다는 뜻이다.

어느 문학형태이든지 간에 그 문학형태를 향유하는 민족의 기본적인 심성과 맞아야지, 그렇지 않으면 언젠가는 소멸되어 사라지는 것이 문학연변 과정에서의 철칙이다. 5언시가 한대에 시탐되어져 그 이후 지금까지 근 2,000년 동안 중국에서 가장 대표적인 시체로 생명력을 유지할 수 있었던 것은, 그 시체가 중국인의 기본적인 심성과 맞았기 때문일 것이다. 만약 그 5언시체가 중국인의 기본적인 심성과 맞지 않았다면, 비록 그것이 한대에 시탐되었다 할지라도 한대 이후 그 언젠가 다른 시체에 정통적인 자리를 넘겨주고 자신은 사라져 버릴 것이다.

5행설은 전국시대 추연(鄒衍)을 위시한 齊의 방사들에 의해 시작되었지만, 하나의 사상으로 완벽하게 정착된 것은 한대라고 할 수 있다. 한대 동중서의 《춘추번로(春秋繁露)》에 의해 이론적으로 완벽하게 정립된 이 5행설은, 그 이후 지금까지도 중국인의 의식구조 형성에 막대한 영향을 주어 왔다. 5행설이란 인간이 인지할 수 있는 모든 현상을 다섯 가지 요소(木 · 火 · 土 · 金 · 水)로 해석(Comprehension)하려는 사유체계이다. 우주, 세계, 역사, 문화, 정치, 사회 등등과 인생관, 우주관, 세계관 등등의 모든 것을 다섯 가지 요소로 해석하고 있다.

한대에 문인들에 의해 잡언의 민간가요를 5언으로 정착시키려는 시도가 있었고, 또한 차츰 차츰 그렇게 5언으로 정착되었다는 점을 고려한다면, 모든 인지할 수 있는 현상을 木·火·土·金·水의 五行으로 압축하여 해석(Comprehension)하려는 중국인들의 사유체계가, 다섯 글자로 압축하여 자신의 생각을 담으려는 시도에 영향을 주어, 5언으로 정착하는 것을 선도하고 강압한 것이 아닌가 한다. 가장 적은 자수에 많은 뜻을 압축하여 담으려는 중국인의 고유의식과 다섯 가지 요소로 모든 현상을 해석하려는 5행의 사유체계가 결합한 소치라고 여겨진다. 5행설이 비록 전한 동중서의《춘추번로》에서 완성되었다 하나, 그 사상이 중국인들에게 아무런 의식적 거부감이 없이 무의식 속에 완전히 녹아 들어간 것은 후한 이후의 일일 것이다. 5언시가 후한대에 시탐되기 시작하는 것은, 後漢代 중국인들의 무의식 속에 완전히 용해되어진 이 5행설에 깊은 근거를 두고 있는 것이 아닌가 한다.

建安 이후부터 5행설이 표층문화로 그렇게 드러나 보이지는 않지만, 그 이후 지금까지도 중국의 기층문화로 중국인의 심층 의식을 굳건하게 지배하여 왔다. 만약 한대에 5행설이 아니라 6행설 혹은 8행설이 유행했다면, 한대에 6언시 혹은 8언시가 발생했을지도 모른다. 또 만약 이 5행설이 후에 그의 이론적 기반을 잃어버려 사라져 버렸다면, 5행시도 그에 따라 유행치 않고 사라졌을 가능성도 있다. 또한 이 5행설이 한대가 아닌 당대 혹은 송대에 정착되었다면, 5언시도 아마 당대 혹은 송대에 발생했을지도 모른다.

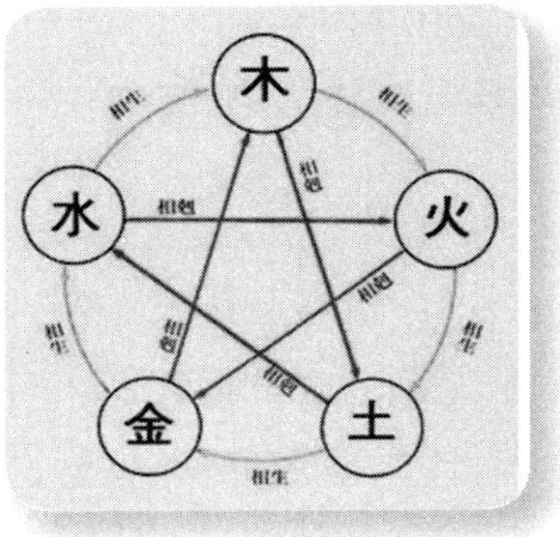

〈5언시가 근 2,000년 동안 끊임없이 지어진 것은 모든 것을 다섯가지(木 火 土 金 水) 요소로 이해하고 해석하는 5행설과 깊은 관련성이 있는 것으로 보인다.〉

다음에 7언시의 생성을 살펴보자. 초 말부터 전한 초에 걸쳐 민간에서 구전되어지는 운문체(구전무가, 구전민요)로 楚調 九歌形이 가장 보편적이었다고 여겨진다. 초사 〈구가(九歌)〉 이전에도 한 구절의 중간에 '兮' 자를 사용하는 '○○○兮○○○' 식의 이른바 구가형의 작품이 문헌에 많이 남아 있다. 〈어부가漁父歌〉, 〈월인가越人歌〉, 〈람하가濫河歌〉, 〈초빙가楚聘歌〉, 〈획린가獲麟歌〉, 〈채인가菜人歌〉, 〈하격가河激歌〉, 〈패민가邶民歌〉, 〈서인가徐人歌〉, 〈하량가河梁歌〉, 〈도역수가渡易水歌〉, 〈치조비가雉朝飛歌〉 등이 그 예인데, 이들 작품들은 〈九歌〉 이전에 지어진 구가형의 작품들이다. 초사 〈九歌〉 이후에도 구가형의 작품이 크게 유행하는데, 〈九歌〉 이후에 지어진 대부분의 楚歌가 구가형이다. 〈대풍가(大風歌)〉, 〈사수가(四愁歌)〉, 〈과자가(夸子歌)〉, 〈추풍사(秋風辭)〉, 〈포초천마가(蒲梢天馬歌)〉, 〈황곡가(黃鵠歌)〉, 〈임지가(淋池歌)〉, 〈해하가(垓下歌)〉, 〈정정가(定情歌)〉, 〈이릉별곡(李陵別曲)〉, 〈비수가(悲愁歌)〉, 〈보정가(寶鼎歌)〉, 〈백치가(白雉歌)〉, 〈논공시(論功詩)〉, 〈안봉후시(安封候詩)〉 등의 초가가 그러한 구가형의 작품들이다. 어떤 문학형태이든지 간에 기층 민간 구전문학에 바탕을 두지 않는 한 표층문학인 기록문학에 그렇게 유행하지 않는다. 이렇게 초 말부터 전한 초에 걸쳐 기록되어진 詩作에 '○○○兮○○○'의 구가형이 많은 것은, 그 당시 기층 구전문학(구전무가, 구전민요)의 기본적인 형태가 구가형임을 나타낸다 할 것이다.

〈전주 오목대에 걸려 있는 한 고조 유방의 〈대풍가(大風歌)〉 현판. 초말 한초에는 이처럼 민간에 '○○○兮○○○'의 형식의 구가형 구전민요가 유행한 것으로 여겨진다.〉

문인들의 창작의식을 가진 문학행위가 본격화되지 않은 한대에는, 문자를 장악한 자란 특수한 신분이었기 때문에, 그들의 문학행위는 대부분 제왕 주변에서 그리고 지리적으로는 제왕이 있는 수도에서 행해진 것으로 여겨진다. 왕방(王莽)의 찬탈로 전한이 망하고 난 뒤, 다시 광무제(光武帝)에 의해 新을 멸망시키고 유씨 왕조를 복원한다. 그리고 그는 수도를 지금의 섬서성인 長安에서 지금의 하남성인 洛陽으로 옮겼다. 이렇게 수도를 옮겼다는 것은 문인들의 문학행위 장소가 변경되었음을 뜻한다.

후한 수도 낙양에서는 민간에서 '兮' 자를 사용한 구전운문(구전무가, 구전민요)이 지어지지 않았던 것이 아닌가 하고 추측한다. 전한시대 문자로 정착되어 문헌에 남아 있는 시가, 후한시대 문자로 정착하는 과정에서 모두 '兮' 자가 탈락됨이 이를 간접적으로 증명해 준다. 전한시대 저술되어진 《사기》에 채록되어진 작품과 후한시대 저술되어진 《한서》에 기록되어진 작품을 비교해보면, 같은 작품인데도 불구하고 《사기》에는 '兮' 자가 남아 있으나,《한서》에는 그 '兮' 자를 탈락시키는 큰 특징을 발견할 수 있다. 엄정한 史實 기록을 주 목적으로 하는 사서인, 전한시대의 저술《사기》와 후한시대의 저술《한서》에 기록된 가의(賈誼)의 〈복조부(服鳥賦)〉를 비교해 보면;

《史記》	《漢書》
單閼之歲'兮', 四月孟夏.	單閼之歲, 四月孟夏.
庚子日施'兮', 服集予舍.	庚子日斜, 服集余舍.
止于坐隅, 貌甚閒暇.	止于坐隅, 貌甚閒暇.
異物來集'兮', 私怪其故.	異物來崒, 私怪其故.
發書占之'兮', 策言其度.	發書占之, 讖言其度.
曰野鳥入處'兮', 主人將去.	夜鳥入室, 主人將去.
請問于服'兮', 予去何之?	問于子服, 余去何之?
吉乎告我, 凶言其菑.	吉乎告我, 凶言其災.
淹數之度'兮', 語予其期.	淹速之度, 語餘其期.
服乃觀息, 擧看奮翼.	服乃太息, 擧首奮翼.

위의 작품을 비교해 보면,《한서》의 저자 반고가《사기》의 기록을 보고 그대로 베꼈음에도 불구하고, 자신의 의식에 따라 그대로 베끼지 않았음을 알 수 있다. 두 저술에 기록되어진 같은 작품에 여러 가지 차이가 있겠으나, 가장 큰 차이는《사기》에 기록되어진 '兮' 자를《한서》에서는 모두 탈락시키고 있다는 것이다. 이의 근본 원인은 반고가 저술 활동했을 것으로 여겨지는 후한 수도 낙양에서는, 민간에 '兮' 자를 사용하는 구전문학이 유행하지 않아, 그 민간 구전문학의 영향을 받아 '兮' 자를 모두 탈락시킨 것이 아닌가 한다. 이른바 7언시는 이렇게 발생되어지는 것이다.

이리하여 후한시대 구가형에서 '兮' 자를 탈락시키고 實字를 넣어

칠언을 짓게 되는데, 그래서 당시인은 '兮' 자를 사용하는 구가형을 당시의 7언과 혼용하여 7언이라고 칭하기도 했다.《한서(漢書)·동방삭전(東方朔傳)》에 "朔之文辭, … 平樂觀賦獵, '八言七言' 上下, 從公孫弘借車, 凡劉向所錄朔書是矣."이라고 기록되어 있는데, 여기에서 말한 '八言七言'이란 '兮' 자를 사용한 구가형의 초가임에 틀림없다. 반고시대 수도 낙양에서 '兮' 자를 탈락시키고 실자화한 7언이 유행했기 때문에, 반고도 그 이전의 '兮' 자를 사용한 초가를, 당시 유행에 따라 7언이라고 부르고 있는 것이다. 이 이후에도 '兮' 자를 사용한 楚辭나 楚歌를, 7언과 혼용하여 부르는 것이 보편화되었었다. 이는 중국의 정통적인 시체인 7언시가 楚調 九歌形에서 연원되었음을 나타내 주는 것이라 하겠다.

《한서(漢書)·노온서전(路溫舒傳)》,《유협열전(游俠列傳)》,《풍봉세전(馮奉世傳)》 등에 전한의 작으로 7언의 謠言이 인용되어 있어, 이것을 가지고 전한에 이미 '兮' 자를 사용치 않는 7언이 시탐되었다고 주장하는 학자도 있다. 그러나 이것이 비록 전한의 謠言이라고 하나, 이들 요언이 '후한의 저술'《한서》에 기록되었다는 것은, 반고의 손이 가미되어 7언화하지 않았다고 아무도 장담하지 못한다. 앞서《사기》에 기록되어진 〈복조부(服鳥賦)〉가《한서》에 기록될 때 모두 '兮' 자가 탈락되는 것을 보면, 이들 요언도 원래 '兮' 자를 사용하는 楚歌體였으나, 반고에 의해 '兮' 자가 탈락되어 기록에 남겨졌을 가능성도 있다. '兮' 자를 사용치 않는 7언이 전한에 이미 '어느 정도 있었다'고 주장하는 것은 무리인 것이다.

7언시의 맹아기를 후한으로 보아야 할 것이다. 이는 본질적으로 '兮' 자 사용이 옮긴 수도 낙양의 풍토에 맞지 않아 그것을 탈락시키고 實字化하였기 때문이라 여겨진다.《한서》에 '兮'자를 사용하지 않은 7언시가 있는 것으로 보아, 반고시대에 이미 7언시를 지을 수 있는 풍토가 되었다. 반고 이후인인 이우(李尤)의 〈구곡가(九曲歌)〉, 왕일(王逸)의 〈금사초가(琴思楚歌)〉가 모두 7언인 것으로 보아, 후한시대는 7언의 맹아기라 할 수 있다. 그 후 위진대에 들어서면, 조비(曹丕)의 〈연가행(燕歌行)〉, 무명씨(無名氏)의 〈백정무가시(白紵舞歌詩)〉, 포조(鮑照)의 〈대백정무가시(代白紵舞歌詩)〉, 양(梁) 무제(武帝)의 〈동비백로가(東飛白勞歌)〉 같은 7언 佳作이 지어지고 있기는 하나, 이는 습작단계에 불과한 것이고, '본격적인' 7언 시작은 양(梁) 간문제(簡文帝)의 〈오야제(烏夜啼)〉부터라고 보아야 할 것이다.

7언시가 5언시와 더불어 중국의 정통적인 시로 지금까지 군림할 수 있었던 것에도 또한 반드시 그 내재적인 설명이 있어야 한다. 이는 중국인들이 7언을 5언의 변형형태로, 즉 집약된 5언의 '풀림 확장' 형태로 은연중에 받아들였기 때문에, 지금까지 근 2,000년 동안 다른 시체에 그 정통적인 자리를 넘겨주지 않은 것이 아닌가 한다. 5언이 2 · 3 리듬이라면 7언은 여기에 2언의 뜻을 더 보탠 2 · 2 · 3 리듬인데, 이는 7언이 5언의 '풀림 확장' 형태라는 것을 나타낸다. 이러함으로 5언이 중국의 정통적인 시체인 이상, 여기에 2언을 더 보태 뜻을 부가시킨 7언도 5언과 마찬가지로 생명력을 가지는 것이다. 반대로 5언이 중국인들이 애호하는 시체가 아니었다면, 7언 역시 5언과 같은 쇠락의 운명을 맞았을 것이다.

〈참고문헌〉

《唐詩別裁集(상 하)》, 廣文書局, 민국 64년 12월 초판
《唐詩說》, 夏敬觀撰, 河洛圖書出版社, 민국 64년 12월 초판
《唐詩三百首詳析》, 대만 중화서국, 민국 57년 9월
《唐詩品彙》, 明 高棅編, 四庫全書珍本六集 文淵閣本
《唐詩鏡》, 明 陸時雍撰, 四庫全書珍本六集 文淵閣本
《唐詩解》, 明 唐汝詢, 萬歷刊本 중앙도서관소장
《全唐詩(상 하)》, 清 聖祖御製, 宏業書局, 민국 66년 6월
《新校唐宋詩擧要(상 하)》, 高步瀛, 세계서국, 민국 63년 10월
《唐詩概說》, 蘇雪林著, 상무인서관, 민국 59년 7월
《唐詩硏究》, 胡雲翼著, 상무인서관, 민국 61년 1월
《中國詩學通論》, 范況著, 상무인서관, 민국 57년 4월
《中國詩學大綱》, 楊鴻烈著, 상무인서관, 민국 59년 6월
《中國詩史》, 陸侃如 馮沅君著, 작가출판사, 1956년
《中國詩歌發展史》, 梁石著, 經氏出版社, 민국 65년 10월
《唐代詩學》, 正中書局, 민국 62년 10월
《中國詩學(3책)》, 黃永武著, 巨流圖書公司, 민국 66년 8월
《唐詩形成的硏究》, 方瑜著, 목동출판사, 민국 64년 5월
《中國文學序說》, 김학주저, 범학도서, 1976년 3월
《中國文學批評大綱》, 개명서점, 민국 64년 5월
《中國文藝思潮史》, 郭紹虞著, 宏政出版社, 1944
《동양과 서양의 만남》 - 우주와 인간역사의 목표와 의미 -, 케언즈 지음 이성기 옮김, 유림사, 1978

김인호

서울대학교 중문학과 졸
동대학원 중문학과 졸업(문학박사)
현 동의대학교 중문학과 교수

저서

『巫와 중국문화와 경전 저서』
『巫와 중국문학』
『楚辭와 무속』 외 다수

중국 漢詩의 이해 … 〈歸〉의 문학

초판 발행 _ 2015년 7월 30일

저　　자 • 김 인 호
발 행 인 • 정 현 걸
발　　행 • 신 아 사
인　　쇄 • 예지인쇄
주　　소 • 서울시 은평구 통일로 59길 4(2F)
전　　화 • 02)382-6411 · 팩스 02)382-6401
홈페이지 • www.shinasa.co.kr
E-MAIL • shinasa@daum.net
출판등록 • 1956년 1월 5일 (제9-52호)

ISBN 978-89-8396-904-0(93720)

정가 15,000원